韩国援美海外派兵决策过程

王萌(왕맹)

1980年生, 汉族, 吉林省吉林市人, 2020年7月于北京大学外国语学院获得文学博士学位, 现为天津师范大学外国语学院朝鲜语系教师, 主要研究领域为中韩关系、韩国政治、中韩翻译等。代表作有译著《命运——文在寅自传》、《管理敏感》等, 在各类期刊发表学术论文、时评文章、译稿三十余篇, 主持国家社科基金中华学术外译项目及韩国科研项目等多项。

韩国援美海外派兵决策过程

초판 인쇄 2021년 8월 6일
초판 발행 2021년 8월 16일

지 은 이   왕맹(王萌)
펴 낸 이   이대현

책임편집   이태곤
편   집   문선희 권분옥 임애정 강윤경
디 자 인   안혜진 최선주 이경진
기획/마케팅 박태훈 안현진

펴 낸 곳   도서출판 역락
주   소   서울시 서초구 동광로46길 6-6 문창빌딩 2층(우06589)
전   화   02-3409-2055(대표), 2058(영업), 2060(편집) FAX 02-3409-2059
이 메 일   youkrack@hanmail.net
홈페이지   www.youkrackbooks.com
등   록   1999년 4월 19일 제303-2002-000014호

ISBN 979-11-6742-049-7 93340

韩国援美海外派兵决策过程

王萌

역락

前言

　　二战后美国主导了越南战争、海湾战争、伊拉克战争等重要的局部战争，每次都号召自己的盟友派兵援助。不同时期的韩国政府均做出援美派兵的决策，这在美国的西方盟友中也是不多见的。韩国是出于什么目的参与了这些战争？为什么韩国在国家积贫积弱的情况下能够主动积极地请求派兵参战，反而在经济、政治取得较大发展、综合国力不断提升后，面对援美派兵却表现得犹豫拖沓？这是本书所要研究的核心问题。

　　本书以区域为导向采用历史追踪法、文献分析法、比较分析法对韩国朴正熙、卢泰愚、卢武铉三任政府援助美国海外派兵决策的影响因素、过程、决策模式进行了梳理。具体分析每次派兵决策相关国际、地区、韩美关系、韩国国内政治、经济、社会、外交、军事安保等影响因素。决策过程主要围绕韩美协商、韩国国内协商、国会斗争以及市民社会、舆论媒体的态度展开，进而对派兵决策所实现的国家利益进行评价。

　　通过对三次派兵决策进行历时性、比较性、综合性的考察和分析，本书总结韩国援美海外派兵外交决策演变的特点：在影响决策因素上，随着国内经济飞速发展、政治上实现民主化，韩国的外交能力得到提升，韩美关系由"绝对依赖"向"相对依赖"转化，韩国的自主性得到明显加强。同时，意识形态对决策的影响作用逐渐淡化，韩国国内政治对外交政策的影响呈上升态势。在外交决策过程中，官僚集团的影响力逐步增强，政府决策模式由威权时代的理性决策者模式向官僚政治模式转换，海外派兵的外交决策不再是小圈子内部决策的结果，而成为众多部门众多利益方博弈最终产生的合力；在整个韩国社会范围内，决策参与体范围在扩大，外交决策逐步实现民主化、科学化、制度化。但是，不论是威权时代还是民主化实现以后，总统在外交决策上始终发挥了巨大的影响力。最后从三次派兵决策所实现的国家利益结构上来看，经济利益的重要性在下降，提升国家在国际上影响力的重要性在上升，国家生存利益，即安保利益则一直是韩国国家利益的核心。

综合分析研究，韩国面对美国的派兵要求之所以决策态度从积极主动转向犹豫拖沓是因为：首先，韩国由威权过渡到民主政权后，政府决策模式发生转变，外交决策参与者范围扩大，反对意见的增多导致难以像威权时代迅速作出决策。其次，韩美关系由"完全依赖"转变为"相对依赖"，自主性的提升导致韩国不愿意再对美国的要求积极响应，而更倾向于利用派兵决策对美国对朝鲜半岛的政策施加影响。最后，随着韩国综合国力的提升，国家利益结构发生了变化，经济利益不再优先考虑，转而对国家影响力的关注有所提升，更注重出兵的正义性以及国际影响，即对自身国际形象与软实力的考量使得韩国不愿再积极主动援助美国，派兵参加不正义的战争。

该书以本人博士学位论文为基础修改而成，从撰写到成书四年期间辛苦自知。笔者原本就文笔粗疏，思辨能力不足，文献学、国际关系理论方面功底薄弱，加之撰写过程中不时地出现身体抱恙、亲人离世、新冠肆虐等事态，让许多原本美好的学术理想不得不在四面楚歌的现实面前选择委曲求全。就像本书所言，一个国家的外交决策并非领导人理性决策的结果，而是在当时历史条件下，在国内外环境、当时的政治制度、经济社会发展水平以及决策团体单元要素等各种要素的共同影响下，诸多力量博弈的结果。找到这样一条能够解释家事、国事、天下事的普遍性常识，这可能也算是我读博、科研的一大成果了吧。

本书得以顺利付梓，感谢韩国亦乐出版社有关编辑人员的垂爱，他们为本书的编辑、排版、校对和出版付出了大量汗水和心血，在此深表感谢。笔者水平有限，未尽之处敬请不吝赐教。

书中内容冗长繁复，疏漏在所难免，深感愧对恩师在天之灵，贻笑于大方之家。恩师金景一已驾鹤西游，但指导论文时的音容笑貌仍然历历在目，师恩永志不忘，将成为激励我在学术道路上砥砺前行的永久光芒！

王萌

2021年7月于天津寓所

目录

图表目录

绪论

二战结束后美国相继主导了越南战争、海湾战争以及伊拉克战争等重要的局部战争, 韩国在美国的要求下均派兵给予支援。众所周知, 韩国自身的安保还要依靠驻韩美军的维护, 却多次应援美国向距离遥远的第三国派出本国军队, 这一矛盾现象非常值得深思。如果说是美国施压, 弱小的韩国不得不胁从, 可提出派兵参加越南战争却是韩国政府的主动行为; 如果说是韩国为了强化同盟主动向美国示好, 可海湾派兵决策时韩国并不积极主动, 伊拉克派兵决策时韩国政府更表现得犹豫拖沓。是什么导致韩国的援美派兵决策发生了这样的变化?

　　本书以韩国三次援助美国的海外派兵为切入点, 考察不同时期韩国派兵决策的影响因素、决策过程以及决策结果的变迁, 从而探究韩国派兵外交的决策演变特点。

1. 研究问题及研究意义

孙子曰: "兵者, 国之大事, 死生之地, 存亡之道, 不可不察也。"

海外派兵, 即一个国家将本国的军队、军舰、军机等以军事目的派往他国领土、领海、领空的行为。[1]海外军事行动，既远离本土依托，又面临战场等各种情况生疏复杂的局面，而且涉及第三方国家主权，因此国际关注度高，制约因素多，一旦出现不利局面或行动失败，往往需要承担极大的政治风险。[2]海外军事行动兼具外交活动与军事活动的双重属性，是典型的政治军事仗。海外派兵决策无疑是任何国家对外决策中至关重要的领域，意义十分重大。

美国每次海外军事行动，都十分注重争取国际组织及国际盟友的援助与支持。自从冷战中大规模介入越南战争之后，美国又相继主导了海湾战争、阿富汗战争以及伊拉克战争。为了给自己主导的战争披上正义的外衣，美国向全世界的盟友提出派兵支援的号召。韩国作为本国的国家安全尚需外国军队派兵驻守维护的东亚国家，却应援美国几乎参与了美国所主导的所有局部战争。韩国的这种行为即使放在美国北约的盟友中上也是十分罕见的。为什么韩国在国力贫弱的60年代积极主动地向越南大规模派兵，随着国力提升到了21世纪初反而对美国的派兵要求犹豫拖沓？这是本书需要回答的核心问题。

韩国国防部第2125号训令（2018.1.24）[3]第1章第2条对韩国海外派兵的定义是：海外派兵是依据联合国、地区安保机构、特定国家的要求，派遣韩国军队或军事观察员奔赴海外，参与国际维和活动、多国维和活动及国防交流活动的行为。韩国宪法规定海外派兵必须

1　韩国国防技术用语词典（在线词典）https://terms.naver.com/entry.nhn?docId=27 65633&cid=50307&categoryId=50307.

2　康果. 美国海外军事行动典型特征初探. 国防. 2019(7): 77.

3　http://reform.mnd.go.kr/user/boardList.action?command=view&siteId=mnd &boardId=I_1198555&page=6&boardSeq=I_5296558&search=&column=&cate goryId=&categoryDepth=&id=mnd_050902000000&parent=

得到国会授权。大韩民国成立后第一次海外派兵发生在越南战争时期 (1964.9-1973.3)[4]，为了支援美国累计派遣了32万人的军队；韩国第二次海外派兵发生在海湾战争时期 (1991.1-4)，参加了美国主导的多国部队；1991年9月加入联合国后，韩国海外派兵的活动逐渐丰富起来，大体可分为三类。第一类是同盟框架下，应同盟国美国的要求，以参加多国部队形式前往海外纷争地区的派兵活动 (Multi National Force Peace Operation,简称MNF PO)，这一类有阿富汗战争 (2001.12-2010.7)、伊拉克战争 (2003.5-2008.12) 等；第二类是在联合国框架下，根据联合国安理会要求派遣联合国维和部队前往纷争地区进行的联合国维和活动 (United Nations Peace Keeping Operation, 简称UN PKO)，韩国主要参加了索马里 (1993)、安哥拉 (1995)、东帝汶 (1999) 等维和行动；第三类是应对方国家邀请，以军事合作形式赴对方国家从事灾难救助、人道主义援助及其它军事合作的国防交流合作活动(Defense Cooperation Activities, 简称DCA)，主要有与阿联酋 (2011) 进行的军事合作以及赴菲律宾 (2014) 进行救灾的人道主义活动等。[5]

在韩国累计14次的海外派兵史上，无论是派兵规模还是派兵产生的影响，无论是派兵决策的曲折程度还是国内引起的矛盾，都以韩国援美海外派兵为最。因为无论联合国维和活动 (UN PKO) 还是军事合作活动 (DCA)，有联合国邀请或目的国的邀请做为法律依据，实

4　此段落内的日期为韩国越南派兵的实际派出和撤军时间范围，与本书研究对象决策日期范围有所不同.

5　该分类参考박동순, 한국의 전투부대 파병정책, 도서출판선인, 2016. 7,以及 윤지원, 탈냉전기 한국군의 파병패턴 변화에 대한 연구, 세계지역연구논총, 34집4호.

际执行的任务一般为战后、灾后重建, 人道主义援助或军事合作交流, 师出有名, 因此通常争议不大。

而援美海外派兵则不同, 派兵目的地为第三国, 在派兵名义上是出于同盟义务, 美国往往会向韩国提出派遣战斗部队的要求, 而战争的正义性难以准确界定, 因此在韩国国内更容易引起争议, 其影响因素及所追求的国家利益更为复杂, 决策过程也更为曲折, 所体现的韩国国内政治及国际关系的互动也更为丰富。因此, 本书选择同盟框架下, 韩国援美海外派兵决策作为研究主题。由于阿富汗派兵与伊拉克派兵间隔时间较短, 且影响力、派兵规模等都远远不及伊拉克派兵, 因此本书选择韩国海外派兵史上最具影响力的三次援美海外派兵: 越南派兵、海湾派兵、伊拉克派兵为具体研究对象。

韩美同盟的存在是韩国援美海外派兵的直接原因。二战结束后, 朝鲜半岛虽然结束了被日本殖民的历史获得了独立, 但是又在大国势力的影响下分裂为南北两个政权。地处南方的韩国为了加强安全, 防止来自朝鲜的威胁, 一边倒地追随美国。朝鲜战争期间, 韩国政府由于无力抵抗, 1950年7月15日将韩国军队的作战指挥权交给了以美国为首的联合国军司令。停战后, 美国实际成为韩国的"解放者", 这更让韩国对美国"感恩戴德"。为了抵御有可能来自北方政权的再次入侵, 维护韩国的安全, 1953年10月1日, 韩国与美国签订了《韩美共同防御条约》, 这是韩美联合防卫体系的法律基础, 标志着韩美同盟的正式建立。时至今日韩美同盟依然是韩国外交、国防的基石。

该条约认为, 在太平洋地区对缔约国任何一方的武力攻击都是对"和平与安全"的威胁, 规定双方为应对共同威胁要采取"集体防卫"。[6]

6　沈定昌. 韩国外交与美国. 北京: 社会科学文献出版社, 2008: 50.

同盟成立近七十年以来, 走过风风雨雨, 韩美之间的合作曾经面临多重考验。随着美国亚太战略与全球战略的变化, 美国曾多次介入, 甚至是主导了地区战争, 为了强化这些战争的正义性与合法性, 美国向全世界的盟友发出参战支援美国的号召, 包括韩国在内的这些盟友们不得不做出决策, 是否要为了援助同盟国——美国而卷入一场与本国利益关系不大的地区或局部战争。韩国援美海外派兵决策, 考验着韩美双方相互依赖与政治互信程度, 也影响着韩美同盟的合作能走多远。

韩国最初的援美海外派兵是由韩国自己主动提出的。1961年韩国总统朴正熙与美国总统肯尼迪会谈, 表示有意向越南派兵以援助美国在当地的军事行动, 但被肯尼迪拒绝。1964年5月9日, 深陷战争泥潭的美国为了让越南战争披上正义的外衣, 号召全世界的盟友派兵支援。1964-1973年间, 韩国朴正熙政府应美国约翰逊政府、尼克松政府的邀请, 先后向越南派遣了青龙部队、猛虎部队与白马部队等总计325,517人[7], 成为越南战争中派兵规模第二大的国家; 1991年海湾战争打响, 面对美国的派兵要求韩国再次应援, 派兵参加了由美国所主导的多国部队, 卢泰愚政府向海湾战争派遣军事医疗支援团与空军运输团共计314人; 2003年小布什政府发动了伊拉克战争, 美国再次号召全世界盟友派兵援助, 卢武铉政府分别于2003年4月和2004年9月两次向伊拉克派出了徐熙部队、济马部队、扎依屯部队共计3,566人。

历史上的战争经历与半岛分裂的现实让韩国将国家的安保视为最为核心的国家利益之一。韩国在努力强化本国军事实力的同时, 高度重视维护韩美同盟以确保驻韩美军对韩国安保的承诺实施。但就

7　韩国国防部军事编纂研究所 http://www.imhc.mil.kr/user/indexSub.action?cody
MenuSeq=70408&siteId=imhc&menuUIType=sub

是这样一个本国领土仍然处于分裂、对峙状态，需要外国军队驻守以维护本国安全的国家，为了援助强大的美国向海外派遣部队。我们不禁要问：

如果说这是因为身为弱小国家的韩国受到了来自强国美国的派兵压力，缺乏自主性，那么为什么越南战争时期韩国派兵又是如此积极主动，以至于韩国成为越南战争中仅次于美国的第二大派兵规模国家？

随着韩国经济的发展，国力的增强，在分裂状态并未改变，北方的威胁依旧存在的情况下，为什么韩国面对美国的派兵要求不再积极主动，而是犹豫拖沓？

哪些因素影响了韩国做出派兵决策？实际决策过程如何？

韩国政府通过派兵实现了哪些国家利益？

对这些派兵决策我们该作何评价？

本书所要解答的核心问题就是**为什么韩国在国力贫弱的60年代积极主动地向越南大规模派兵，随着国力的提升反而对美国的派兵要求犹豫拖沓？**

研究这一问题，具有以下重要意义。

首先，从学理上分析，本书从国别与区域研究的角度出发研究中国周边区域内的热点问题——韩国的海外派兵决策，属于以地区为导向的跨学科研究。海外派兵并非单纯的军事行为，涉及政治、军事、外交、经济等多个领域。韩国援美海外派兵的决策研究也涉及对外决策学、韩美关系史、韩国现代政治发展史、韩国现代经济发展史等众多领域，是一个跨学科的研究课题。海外派兵是手段，反映的是韩国的国家发展目标，服务的是韩国的国家利益。研究韩国援美外交决策演变有助于揭示韩国不同时期、不同国内外背景下、不同政权所追求的国家利益，只有通过对这些因素的系统研究，以决策科学化、民主化、制度化的演进为评估标准，才能了解各个时期不同决策主体决策特点，以及他们之间的转换关系，理解不同的决策机制和不同决策模式对决策过程的影响，从而厘清外交决策的变迁历程，[8]为理解今天韩国的对外政策及外交决策过程提出可供借鉴的、具有针对性的启示和建议。

在韩国现代史上，这三次援美海外派兵都发生在国际格局、地区格局剧烈震荡，韩国国内政治不稳时期。越南战争发生在冷战初期，同时也是通过军事政变上台的朴正熙成为韩国总统后不久；海湾战争发生在冷战即将结束，韩国由军事独裁向民主化过渡的初期，民选的军人总统卢泰愚执政；伊拉克战争是9·11事件后美国发动的局部战争，韩国民主化实现以后进步势力代表人物卢武铉刚刚成为韩国第16届总统。考察这三次派兵决策的演变可以考察近半个世纪以来韩国所处的国际环境、地区格局以及韩美关系的变化历程，同时也有助于我们更好地把握韩国在经济不断发展，政权从独裁迈向民主化之后，国内政治势力、社会因素等决策行为体的扩大及影响和所追求的国家利益结构的变化。

其次，从现实角度来看，韩国的海外派兵[9]、韩国国内政治与对外

8　官力、门洪华、孙东方. 中国外交决策机制变迁研究 (1949～2009年). 世界经济与政治. 2009.11: 45.

9　2019年12月9日，韩联社报道美国驻韩国大使哈里斯表示希望韩国能够向霍尔木兹海峡派兵，韩国外交部长官康京和表示韩国政府将从保障韩国船舶航行安全、韩国公民人身安全等方面进行综合考虑后再决定。https://www.sohu.com/a/361341077_115376.

决策的关系、韩美同盟的防卫费分担、驻韩美军地位、朝鲜半岛安全问题等在今天依然是韩国外交面临的重要议题，也是韩国学研究者及国际关系学者们所关注的重要领域。韩美同盟成立以来面临了很多挑战，同盟内部关系经历了由垂直型向水平型，由绝对依赖向相对依赖的转变，双方实力差距的缩小带来地位的变化等等一系列调整，这背后包含了韩美双方深层次利益诉求和战略考虑。分析把握韩国三次援美海外派兵的决策特点和演变规律，有助于我们更深入地理解今天韩国在特定问题领域，或对特定对外政策对象的多种可能政策，为理解今天韩国的国家发展战略、外交决策目标，把握韩美同盟的未来走向，践行中韩战略合作伙伴关系，推进亚洲区域经济一体化，共建亚洲人类命运共同体提供一个全新的、历史分析的视角。

再次，韩国的海外派兵在国内鲜有人提及，作为一项具有开创性意义的研究，本书利用了很多国内尚未被发掘的韩国资料，特别是大量参考了伊拉克派兵主要决策者的回忆录资料，笔者还针对伊拉克派兵决策中的一些具体问题对韩国卢武铉政府时期的国家安全保障会议（NSC）次长李钟奭先生进行了访谈。李钟奭不仅是伊拉克派兵决策的参与者，还是具体政策的主要实际制定者，对卢武铉总统的外交政策产生了巨大的影响。作者通过对当事人的访谈，获得了大量独家、宝贵的一手资料。目前国内对韩国海外派兵决策的重视度还远远不够，特别是对韩国的海湾战争派兵、伊拉克战争派兵的研究极少，这与我们重视周边外交、增进东北亚地区融合与发展的现实是极不协调的，本研究可以吸引更多研究者关注该领域的研究。

最后，本研究对于中国外交决策、中国的海外派兵决策、中国参与全球治理也具有积极的借鉴意义。通过描述和众多的系统分析，掌握一个国家对外政策制定的内在机制对影响一个国家对外政策的变量如何发挥作用的条件和方式有了比较清楚和确定的了解, 才可以理解这个国家在特定问题领域内或对特定对外政策对象的多种可能政策。[10] 中国历来就与朝鲜半岛地缘利益息息相关, 我国目前正积极参与全球治理, 由冷战国际体系的参与者逐渐转变为全球责任的承担者, 致力于推动人类命运共同体的构建。韩国援美海外派兵有哪些收益? 有哪些经验教训? 对我国参与全球治理有哪些启示? 这些韩国参与国际社会的行动实践对我们推进一带一路建设, 构建全球伙伴关系都具有可借鉴的现实意义。

2. 研究对象及研究方法

本研究旨在考量韩国援美海外派兵决策演变, 通过具体梳理韩国越南派兵、海湾派兵以及伊拉克派兵三次重大派兵决策过程, 分析不同政府在不同历史格局下做出决策的背景, 梳理决策过程如何展开, 探究最终实现的国家利益结构有哪些变化。在分别总结出越南派兵、海湾派兵以及伊拉克派兵决策特点的基础上, 找寻韩国派兵外交决策演变的规律特点。

本书选取了越南派兵决策、海湾派兵决策与伊拉克派兵决策为分析对象, 研究的时间段为1964.5-1968.3、1990.8-1991.2、2003.3-2004.2。韩国三次派兵的情况如下表:

---

10 张清敏. 对外政策分析. 北京: 北京大学出版社. 2018: 23.

[表a] 三次援美海外派兵概况

	越南派兵	海湾派兵	伊拉克派兵
部队名称	海军青龙、陆军猛虎、白马部队等	医疗支援团、空军运输部队	建设工兵支援团徐熙部队、医疗支援团济马部队、民事支援部队扎依屯部队等
派兵规模	325,517人	314人	3,566人
决策时间	1964.5-1968.3	1990.8-1991.2	2003.3-2004.2
部队性质	非战斗+战斗部队	非战斗+战斗部队	非战斗部队
决策主体	朴正熙（军人威权政府）	卢泰愚（威权向民主过渡的政府）	卢武铉（民主政府）
备注	第一次、规模最大	第二次海外派兵	规模第二大

笔者自制

其中韩国为主要研究对象空间，同时也会涉及到美国，较少涉及到越南、波斯湾、伊拉克。需要注意的是，本书的研究对象为韩国政府的派兵决策过程，而非政策实际执行过程，因此本书所研究的时间范围与战争的起止时间以及韩国部队实际派出、撤回时间并不一致。在具体的研究中，本书运用以下研究方法。

第一，综合运用社会科学研究中常用的历史追踪方法，对三次派兵决策的过程做经验性分析。历史追踪法首先收集过去真实发生的历史材料，并对此做系统性的整理及分析，以期找出历史事实之间的相互作用和因果关系。本书收集有关朴正熙政府越战派兵决策、卢泰愚政府海湾派兵决策以及卢武铉政府伊拉克派兵决策的一手资料做整理分析，梳理韩美关系发展的历史和结构性脉络，解析韩国派兵决策的演变特点。通过这项工作，可以清楚地看出在不同的国际格局、地区格局、韩美关系以及不同的国内各因素影响之下，面对美国的派兵要求，韩国三届政府及其领导人做出决策的具体过程，也能分析出影响其决策的国内外多种因素。历史研究可以让我们总结特点，分析规律，得出经验教训，从而对我们今天把握韩国的对外政策制定过程以及韩美关系提供借鉴，甚至预测未来韩美关系走向以及韩国外交决策趋势。

第二，为了达到上述研究目的，本书还将选择运用文献分析法。为了最大限度地还原历史真相，本书将采用韩国政府、国防部、外交部声明，例行招待会发言人发言内容、国会关于相关海外派兵问题所举行的讨论会、国会听证会会议记录，国会法案以及议员们的讲话等一手资料。以及决策当事人的日记、回忆录、评论文章，越南派兵和海湾派兵决策者的回忆资料较少，在伊拉克战争派兵决策方面，笔者已经搜集到韩国的派兵决策人卢武铉回忆录[11]、李钟奭回忆录[12]、布什回忆录[13]，重要参与者文在寅回忆录[14]、事件亲历者国会议员宋永吉

---

11 노무현. 성공과 좌절—노무현 못 다 쓴 회고록. 서울: 학고재, 2009.

12 李钟奭，韩国著名学者，卢武铉政府时期曾先后担任韩国国家安全委员会NSC事务部次长及统一部长官，现任世宗研究所首席研究员，이종석. 칼날위의 평화-노무현 시대 외교 안보 비망록. 개마고원, 2014.10.

13 George W. Bush, Decision Points, New York: Crown Publishers. 2010.

14 文在寅，韩国第19届总统，卢武铉政府时期曾先后担任青瓦台民政首席秘书、市民社会首席秘书及秘书室长，문재인. 운명-----문재인 자서전. 서울: 가교출판, 2011.

回忆录[15]以及当时朝核问题重要决策者林东源回忆录[16]。

美国档案资料方面, 主要选择了国务院历史办公室 (Historical Documents) 的《美国外交文件汇编》(FRUS), 同时也参考了美国国家保密档案馆的Digital National Security Archive (简称DNSA)、美国中央情报局 (CIA) 的Foreign Broadcast Information Service (FBIS) Daily Reports, 1941-1996 (美国中情局海外情报档案), 以及 U.S. Congressional Serial Set, USCSS (美国国会文献集)。FRUS公开在美国国务院历史办公室网页上, 其他档案资料均可以在北京大学图书馆的资源库里检索查阅。

此外, 还有韩国政府决策部门官方网站及各种形式官方出版物。比如青瓦台、外交通商部、国防部、国会秘书处等重要官方网站, 这些资料的突出特点就是其权威性。韩国主流媒体网站及出版物《韩民族报》、《东亚日报》、《朝鲜日报》、《中央日报》、《联合新闻》等。在这些出版物中不仅刊登了重要的官方的法律与文件, 还经常刊登官方人士的讲话与文章, 可以从不同角度与侧面为我们提供分析对外政策决策的材料。

由于海湾战争和伊拉克战争刚刚过去时间不久, 目前只能依赖部分公开发表的材料。为了弥补这方面的不足, 本书还将援引实际政策制定过程中的重要参与者李钟奭先生对笔者的答复, 李钟奭先生时任

15　宋永吉, 韩国资深国会议员, 卢武铉政府时期曾先后担任开放国家党市民社会委员会委员长、韩国人质被杀事件调查特别委员会委员等职, 先后两次到伊拉克进行实地考察, 송영길. 벽에서 문으로. 중앙일보플러스(주), 2018.4.

16　林东源, 韩国资深外交官, 曾担任大韩民国驻尼日利亚大使、驻澳大利亚大使, 金大中政府时期先后担任外交安保研究院院长、统一部长官、国家情报院长及总统外交安保统一特别顾问, 임동원. 피스 메이커----임동원 회고록. 서울: (주) 창비, 2015.6.

韩国国家安全保障会议 (NSC) 事务部次长, 直接参与了伊拉克派兵决策, 并对最终决策产生重要影响。同时还利用了本人与部分专家学者交流中得到的资料。

第三, 本书具体以三次海外派兵决策为研究对象, 将运用比较分析法对区域内动态问题进行比较研究。比较分析是在案例研究的基础上, 通过对事实的描述比较, 从事物本身所产生和发展的具体过程中解释因果关系以重建过去。[17] 本书在分析总结每次派兵决策特点的基础之上, 通过比较分析找出韩国海外派兵外交决策演变的特点, 并对其做出评价。

本书在研究过程中还将会运用到以下概念或理论, 为了方便以后的分析, 在此对概念和理论进行阐述。

埃里森的决策模式理论

1971年埃里森出版了外交决策研究的一部经典之作——《决策的本质》, 他对美国政府内部组织结构和官僚系统运作规律进行了考察, 提出了三种决策模式, 即理性行为者模式、组织行为过程模式以及官僚政治模式。[18] 理性行为者模式可以概括为: 外交关系中所发生的一切现象都是因国家选择的行动而产生的。国家会选择一个能够实现战略利益最大化的行动。国家的外交行动是一个以利益最大化为原则的选择过程。埃里森第二种决策模式为组织过程模式, 这种模式不把国家看成单一行为体, 而是把它看成由众多不同的机构和部门组成的

17　王菲易. 国际化、制度化与民主化——韩国政治发展与转型的国际因素研究. 上海: 复旦大学博士学位论文, 2009. 10: 32.

18　Graham T. Allison, Essence of Decision: Explaining the Cuban Missile Crisis. Harper Collins publishers, 1971: 187-191.

松散组织联盟。海伦·米尔纳也认为：理解政策制定的关键是意识到国内行为体间是如何博弈的。[19]政府部门的行动并非有目的的行动，也不是随意的行动，而是按照固定的标准化操作程序运作的结果。

埃里森决策理论中另一个重要的模型是官僚政治模式。这一模式是在组织过程模式基础上进一步发展起来的理论，研究重点是"政府的内部政治"，其主体既不是单一的国家，也不是较大的组织，而是人——国家领导人和高层决策者。埃里森的官僚政治模式假定在不同的决策单位之间存在着激烈的竞争，参与政策制定过程的人或机构并不受任何一个行为体和一致的战略计划指导，而是受各种关于国家、组织以及个人的目标和观念的影响。不同团体追求不同目标，最后形成的决策是一个混合体——"折中的方案"，与任何一个人或团体的最初意图都不完全一致。最后的结果并不取决于对问题的理性判断，也不完全取决于常规的组织程序，而是取决于决策参与者的权力和讨价还价的技巧。[20]

国家利益

汉斯．摩根索认为："只要世界在政治上还是由国家所构成的，那么国际政治中实际上最后的语言就只能是国家利益。"[21]国家利益关系到"外交政策的本质以及全部政治学说的基本问题"。[22]可以说，纷繁

19　海伦·米尔纳. 利益、制度与信息：国内政治与国际关系. 曲博 译. 王正毅 校. 上海：上海世纪出版集团, 2015.9:12.

20　Graham T. Allison, Essence of Decision: Explaining the Cuban Missile Crisis. Harper Collins publishers,1971: 162.

21　Morgenthan, Hans J. Political Dilemma. Chicago: The University of Chicago Press, 1958:68.

22　庞大鹏. 国家利益与外交决策. 世界经济与政治. 2003.2: 59-60.

复杂的外交决策问题的出发点和最终归宿都是国家利益。建构主义代表人物亚历山大·温特认为"利益指的是行为体的需求。""国家利益的概念指国家——社会复合体的再造要求或安全要求。"这里，"生存从根本上来说是指构成国家——社会复合体的个人"；"独立指国家——社会复合体有能力控制资源分配和政府选择"；"经济财富指保持社会中的生产方式，在延伸意义上也包括保护国家的资源基础"；"集体自尊指一个集团对自我有着良好感觉的需求，对尊重和地位的需求。上述国家利益的内涵——生存、独立、经济财富、集体自尊必须得到实现，如果国家做不到这一点，就会逐渐灭亡。"[23]

在与国际社会中的事件相关联时，国家会面临一个选择，追求国家利益的内容将哪一条放在优先考虑的位置继而决策采取符合优先利益的行动，避免损害国家利益。实际上，凡是涉及到国家的需求与欲求，无论是大是小，都属于国家利益范畴。这些内容会构成错综复杂的国家利益体系，而其可被划分出不同的层次。为了避免国家利益概念定义的不准确性和国家利益研究的不统一性，我们有必要对国家利益采用分层次的研究方法。

韩国的《国防白皮书》对韩国的国家利益定义如下：1.通过保护国民的安全、维护国家领土完整及主权，追求作为独立国家的生存；2.为了提升国民生活的水平，提高国民福利，谋求国家的发展及繁荣；3.维护自由与平等、人类尊严等基本价值观，维护并发展自由民主主义体制；4.将南北之间冷战性质的对立关系转变为和平共存关系，最

---

23 Alexander Wendt, Collective Identity Formation and The International State American Political Science Review, Vol.88. No.2. June 1994: 385.转引自 袁正清. 国家利益分析的两种视角. 世界经济与政治. 2001.9: 14-17.

终建设统一国家; 5.尊重人类的普遍价值, 为世界和平与人类繁荣做出贡献。韩国的政策决策者就是为了追求以上韩国的国家利益才做出决定将韩国军队向海外派遣。这些国家利益大体可以归纳为强化国家安全, 经济上的实际利益, 密切国际政治上的联系, 提升国家形象和地位, 本书中将其归为安保利益、经济利益与影响力。

最高决策者倾向于将个人及政权的利益与国家的利益同一视之, 而不同部门的领导人对自身利益的认知影响他们对国家利益的认知, 他们对自己部门利益的追求影响国家对外政策决策的结果。因此在派兵决策过程中政府的选择是否真的符合国家利益, 还是符合个人利益抑或是政权利益, 需要明确区分开来。本书将从安保利益、经济利益以及国际社会的影响力三个侧面利用层次分析法对派兵决策做出评价, 总结不同时期、不同情况下国家利益的优先顺序, 即韩国的国家利益结构。

3. 研究现状

海外派兵是一种典型的政治军事行为, 因此对其研究大体分为两个方向, 一是从军事的角度出发所进行的研究, 另一方向是从政治学、外交学、历史学的角度进行研究。笔者没有军事背景, 难以从军事角度做细致研究。更重要的是, 韩国应美国要求向与自身利益相关性不大的国家或地区派兵, 其政治意义要远远大于军事意义。因而笔者将尝试从政治、外交、历史学的角度出发考察目前该领域的研究现状。

国外的研究

国外的研究大体可以归为两类: 一是从政治学、历史学的角度出发研究具体某一次战争中韩国派兵决策的个案研究; 二是比较视域下, 综合研究韩国几次海外派兵决策过程的系统性研究。

1) 个案研究

个案研究中对越南派兵的分析比较多。首先是美国学者利用美国的资料对韩国派兵参加越战的动机、过程及影响进行经验性分析, 揭开了韩国海外派兵研究的序幕。美国学者 Princeton N. Lyman 的《韩国介入越南》[24] (Korea's Involvement in Vietnam) 一文首先将焦点集中在韩国派兵的动机, 他认为韩国派兵是为了保护自由民主主义不受到共产主义的威胁, 守护美国主导的国际秩序, 这与韩国政府正式发表的派兵立场是一致的。

James Lawton Collins与Stanley Robert Larsen合作的《越南战争中的盟军》[25] (Allied Participation in Vietnam) 研究了1964年到1966年韩国政府围绕派兵问题与美国展开协商的过程, 同时分析了韩国军队在越南期间的作战情况及其影响。

在此基础上, Frank Baldwin的《美国的雇佣军: 南韩在越南》[26]

24　Princeton N. Lyman, Korea's Involvement in Vietnam, ORBIS, Vol. 12(Summer). 1968.

25　Stanley Robert Larsen and James Jlawton Collins Jr., Allied Participation in Vietnam. Washington D.C.: U.S. Department of the Army, 1975.

26　Frank Baldwin and Diane & Michael Jones, America's Rented Troops: South

（America's Rented Troops: South Koreans in Vietnam）利用了水门听证会上美国国务院的资料, 将韩国军队称为美国的雇佣军（America's Rented Troops）, 认为韩国向越南派兵只是追求经济利益, 毫无大义可言。这本书的影响极大, 引发了很多学者重新审视越南战争对韩国国际声誉影响方面的思考。

对于韩国的越南派兵, **韩国本土学者**从越战当时到民主化之前为止的研究分析主要从维护威权政府的统治出发, 为派兵的合法性、合理性寻找理论、事实支撑, 直到李泳禧《越南战争》的出现, 韩国才出现了对越南战争较为客观、公正的研究。[27] 越南派兵过去近50多年后的2010年, 朴泰均的《越南战争: 被遗忘的战争, 一半的记忆》[28]、《友邦与帝国: 韩美关系的两个神话》[29]等系统而客观地分析了韩国派兵参

Koreans in Vietnam (Philadelphia: American Friends Service Committee, 1975)

27　关于李泳禧和他的《越南战争》对当时韩国知识分子的冲击, 当时还是一名大学生的文在寅在自传《命运》中记述如下: "与那个时代无数大学生一样, 李泳禧先生对我的批判意识是与社会意识觉醒产生了深远影响。在李泳禧先生的《转换时代的论理》出版之前, 我就在《创作于批评》杂志上读过他的《越南战争》。……第一次接触到李泳禧先生的论文真是太受冲击了, 内容都是对越南战争的非正义性、帝国主义战争性质的探讨, 还讨论了美国国内的反战运动, 等等。结论就是超级大国美国绝不可能赢得这场战争。……李先生拿出了无可辩驳的证据, 解释得简单明了。……我看了他的论文和书籍, 深深觉得这才是我辈所应追求的知识分子的风骨。……读他的文章让我相信真理一定会取得最后的胜利! 这让作为堵着的我倍感喜悦, 这种喜悦感至今记忆犹新。卢武铉也受了李泳禧先生很大的影响……卢律师开始广泛地阅读社会科学书籍, "提高了觉悟", 而这一切的起点正是李泳禧先生。"引自文在寅. 命运——文在寅自传. 王萌译. 南京: 江苏凤凰文艺出版社, 2018.1: 91-92.

28　박태균. 베트남전쟁: 잊혀진 전쟁, 반쪽의 기억. 서울:한겨레출판. 2015.

29　박태균. 우방과 제국: 한미관계의 두 신화 - 8.15에서 5.18까지. 서울:창비출판, 2006.8.30.

加越南战争的参战原因、战争中的韩国军人与越南当地士兵、平民之间的矛盾以及美韩同盟关系的转变，总结了韩国在与美国历次协商中的"学习效果"，同时对韩国的功利主义外交政策提出了质疑。

韩国学者金世镇的《南韩介入越南战争及其政治经济影响》[30] (South Korea's Involvement in Vietnam and its Political and Economic Impact) 一文从政治学视角进行了分析。他集中分析了韩国派兵参战的影响，韩国派兵在经济上的收益、外交上的地位提升，以及政治、军事上的影响。同时他也指出越南派兵所产生的不良后果——在韩国国内强化了朴正熙独裁政权的合法性，造成南北双方关系的紧张。

韩国学者韩承洙的《韩国参加越南战争及韩美关系》[31]从韩美同盟的角度对韩国派兵进行了考察，关于派兵的动机，他主张越战使得美国从韩国撤军的可能性大大提升，因此在韩美之间进行协商的过程中，韩国只能通过韩国军队的参战来提升自身对美协商能力。此外，金基泰的《韩国的越南参战与韩美关系》[32]也是从韩美关系的角度来分析韩国的派兵动机与影响的。

另一位韩国学者李基宗在他的《韩国军队参加越南战争的决策动因及结果分析》中认为朴正熙政权当时之所以做出派兵决策，基本动因源自综合考虑其所处的国内政治、经济结构，同时也分析了派兵

---

30 Se-jin Kim, South Korea's Involvement in Vietnam and its Political and Economic Impact, Asian Survey, vol. X, no. 6, 1970.

31 Sung -Joo Han, "South Korea's Participation in the Vietnam Conflict: An Analysis of the U. S. - Korean Alliance," ORBIS, (Winter), 1978.

32 김기태. 한국의 베트남전 참전과 한미관계. 서울:한국외국어대학교 대학원 박사학위논문, 1982.

给韩国所带来的一系列国内外变化与影响。他认为, 参战使得韩国的安保状况得以改善、经济得到了发展, 但是三选改宪与维新体制的出现强化了朴正熙的独裁统治, 间接刺激了南北关系的紧张。从维护政权的角度是有利的, 但却使韩国逐渐成为兵营化国家, 即国家一切大小事务以军事为主, 形成现代意义上的军国主义与官僚体制相结合的国家形态。[33]

从结构主义角度对越战派兵进行研究, 最具有代表性的是韩国学者金冠玉的《越南战争派兵决策再讨论: 以结构主义理论为中心》[34], 作者认为韩国当年的派兵决定是为了强化作为"安全最差国"——韩国与"安全保障提供国"——美国的军事同盟, 但是随着战争的深入, 韩国在韩美不对称同盟中的作用与身份也发生了变化, 以至派出的兵种也发生了变化。韩国的越战派兵行为提升了韩国在韩美同盟中的地位, 摇身变成了"美国的支援国"。这篇文章主要从韩国派兵目的的变化理解韩国在越南战争中身份的变化走向。

此外, 韩国学者张载赫从政治制度的角度出发分析了韩国行政部门与立法部门对外交决策权的分权情况, 他在自己的博士论文《第三共和国的越南派兵决策研究: 以总统与国会的相互作用为中心》[35]中认为派兵决策虽然是由以总统为中心的国家领导人及高级官僚所做出的, 但决策过程中所显示的以总统为代表的决策机构——政府, 与作

---

33 이기종. 한국군 베트남참전의 결정요인과 결과 분석. 서울: 고려대학교 대학원 박사학위논문, 1991.

34 김관옥. 베트남 파병정책 결정요인의 재논의: 구성주의 이론을 중심으로. 군사연구. 제137집 2014: 9-38쪽.

35 장재혁. 제3공화국의 베트남 파병결정에 관한 연구: 대통령과 국회의 상호작용을 중심으로. 서울:동국대학교 대학원 박사학위논문, 1998.

为审议机构的国会之间相互影响、相互作用, 从微观角度揭示了韩国政体下的外交决策特点——行政部门主导, 立法部门批准, 立法部门几乎无权否决的现实。

关于韩国派兵参加**海湾战争**的研究, 韩国国内的研究不多, 韩国国防研究所出版了《海湾战争》[36]一书, 主要从军事的角度对海湾战争的情况作了全景介绍, 更加侧重的是美国在海湾战争中的表现及收益。另有几篇硕士论文[37]分析了该战争的爆发原因, 以及海湾战争对韩国国家安全所带来的影响。这些研究虽然分析了对韩国国家安全的影响, 为本书提供了一些基础性材料, 但稍显理论性不足, 研究还不够深入。

关于**伊拉克派兵**, 韩国方面的研究主要集中于伊拉克派兵的国内、国际影响, 比如对韩美关系的影响[38]、对韩国与中东国际关系的

36　국방군사연구소. 걸프전쟁.서울: 국방군사연구소, 1992.

37　这样的论文有: 김명달. 걸프전쟁과 한국안보에 관한 연구: 군사적 측면을 중심으로. 청주대학교 행정대학원 석사학위논문, 1992; 신항섭. 한국의 걸프전 파병결정에 관한 연구. 국방대학원 석사학위논문, 1994; 소상섭. 걸프전쟁에 관한 연구: 발발원인을 중시뭄로. 국방대학원 석사학위논문 1995; 이근재. 걸프전에 관하여: 세계관을 중심으로. 고려대학교 국제대학원 석사학위논문, 1999; 김영진. 원남전과 걸프전에 관한 비교연구: 한국군 해외파병측면을 중심으로. 동국대학교 행정대학원 석사학위논문, 1993:Lee Kyung. The South Korean Military Participation in the Vietnam War and the Gulf War.경희대학교 평화복지대학원 석사학위논문, 1994.等.

38　이수훈. 이라크 파병과 한미동맹, 통일전략포럼. 경남대학교 극동문제연구소, 2003.10.

影响[39]、对韩国国内政治的影响[40]、对韩国国际形象的影响[41]等等。关于外交决策方面，张勋的《第二次伊拉克派兵 (2003-2004) 决策过程分析: 以总统、国会与市民社会的作用变化为中心》[42]详细分析了卢武铉政权第二次伊拉克派兵决策过程中几个主要行为者在摆脱了过去"帝王型"总统统治方式之后，在全世界都步入"后冷战"时代主要行为者作用的变化。其中，总统的权威和作用明显受到了来自各方面力量的制约。市民社会分裂为保守与进步两方，并且总体影响力在逐步增强，国会与政党所承担的职责也明显得到提升，其中反映出冷战之后韩国外交决策过程的发展走向。文章最后还讨论了国会与政党在选举的问题上，面对来自市民社会的压力所暴露出的回避态度、软弱性以及对此加以批判。该文章对冷战结束后，步入民主化时代韩国外交决策出现的新特征做了比较精要的概括和总结。

2) 系统性研究

韩国学者金章钦2010年的博士论文《韩国军队海外派兵研究:

39 홍순남. 이라크파병을 계기로 본 한국, 중동 협력관계 – 정치, 외교 측면 분석. 한국중동학회논총25권1호, 한국중동학회, 2004. 8.

40 김승국. 이라크 파병 반대운동의 의미와 흐름. 기억과 전망9권, 민주화운동기념사업회, 2004.12.

41 이인섭, 유홍식, 김능우, 이라크파병이 '한국이미지'에 미친 영향에 관한 영향 연구 – 중동5개국을 중심으로. 지중해지역연구8권2호, 부산외국어대학교지중해연구원, 2006.10.

42 장훈. 이라크 추가파병(2003~2004)결정과정의 분석: 대통령과 국회, 시민사회의 역할 변화를 중심으로. 분쟁해결연구 13권2호, 단국대학교 분쟁해결연구센터, 2015.8.

以普遍性模型的开发及应用为中心》[43]，通过对越南战争派兵决策过程的分析，作者提出越南派兵决策适用于理性行为者决策模式，而伊拉克派兵决策则适用于官僚政治决策模式，并且在伊拉克派兵决策中，起决定作用的顺序为个人>社会>政府>体制。这篇文章是较早使用埃里森的决策模式理论对韩国政府出兵越南、出兵伊拉克两个重要决策过程进行对比分析的研究，具有一定前瞻性和创新性，但笔者认为其依据罗西瑙"预理论"所阐述的外交决策中期决定作用的影响因素顺序有待进一步商榷。

韩国国防部军事编撰研究所的学者朴东顺2016年7月出版了专著《韩国的战斗部队派兵政策：比较金大中、卢武铉、李明博政府的派兵政策决策》[44]，作者是陆军军官出身，更多的从军事学角度出发考察了政府的出兵动机以及决策过程中不同岗位上的官僚的不同作用，并运用双层博弈理论对每一任政府做出派兵决策时，谈判的获胜集合（win-sets）的情况作了分析判断。并对政府今后做派兵决策时需要注意的事项提出了建议。但伊拉克派兵是否属于战斗部队这一点，笔者与该书有不同意见。

徐宝赫的《遭到背叛的和平》[45]为笔者所接触到的比较案例中较新的专著，作者以韩国政府的伊拉克派兵决策为主要分析对象，兼顾与越南派兵的比较，做了全景式的分析。作者主要从和平主义出发，探讨政府通过派兵，对动用武力能否对维护和平起到积极作用，或者

43　김장흠. 한국군 해외파병정책 결정에 관한 연구: 통합적 모형의 개발 및 적용을 중심으로. 한성대학교 대학원 행정학과 박사학위논문, 2010.

44　박동순. 한국의 전투부대 파병정책. 서울: 도서출판 선인, 2016.

45　서보혁. 배반 당한 평화. 서울:진인진, 2017. 6.

在怎样程度上起作用的问题上提出质疑。书中用翔实的资料分析了两次派兵决策过程中韩国政府面临的国内外双层博弈的情况，特别是对伊拉克派兵反对运动做了较为详尽的分析，最后为韩国的海外派兵政策提出了一些建议。

近年来随着韩国海外利益的扩大及韩国国际影响力的提升，对韩国海外派兵的关注点逐渐集中于韩国加入联合国后积极参加**国际维和活动**的情况。金悦秀的《联合国维和活动研究》，安忠准的《克什米尔地区纷争与韩半岛的UN PKO作用研究》，郑道生的《韩国的海外派兵政策决策研究》，李润主的《有关海外派兵决策的经验性研究》，桂云鹏的《韩国海外派兵所体现的国家利益结构研究》，金正斗的《韩国军事外交政策决策要因比较研究》，曹现幸的《韩国军队国际维和活动研究》等都是其代表作。这些研究都集中于韩国加入联合国之后，所参与的UN PKO（联合国维和活动）、MNF PO（多国部队维和活动)，对其派兵决策因素及国家利益，派兵政策的决策过程，针对不同案例进行比较分析和研究。更多强调的是韩国对国际社会的贡献以及对韩国本国国家利益实现上的积极意义。

总体而言，虽然最先关注到韩国海外派兵的是美国学者，主要利用美国的档案资料对韩国海外派兵进行历时性分析，但近年来对韩国海外派兵研究比较深入的还是韩国本土的学者，他们挖掘了更多一手资料，对韩国海外派兵的分析也从最开始的顺应政府立场，而逐步转为带有更多批判性视角。综合性的专著更多的着眼于韩国从越南派兵到积极参加联合国维和的变化趋势，强调韩国随着自身实力的提升加大对国际社会的贡献，也更多关注韩国国内政治对海外派兵的影响。韩国学者充分发掘了韩国方面的资料，着眼于国内政治的发展变化, 更多的从国内政治博弈、制度建设、国内社会变化等方面分析韩国的派兵决策演变, 但是对国际关系变化、特别是国际格局变化关注度不够, 仅限于韩美关系的变化。对宏观格局上的把握不足成为国外对派兵决策研究较为薄弱的领域。

中国的研究

中国方面尚未见到专门研究韩国海外派兵的专著, 现有研究可以分为两类: 一类是韩国史及地缘政治专著, 将韩国的海外派兵作为外交的具体案例有所论及; 二类是学术文章及论文类, 有的从历史学角度进行个案分析, 有的从外交学角度分析韩国外交决策机制, 同时作者也参考了为数不多的分析冷战结束后韩国、日本海外派兵的文章。

3) 韩国史及地缘政治专著

第一类专著中比较有影响的著作有陈峰君《亚太大国与朝鲜半岛》[46], 该书从地缘学角度出发分析了朝鲜半岛对周边大国的战略价值, 同时对半岛内部力量与对外力量之间的关系做了辩证的分析, 在论及朝鲜半岛的安保问题对亚太地区的重要性时多次提到韩国出兵越南及驻韩美军调整的问题, 该书从宏观角度把握了朝鲜半岛安保问题的实质; 曹中屏、张琏瑰的《当代韩国史 (1945-2000) 》[47], 作为韩国当代史的权威专著, 书中提到了韩国派兵参加越南战争的过程及结果, 特别指出经济因素及韩美同盟因素、意识形态因素所起到的作用;

---

46   陈峰君. 亚太大国与朝鲜半岛. 北京: 北京大学出版社, 2002.

47   曹中屏、张琏瑰. 当代韩国史 (1945-2000) . 天津: 南开大学出版社, 2005.7.

沈定昌的《韩国外交与美国》[48]一书梳理了国际、意识形态、国内政治经济、历史与地缘政治、南北分裂现状、总统个人与美国因素等对韩国外交政策制定产生影响的诸多因素。而且，还从国际、国家、社会与个人等层次对韩日关系正常化、越南派兵、北方外交、阳光政策、伊拉克派兵五个案例进行了分析。该书分析侧重于韩国外交决策中的外部压力——即美国因素所产生的影响。此外，还有学者张少文的《韩国外交与对外关系》[49]以韩国领导人为界，分阶段分析韩国不同政府对外政策的态度及转变，同时分析东北亚的局势和全球态势之间的联系。

研究**韩美同盟**的代表性著作有汪伟民的《联盟理论与美国的联盟战略：以美日、美韩联盟研究为例》[50]，该书试图立足新现实主义和新古典现实主义的基本分析框架，借鉴兰德尔·施韦勒"利益平衡论"的分析体系，尝试提出一种全新的联盟理论，即"威权式联盟"(authoritative alliance)理论。这一理论事实上并非一种一般意义上的联盟理论，而是针对某种类型或性质的联盟展开的理论分析。这一理论分析既糅合了传统联盟理论分析通常使用的某些变量，如"权力"、"威胁"、"利益"等，也引入了"制度"、"认同"、"恐惧"等新的分析变量，并将这一联盟运行的逻辑或理论基点假定为"利益平衡"和"安全平衡"。

48　沈定昌. 韩国外交与美国. 北京: 社会科学文献出版社, 2008.

49　张少文. 韩国外交与对外关系. 台北: 台湾商务印书馆, 2009.

50　汪伟民. 联盟理论与美国的联盟战略: 以美日、美韩联盟研究为例. 北京: 世界知识出版社, 2007.

4) 学术文章及论文类

赵建明、吕蕊的论文《冷战后韩国海外军事行动述评》[51]是笔者找到的为数不多的专门论述韩国海外派兵的文章，主要探讨了冷战后韩国参与国际维和活动、同盟建设与和平行动以及直接派兵护航等海外军事行动，可以说是对冷战后韩国参与的多种形式海外军事行动的全景扫描，指出了地区关切、同盟关系以及民众因素与韩国参与海外军事行动的关系，认为韩国以后会更积极投入海外军事行动，派兵形式与派兵使命也会更加多元化。但是受篇幅和资料所限，该文有些观点值得推敲。

从历史学的角度进行个案分析的文章不在少数。考察越南战争的论文有毕元辉的《韩国对越参战问题初探》[52]与冯东兴的《韩国向越南派兵过程中的美韩关系》[53]等，都是运用美国档案资料再现了韩国政府越战派兵的主要过程、参战原因及其影响因素，特别是重点研究了对韩美关系所产生的影响。文章主要参考了美国的一手资料，详细揭示了韩美交涉过程中美国政府内部的态度变化。因未能参考更多的韩文资料，对韩国国内因素的分析较为不足。韩国派兵参加海湾战争的文章在国内尚未发现。伊拉克派兵的研究成果也不多，乐恒的硕士毕业论文《卢武铉政府对美外交政策研究——两次出兵伊拉克案例分析》[54]一文从适应性理论出发，以决策者所承受的内、外压力为切

51 赵建明, 吕蕊. 冷战后韩国海外军事行动述评. 外交评论. 2011(11).

52 毕元辉. 韩国对越参战问题初探. 史学集刊. 2008.11(6).

53 冯东兴. 韩国向越南派兵过程中的美韩关系 (1965-1968). 近现代国际关系史研究. 第九辑: 166-193.

54 乐恒. 卢武铉政府对美外交政策研究——两次出兵伊拉克案例分析. 北京: 北京大学硕

入点, 对卢武铉政府的外交决策过程进行了分析, 最终得出结论认为: 朝鲜半岛局势越是紧张, 美国对韩国外交政策的影响力也就越大。不过, 当朝鲜半岛局势趋于稳定的时候, 美国对于韩国的影响力会稍有下降, 而韩国也就可能在韩美同盟的框架下, 获得更多的外交自主性。该文所采用的资料翔实, 但偏重于美国因素的影响, 对韩国国内因素主要集中于总统个人因素, 忽略了社会、制度、经济等因素的影响分析。

在**韩国外交的角度上**, 很多研究将视角集中于韩国的国内政治变动对外交的影响上。从宏观上进行分析的研究有韩献栋的《韩国外交的困境: 一个概括性框架的解读》[55], 该文梳理了朝鲜战争以后至李明博政府60余年来韩国外交中的两难困境, 即由最初在政治、军事、外交上不得不对美依赖以维护本国政权合法性及朝鲜半岛安全结构, 至近年来历任政府在"和平外交"与"统一外交", "同盟外交"与"自主外交"等方面摇摆不定、缺乏政策一惯性的现实, 作者进一步指出韩国只有对自身身份有了明确认识后, 在这些重大的原则问题上形成广泛而稳定的共识才有可能摆脱长期困扰国家战略的的困境。

王义桅的《在理想与现实之间: 理解韩国外交》[56]也是从宏观上阐述韩国外交困境的力作, 作者认为韩国的外交处于理想与现实之间, 这正是因为追求民族统一的和解政策与维护同盟的冷战同盟体系之间的差异所导致的。王生的《韩国外交的美国情结与现实抉择——

士学位论文, 2007.

55　韩献栋. 韩国外交的困境: 一个概括性框架的解读. 东北亚论坛. 2012(3).

56　王义桅. 在理想与现实之间: 理解韩国外交. 国际论坛. 2005. 11(6).

接近美国并不会疏远中国》[57]从韩国外交现实的角度分析了在中国崛起的背景下，韩国被迫在与中美两大国外交中做出选择时所面临的问题，认为韩国只要发挥平衡外交或自主外交就可以同时与中美两国都打好交道。

从微观角度分析韩国外交的有张健的《当代韩国外交决策机制分析》[58]，文章对韩国外交决策的制度设计进行了梳理，详细介绍了当代韩国外交决策的重要参与者及参与机构，从总统、国务总理、国务会议、到外交部、统一部、国防部和国家情报院等政府各部门以及国家安全保障会议、民主和平统一咨询会议等总统咨询机构，并且提到了学界、媒体和政党政治等影响外交决策的国内因素，但是因篇幅所限，只对众多部门机构进行了简要介绍，各种因素也都是点到为止，并没有进行深入的分析，更未提及各因素在实际外交决策过程中所起到的作用。

金东灿《试论韩国外交决策影响因素的变动趋势》[59]通过研究韩国历任政府的决策影响因素，分析出影响韩国外交决策的国际因素与总统个人因素在相对下降，其他国内因素的影响力则逐步上升，尤其是官僚组织在外交决策中扮演的角色愈加重要。并提出了自己的观点，即：总统个人因素影响力在下降，其他因素影响力逐步上升。

此外，笔者也参考了国内学者所撰写的日本海外派兵方面的论文。徐万胜的《论日美同盟与日本的海外派兵》梳理了自海湾战争以

57　王生. 韩国外交的美国情节与现实抉择——接近美国并不会疏远中国. 东北亚论坛. 2008. 7(4).

58　张健. 当代韩国外交决策机制分析. 当代韩国. 2010(春).

59　金东灿. 试论韩国外交决策影响因素的变动趋势. 当代韩国. 2016(2).

来日本的海外军事活动，不仅有派兵参战也有参与同盟框架下的联合军演，主要介绍了日本的海外军事活动史上法制系统逐步完善的过程，但对派兵的决策分析较少。

综上所述，中国学界对于韩国派兵决策的研究尚缺乏权威性的专著，相关研究也不够深入。为数不多的对韩国外交的研究重点也大多放在国际因素、大国影响或韩国总统的个人作用上。这类的研究一般都是从宏观视角出发，把韩国政府视为一个单一理性的国家，是内外一致的政治行为体，这个行为体可以根据国际系统结构的变化和自己在其中所处的位置理性地决定对外政策，从而为本国谋取最大的国家利益。这恰恰忽视了影响对外政策的另一个重要方面——国内决策过程。理解政策制定的关键是意识到国内行为体间是如何博弈的。政策选择——无论是国内或者对外政策——都是内部行为体策略博弈的结果。外部的冲突与合作反映的是国内政治中的斗争和共识。[60] 因为韩国对外决策中的国内因素长期以来受到中国学者的忽视，因而经常是知道一项决策的结果，而不清楚韩国国内决策的过程，以及内部的决定性因素，更难以解释不同时期不同政府做出的派兵决策中，具体在决策过程和决策模式上发生了什么样的质变及量变。

综上所述，笔者认为目前国内对韩国的海外派兵决策研究还比较薄弱，缺乏从宏观与微观相结合的分析，即结合宏观上国际格局的变化，与微观上韩国国内政府内部不同的政治过程，对韩国海外派兵，特别是韩美同盟框架下的援美海外派兵进行的历时性、立体性、综合性、经验性的考察。本书将立足于此，探寻韩国援美海外派兵决策变

---

60   海伦·米尔纳. 利益、制度与信息：国内政治与国际关系. 曲博 译. 王正毅 校. 上海：上海世纪出版集团, 2015.9:13.

迁的特点。

4. 本书结构

本书在整体上沿着提出问题—>界定范围和概念—>总结归纳现有研究不足—>实证研究—>分析特点—>总结规律—>回答问题的框架进行分析 (具体如图1.3所示)。书中有两条脉络, 一条是描述性线索, 通过一手资料再现美国要求下韩国三次援美海外派兵决策的演变过程, 主要围绕韩美协商、韩国国内协商、国会斗争以及市民社会、舆论媒体态度的影响而展开; 另一条是分析性线索, 具体分析每次派兵决策的影响因素、决策过程, 对实际收益进行评价, 揭示派兵影响因素和国家利益的演变特点。两条线索相辅相成, 是一个从感性认识到理性认识, 从实践中来到实践中去的升华过程。具体而言, 本书的框架沿着以下路径展开。

绪论提出问题, 就现有国内相关研究进行评述, 总结本研究可实现的突破口。在不同的历史时期, 韩国对于美国的派兵要求态度截然不同。目前中国国内对于韩国海外派兵的研究只集中于某一次海外军事行动, 缺乏历时性、比较性、综合性的考察。国外的研究侧重从韩国国内得失的角度分析派兵决策, 落脚点在于为今后韩国的海外派兵提供方向性方案, 缺乏站在第三者角度从韩国国内、国际双方面进行客观的分析。因此为了回答本书的问题, 有必要对韩国的海外派兵决策做进一步分析完善。

在相关概念界定上, 本书在分析史实时, 会借用政治学、国际关系、外交决策方面的一些基本概念，比如埃里森的决策模式，国家利益的定义和阐述，借助这些理论分析，总结韩国援美海外派兵决策的演变特点。

第一、二、三章为实证分析部分，利用所收集到的各种资料，从时间的维度对韩国海外派兵决策进行描述性研究，继而通过不同时期不同的海外派兵决策的连续性和变化，从层次分析的视角对越南派兵、海湾派兵、伊拉克派兵的影响决策因素、决策过程进行逐层分析和研究，对决策所实现的国家利益进行评价。然后总结出三次派兵决策的特点及变化。

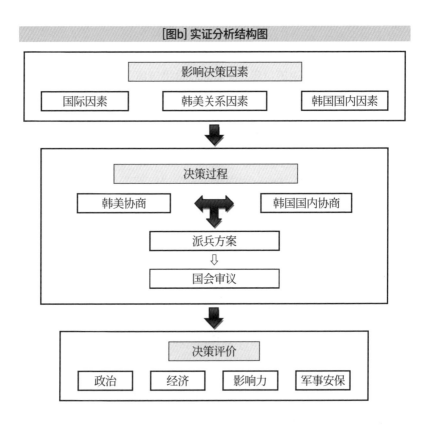

[图b] 实证分析结构图

在分析影响决策因素时，主要分析国际因素、韩美关系因素、韩国国内政治因素，包括经济因素、社会、军事安保等因素 以及比较关键的领导人个人因素。通过以上影响因素的分析对决策背景作出交代，然后对每一次派兵决策过程中韩美政府、韩国政府内部、政府与社会、国会之间的协商过程进行描述，在决策评价部分对政府派兵决策所实现的国家利益进行评价。实证分析架构具体如上图所示。

第四章为韩国海外派兵决策的演变特点，综合比较分析实证研究中三次海外派兵决策的影响因素、决策过程以及国家利益结构，总结韩国支援美国海外派兵的演变规律及外交决策的特点。

在以上分析的基础上，最后的结论部分回答开始所提出的问题。可以看出，对于美国的派兵要求韩国每次都做出了同意派兵的决定并给予支援，但韩国的态度从越南派兵时的积极主动，逐渐变得不再主动，再后来演变为伊拉克派兵时的拖沓犹豫，这与四十年来国际格局、韩美关系、国内政治、经济、社会各方面的变化分不开，具体说来就是经济高速发展、政治民主化得以实现后，韩国在对美外交中自主性得到明显提升的结果。并且国家利益中以往最看重的经济利益在优先顺序中下降，国际影响力成为韩国政府更为优先追求的国家利益。但由于现实中韩美实力的不对称性，以及朝鲜半岛南北分裂的现实，韩国的自主性虽然呈上升趋势，但安保这一国家利益始终处于极为重要的地位。这就决定了韩国对于美国的派兵要求在事实上选择余地并不大，只能是在同意派兵的前提下，尽量在有限的空间里发挥自主性为自己争取更多、更切实的国家利益。

[图c] 本书结构图

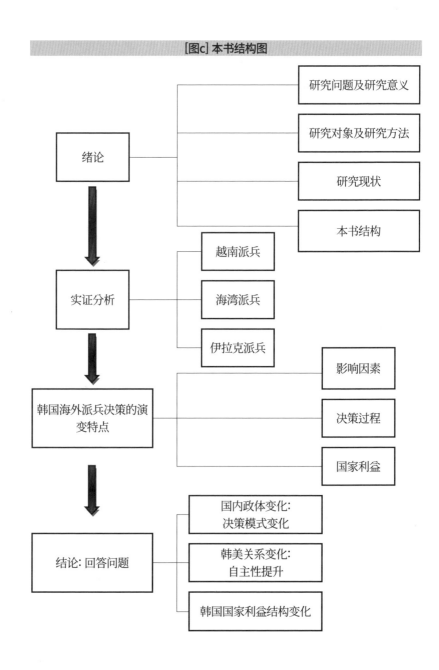

第一章

越南战争派兵决策：
主动派兵的"雇佣军"

1960年代, 处于两大阵营尖锐对立的冷战时期, 美国为了防止共产主义势力在东南亚的扩张, 在未经联合国授权的情况下武力介入了越南战争。由于地理位置和朝鲜战争的缘故, 韩国一直处于以美国为首的资本主义阵营的最前方。韩国政府在美国正式邀请之前就多次主动提出派兵参战, 直至1964年韩国第一次正式派兵。韩国积极主动的态度, 不仅让韩国从美国得到了军事援助, 拉动了军需经济, 获得了经济发展所需要的资金, 开拓了海外市场, 还巩固了韩美同盟和朴正熙军事独裁政权, 因此有学者[1]称韩国军队为美国的雇佣军(America's Rented Troops)。

1.1 影响决策因素: 冷战、绝对依赖、朴正熙威权政府

任何决策的做出必然都受到诸多因素的影响。这里将影响因素

---

1   Frank Baldwin and Diane & Michael Jones, America's Rented Troops: South
     Koreans in Vietnam . Philadelphia: American Friends Service Committee,
     1975.

大体分为三类, 即国际因素、韩美关系因素以及韩国国内因素。其中国际因素又可以分为国际、地区格局因素, 当时国际上处于资本主义与社会主义两大阵营激烈对抗的冷战时期, 意识形态发挥了重要影响; 韩美关系方面, 韩国从政治、经济、外交、安保对美国"完全依赖"; 国内因素中, 又可以分为国内政治、经济、社会以及领导人因素--即韩国总统的个人因素等, 当时的韩国处于威权政府统治下, 实行"反共"政策, 经济贫困落后, 军事政变上台的领导人朴正熙急于得到美国的军事援助、经济援助以巩固政权。接下来就对这些因素逐层分析。

1.1.1 冷战格局下的越南战争

1950年代与60年代的国际政治体系是美苏冷战体系的形成期。第二次世界大战之后, 美国与苏联逐渐成为世界两极。美苏之间的互动强烈地影响着东亚这一次区域体系内各单元之间的互动, 地区安全在很大程度上被两极对抗所左右。地区事务议程被世界性大国的议程所取代。[2]

1945年2月, 罗斯福、丘吉尔、斯大林三巨头在雅尔塔会议中对第二次世界大战结束后的世界秩序做出规划。事实上雅尔塔体系明确地体现了美国与苏联在欧洲的势力划分, 是为了维护战后的世界均势提前上演的斗争, 也是资本主义体系和社会主义体系的斗争。雅尔塔体系就是日后发展到美苏两极对立的根本原因。

在冷战两极体系下, 美苏两国为了争夺世界霸权积极开展军备竞

---

2   韩献栋. 东亚国际体系转型: 历史演化与结构变迁. 当代亚太. 2012(4): 88.

赛, 制造地区紧张、矛盾与对立, 从而引发了很多局部战争, 越南战争就是其中之一。越南曾经是法国殖民地, 越南人民为了反抗殖民统治争取独立进行了民族解放战争, 后来受国际格局的影响逐渐发展成为资本主义阵营与共产主义阵营对立, 冷战两极体系下的局部战争。

越南地处东南亚, 在第二次世界大战前是法国的殖民地, 在二战中被日本占领。1945年8月15日, 日本宣布投降。8月18日, 中国国民党军队依据盟军协议在越南北部接受日军投降, 1946年初, 国民党军队撤出越南, 法军接防。在1945年二战结束前后, 胡志明领导的越南独立联盟 (后改为越南共产党) 宣布独立, 在北方河内建立了"越南民主共和国"(北越)。随之, 法军与北越发生战争。[3] 1949年4月, 法国支持前越南皇帝保大在西贡建立了越南临时政府 (南越) 并与南越一同与北越进行战争。1954年5月, 法国军队在奠边府战败投降。1954年7月, 美国、苏联、中国、英国、法国、越南 (北越、南越)、老挝和柬埔寨等国代表在日内瓦召开会议, 除美国外其他各国签署了法越停战协定, 美国最终没有签字, 为之后介入越南战争留下借口。1955年2月, 美国接替法国训练南越军队, 并宣布支持吴庭艳[4]政权。1955年10月, 通过组织公民投票, 吴庭艳废除了保大的王位, 成立了越南共和国。南越得到以美国为首的资本主义国家支持, 北越则得到共产主义国家苏联和中国支持。按照日内瓦会议的规定, 南北越暂时以北纬17度线划界, 之后举行统一国家选举但最终没有成功。最后, 南越、北

---

3 二战前法属殖民地越南、老挝和柬埔寨二战后争取民族独立反抗法国殖民统治的民族解放战争称为第一次印度支那战争, 此时北越与法军的战争属于第一次印度支那战争一部分.

4 保大任命的首相.

越分治成为事实，并采取了不同的意识形态和政治制度，这也导致之后越南内部战争由民族解放战争逐渐向资本主义阵营和社会主义阵营对抗方向发展。

在南越，持共产主义信仰的越南民族解放战线（NLF: National Liberation Front, Vietnam）旨在推翻南越政权积极战斗。美国政府认为NLF是在北越的指挥下行动的，北越负责训练、渗透NLF的主要成员，为其提供武器、弹药及其他军需物资，积极策划对南越的武装进攻。美国视其为对南越的"武装侵略"。之后发展为南越与NLF、北越的内战，这本是越南内部统一性质的南北战争，但是美国却从意识形态——共产主义势力扩张角度去看待与理解。二战后，蒋介石溃败，新中国建立并形成中苏同盟，中美两国在朝鲜战争发生了直接对抗，中国、苏联对越南民族解放运动中的北越积极支持，美国深刻意识到这些现实和潜在的威胁。根据一份1952年美国国家安全委员会的文件（NSC 124/2）可以看出，当时美国认为"防止东南亚国家成为共产主义卫星国，这对美国的安全利益至关重要"，[5]这直接说明了美国介入越南战争的真实目的及其亚洲战略。冷战局面形成后，美国在亚洲积极与共产主义国家对抗，坚定地实施"防止共产党在亚洲进一步扩张"的政策，美国认为越南冲突是东西方对抗的一部分，具有全球性的意义。美国认为如果南越在内战中溃败，那么整个东南亚都将发生"多米诺骨牌效应"。为了抵抗共产主义势力的扩展，防止亚

5　Nsc 124/2: Statement of Policy by the National Security Council on States Objectives of Action with Respect t Southeast Asia, June 25, 1952 in Gereth Porter, ed., Vietnam: The Definitive Documentation of Human Decision vol. 1. New York: Earl M. Coleman Enterprises, Inc., 1979: 414-419.

洲的共产化, 美国从而支持南越, 甚至之后直接介入并主导了越南战争。综合而论, 越南战争是民族解放战争, 内部统一战争, 同时也是共产主义理念与资本主义理念对抗的战争, 是共产主义与资本主义体系对立——一场冷战体制下的国际战争。

在东北亚, 冷战体制完全投影在这里, 美国-日本-韩国组成资本主义国家阵营, 苏联-中国-朝鲜组成社会主义国家阵营, 两大阵营的对立局面日益固化, 在东北亚展开激烈的地区竞争与对抗。在政治和意识形态方面, 资本主义理念、价值观和社会主义理念、价值观针锋相对。在军事上, 甚至爆发了朝鲜战争, 韩国、朝鲜不仅激烈对抗, 美国和许多资本主义国家, 苏联、中国社会主义国家纷纷卷入。朝鲜停战后, 韩国与朝鲜继续对峙, 美国也在韩国驻扎了大量军队, 朝鲜半岛的分裂状态依旧持续。

1.1.2 韩国对美"绝对依赖"

从二战结束后直到60年代末, 美国扮演着韩国的"解放者"、"占领者"[6] 以及经济上的"援助者", 集多重身份于一身, 韩国从国防、外交、经济等方面对美国是"绝对依赖"的关系。

朝鲜半岛上南北对峙的局面, 使得韩国随时面临生存挑战, 安保、国防自然成为国家政策的核心。在冷战时期, 韩美有着共同的战略目标——反共, 这既是基于朝鲜战争的残酷现实, 也是源于意识形态的尖锐对立, 即资本主义体系及其理念价值观和社会社会主义体系

---

6   主要指1945-1948 美军政时期.

及其理念价值观的冲突与矛盾。从1949年韩美签订《韩美相互援助法案》开始，美国开始履行对韩国的安全保障承诺。后来，两国又相继签署了《相互防卫援助协定》（1950年1月26日）、《驻韩美军军事顾问团设立协定》（1950年1月26日签订，1960年10月21日修订）。直到1953年10月1日签署的《韩美相互防卫条约》标志着韩美同盟的正式形成，而且还为韩美联合防卫体系下签订的一系列军事、安全领域的合作提供了法律依据，成为韩国安全防卫的基础。朝鲜战争最大的后果是美军在韩国的长期驻扎和韩国的长期军国化。[7] 1955年1月《韩美军事援助协定》签署，自朝鲜战争停战后，美国不断加强在韩国的军事力量。朝鲜战争的残酷经历及分裂对峙的现实使驻韩美军成为美国对韩国安全保障承诺的实际支柱和象征，韩国几乎是将本国的国防完全托付给美国。美国长期驻扎军队，同时美国也给与韩国大量军事援助，在1946-1975年间根据《军事援助计划》、《国防部军援计划》、《国际军事训练计划》等一系列韩美之间的协定，美国共向韩国提供了87亿美元的军事无偿援助。[8]

韩美联合军司令部和联合防御体系除了具有军事合作性质外，还具有政治合作的性质，这对韩国的外交政策也带来很大影响。韩国对美国的绝对依赖实际造成外交决策中向美国的"一边倒"战略，这对于加强韩国与资本主义阵营国家之间的关系具有积极作用。但与苏联、中国等社会主义阵营国家处于"敌对"状态，这也导致韩国不得不随着美国的战略调整而作出相应调整，使得韩国在自主性上受到较大

7　曹中屏、张琏瑰. 当代韩国史 (1945-2000) . 天津: 南开大学出版社, 2005.7: 131.

8　Philip J. Fariey, Stephen S. Kaplan and William H. Levin Arms Across the Sea, The Brookings Institution, 1978: 17.

限制, 对美依赖严重。1950年代, 面对苏联与中国等共产主义阵营的壮大, 美国意识到在安保问题上不能再让步, 特别是苏联成功发射人工卫星上天后, 极大刺激了美国的对外军事政策。1959年6月25日, 美国国家安全委员会召开的第411次会议上, 有人提出韩国的问题应该置于世界局势之下讨论, 在东亚如此重要的安保地区美国如果处于弱势将对美国构成重大威胁。[9] 美国为了能够控制东亚局势, 阻止共产主义势力在东南亚的"多米诺骨牌"效应的出现, 利用各种资金、技术在军事上、经济上援助自己阵营在亚洲的桥头堡——日本和韩国, 积极打造美日韩合作体系。为此, 美国迫使韩国与日本实现邦交正常化, 并利用各种援助作为威胁手段对韩国政府施压。

到了60年代初, 韩国国家预算的50%以上, 国防预算的96%主要依靠各种来自美国的援助。美国事实上成为韩国经济的主要"援助者"。为了缓解美国国内的经济压力, 韩日建交后, 美国对韩国的无偿援助渐渐减少, 美国将援助韩国的任务转移给了当时经济正迅速发展的日本, 要求日本分担援助韩国的经济负担。"促进亚洲自由世界国家的友好合作", 既是美国对韩政策的目标, 也是其整个亚洲政策的目标。[10] 韩日关系正常化后, 韩国在政治、经济、社会、文化所有领域都严重依赖于美国的军事力量和日本的经济力量。[11]

---

9   FRUS 1958-1960, Vol. X VIII, Washington D.C, U.S. Government Printing Office, 1994: 565 转引自 박태균. 1950.60년대 한국군 감축론과 한국정부의 대응. 국제지역연구 9. 제3호. 서울: 서울대학교 국제지역원, 2000:36.

10 毕元辉. 韩国对越参战问题初探. 史学集刊. 2008.11(6): 81.

11 전철환. 경제개방과 정부주도경제의 전개. 김성환 편. 1960년대. 서울: 거름, 1984:34.

1.1.3 朴正熙及其威权政府

1.1.3.1 领导人因素

在1945年解放以后，日本殖民者的离开使韩国的领导层暂时出现了权力真空，各方势力互相角逐，争夺最高领导权，政治上的激烈竞争造成韩国国内社会不稳。经济上基础设施落后，生产力低下，整个国家处于赤贫状态。但是在国家如此贫弱的状态下，根据现有解密档案显示，在美国要求韩国向越南派兵之前，是韩国主动提出的派兵。

李承晚的派兵尝试

韩国总统李承晚 (1875.3.26-1965.7.19) 是韩国独立后在美国支持下上台的第一任总统，其统治时期被称为"第一共和国 (1948.8.15-1960.4.19)"。由于新生的韩国完全要依赖于美国的保护，因此第一共和国时期的韩国主要实施了对美"一边倒"的外交政策，"亲美、仇日、反共"是这一政策的特点。[12] 在朝鲜战争停战之后，李承晚政府依然没有放弃北上统一朝鲜半岛的想法。李承晚政府致力于强化与美国的同盟关系，维持驻韩美军规模不减，持续要求美国援助韩国，加强韩国的军队建设，共同保障韩国的国防安全，因此主动向美国提议派遣韩国军队参加印度支那战争。

李承晚于1954年1月28日向联合国军司令官惠勒 (Hull) 提议派出一个师团的韩国军队支援正在印度支那与共产主义势力作战的法国军队，但前提是必须将当时韩国军队的规模从25个师团扩充到30个师团。[13] 对此，美国国务院、国防部和中央情报局分别从政治、军

12　沈定昌. 韩国外交与美国. 北京: 社会科学文献出版社, 2008.4: 91-92.

13　장재혁. 제3공화국의 베트남 파병결정에 관한 연구: 대통령과 국회의 상호작용을 중심

事和韩国参战的可能性影响等方面作了全面评估, 结论认为: 韩国参与印度支那战争对美国弊大于利, 美国国家安全委员会甚至认为李承晚派兵的动机值得怀疑, 担心韩国派兵将会导致李承晚趁机扩编韩国军队, 不利于美国限制韩国的北进政策。[14] 最终, 艾森豪威尔总统向李承晚指出, "如果韩国军队向其他地区派出, 美国民意将不会支持驻韩美军在韩国继续存在", 以此拒绝了李承晚向越南派遣韩国军队的提议。[15]

但之后李承晚继续提议派兵, 1954年5月21日, 李承晚会见外国记者时表示韩国政府有意向印度支那派遣韩国部队。[16] 1954年7月, 李承晚写给美国驻韩大使布里格斯的信中提到: "我们有意派出3个陆军师团, 我们不能独自生活在共产主义支配下的亚洲里。"[17] 但是随着日内瓦政治会谈的结束, 宣布越南停战, 李承晚政府的派兵提案也就随之搁浅。

으로. 서울: 동국대학교 대학원 박사학위논문, 1998: 29.

14　FRUS, 1952-1954, Vol. XV, Korea, Memorandum by the Executive Secretary (Lay) to the National Security Council Washington, March 2. 1954, pp.1754-1755; Memorandum of Discussion at the 187th Meeting of the National Security Council, Thursday, March 4, 1954, pp.1755-1757; Christos G. Frentzons, From Seoul to Saigon; U.S. – Korean Relations and the Vietnam War, Ph.D dissertation, University of Houton, 2004, pp.27-60.

15　George McT. Kahin, Intervention: How America Became Involved in Vietmam, Garden City, N. Y.; Anchor Press, 1987: 42.

16　공보실 편. 대통령 이승만 박사 담화집. 제2집.1956:33-36.

17　박태균. 1950.60년대 한국군 감축론과 한국정부의 대응. 국제지역연구 9. 제3호. 서울: 서울대학교 국제지역원, 2000: 36.

1958年美国直接着手裁减韩国军队规模，[18] 为尽可能避免韩国军队被裁减，李承晚政府再次提议向东南亚派兵，并尝试与南越领导人秘密见面。1959年李承晚趁老挝爆发内战，意图介入战争，并将国防部情报机构"79号室"的负责人李厚洛派往老挝，以观察当地局势。[19] 但由于当时美国尚未考虑直接介入越南战争，李承晚的提议再次被美国拒绝。

朴正熙的派兵提议

朴正熙 (1917.11.14-1979.10.26) 出生于庆尚北道善山郡的一个小山村，家里非常贫困，他是7个子女中最小的儿子。幼年时贫穷的生活经历让他明白：要想摆脱贫困就要不惜一切去争取。他处事慎重，对环境有较强的适应能力。[20] 在韩国光复之前，他没有参加独立运动，为了得到稳定的经济收入以及个人出人头地，他选择参加日本军队成为一名军官。韩国光复后，他回国加入韩国军队，又成为李承晚政权下的韩国军人。4.19革命[21]后，第二共和国 (1960.8.13-1961.5.16)[22]时

18　1950年代末期韩国军队被消减了2个师团。驻韩美军的规模也缩减了，1953年325,000人，1954年223,000人，1956年75,000人，1958年52,000人，1959年50,000人。참고 정춘일. 한미 군사관계의 역사와 변천. 군사. 23호, 1991: 21.

19　홍석률. 1953~1961년 통일논의의 전개와 성격. 서울: 서울대학교 국사학과 박사학위논문, 1997: 30~31

20　정목구. 전기 박정희. 서울: 교육평론사, 1966; 정광모. 청와대. 서울: 어문각, 1967; 정재경. 박정희대통령 전기. 서울: 민족중흥연구회, 1995.

21　4.19革命: 一场于1960年3月起由韩国中学、大学生和劳工领导的学运，当时由于韩国在第四届总统选举时发生选票舞弊，而导致学生及民众抗议。这次革命推翻了李承晚独裁统治之下的韩国第一共和国。由于最大规模的 示威发生在4月19日，因此被称为4.19革命。革命后一年即发生由朴正熙少将发起的5.16军事政变，导致自由民主被压制，韩国进入漫长的军人统治，因此4.19革命也被称为"未完成的革命".

22　1960年4.19革命推翻李承晚的统治后一直到1961年朴正熙发动5.16军事政变这段时

期韩国的国内政治混乱, 社会分裂, 经济停滞, 当时还是少将的朴正熙趁机于1961年5月16日发动军事政变, 成功后成立国家再建最高会议, 自任为最高会议议长。1963年10月15日第五届总统选举中, 朴正熙得到了4,702,640票 (得票率: 46.6%) 较之尹潽善 (得到4,546,614票, 得票率为45.1%)[23] 只高出了15万张票, 以微弱的优势赢得了竞选。

1963年12月朴正熙正式就任总统, 其统治时期分别被称为"第三共和国 (1963.12.17-1970.10.17)"与"第四共和国 (1970.10.17-1980.3.2)"[24]。为了巩固政权同时也为了获得美国的支持与援助, 朴正熙政权表现出积极与美国合作的意愿。但美国态度冷淡, 反而裁减驻韩美军规模, 减少对韩无偿援助, 这无疑是在向朴正熙表明态度。朴正熙非常清楚自己政权合法性的脆弱, 为了得到国民的支持, 巩固政权, 需要积极推动经济发展。为此韩国需要大量的开发资金, 朴正熙政府希望通过向越南派兵来筹措韩国经济发展所需资金。

朴正熙于1961年11月访问了美国并与肯尼迪总统见面。肯尼迪坦言为了阻止南越的崩溃, 美国的最终举措将是对越用兵, 并询问朴正熙对越南问题的看法。朴正熙趁机表示韩国政府高层对此都很热心, "作为一个反共国家, 韩国将尽最大努力为远东的安全贡献力量。韩国有一百万人经过严格的游击战训练, 可以用于对付北越的游击队。如果美国愿意并提供资助, 韩国愿意向越南派遣部队, 如果不需

间, 由尹潽善担任总统, 张勉担任内阁总理, 史称"第二共和国".

23   중앙선거관리위원회. 대한민국선거사, 1964:491.

24   第三共和国与第四共和国的分界点为1972年的"十月维新", 第四共和国结束于朴正熙遇刺.

要正规部队，韩国也可以招募志愿者。"[25] 朴正熙的态度相当积极，但是当时肯尼迪政府尚未决心向越南大规模用兵，显然还不需要大量地面部队和韩国的战略配合。因此，肯尼迪暂时婉拒了朴正熙的提议。

像韩国这样有着悠久专制主义历史，同时又采取总统制的国家，从结构上来说不管是外交决策还是内政决策，总统的影响力无疑总是最大的。符合埃里森决策模型中的"理性行为者"决策模式，决策的核心人物根据自己的判断做出被认为是最理性的决策，其他人很难参与到决策过程中来。朴正熙总统个人此前在军队中并非高级指挥官，更多的是从事参谋的工作，在政策决策上比较推崇权威主义，用管理军队的方法去管理行政组织。结果导致韩国这一时期的行政组织下向型、僵化型的倾向明显。[26] 韩国在军人出身的总统的领导下，自然而然形成了一切以总统为中心的决策体系。在这种体系里通常总统对政策争论点有很大兴趣，能够积极参与决策过程，起到支配性的作用，这时通常总统的政治统治与领导力对决策过程呈现压倒性的优势。

当然，理性行为者模式也不意味着所有的事情都由总统一个人完成。总统还要公开的征求意见，咨询专家，非公开场合里总统会与自己最信赖的政府决策者讨论进而决策，但是决策圈子狭小，参与行为体范围极其有限，不可否认最终决策权力还是集中于总统一人身上。

1.1.3.2 国内政治因素

决策机制

25　FRUS Vol. XXII, 1961-1963Memorandum of Conversation, November 14, 1961: 535.

26　이대영. 한국 대외파병정책에 관한 연구. 서울:서울대학교 석사학위논문, 1984: 42-44.

越南派兵决策时政府外交决策机制是国家安全保障会议与国务会议。朴正熙总统每当决策与国家安全相关的问题时就会召开国家安全保障会议。第三共和国宪法第87条第1项规定：与国家安全保障有关的外交政策、军事政策的决策，在国务会议审议之前应先得到总统对咨文的回复，为此需要召开国家安全保障会议。这个会议由总统主持，参会的有国务总理、外务部、国防部、财务部长官，中央情报部部长，总统秘书室长，必要的时候还会邀请军队参谋长参加。

国务会议的功能主要是讨论并决定国内政策上的政府最终立场，向国会提交法律文案以及动议案。第三共和国当时国务会议参加人员有国务总理、副总理兼经济企划院长官、外务部长官、内务部长官、法务部长官、国防部长官、文教部长官、农林部长官、工商部长官、建设部长官、保健社会部长官、交通部长官、情报通信部长官[27]、公报部长官、无任所长官[28]、总务处长官等。

1964年1月，朴正熙总统决定在青瓦台召开由国务总理、中央情报部长、国防部长官、外务部长官、民主共和党议长等参加的国家安全保障会议，对越南派兵一事展开讨论。此后的国家安全保障会议在决策过程中一直都是根据总统朴正熙的指示，行使辅助作用。当时国家安全保障会议的构成人员有国务总理丁一权、中央情报部长金炯旭、国防部长官金圣恩等军队出身的内阁成员，也有外务部长官李东元、民主共和党议长郑求瑛等官僚。这个由军人与官僚精英组成的机构主导了各种有关国家安全与外交的决策，较之于民主主义的理

27　当时名叫"逓信部".

28　内阁成员之一，为没有分担并负责的行政事务的国务委员，相当于韩国现在的政务长官.

念, 他们更注重实用主义、现实主义的国家利益。

从当时内阁成员出身背景看, 5·16之后建立的过渡内阁15名成员中, 有13人为军人出身, 占比为84%; 第三共和国内阁人员中, 官僚出身占36%, 军人出身占33%, 表面上看官僚出身要多于军人出身, 但所有部门中军人出身的人员占压倒性优势。这极大影响了政府向越南派兵的决策。当时的外务部长官李东元就说过, 韩国的领导层对于参战就像小孩去玩战争游戏一样兴奋而激动。[29] 指出了 "军事文化" 与 "领导层的好战性" 对派兵决策的影响。

[表1.1] 朴正熙政府各部门精英比例

经历	各部门精英				
	行政	民选	非民选	混合	司法
独立运动	0%	2%	0%	3%	0%
学者	19	12	15	12	0
官僚	36	18	6	18	0
政客	3	19	20	9	0
军人	33	9	20	9	0
媒体人	2	5	14	5	0
法律人	4	9	6	3	100
经济人	3	17	17	6	0
其他	0	9	11	6	0
合计	100	100	100	100	100

源自: 안병만. 정부엘리트와 그 변동. 한국정치학회 편. 현대한국정치론. 서울: 법문사, 1987: 315

官僚与军人背景的内阁成员对朴正熙绝对忠诚, 忠实履行总统的各项指示。第三共合国内阁是一个由 "事业取向型" 的技术官僚和军

---

29 한겨레신문, 1991년2월28일자.

人组成的高效率的中央办事机构, 是朴正熙执行总统职务的"专业技术工具"。[30] 国务会议上将国家安全保障会议已经议决的事项再做确认, 然后将动议案提交国会, 国会审议过程也基本是走形式。艾尔芬·詹尼斯 (Irving Janis) 认为集体成员之间具有的较高的向心力与集体精神, 或者团结心对政策决策会产生核心性的影响。一个集体内部之所以会表现出一定的集体思考形态是因为组织成员具有相似的背景与信念, 并且都倾向于配合规范与决策。[31] 参加国务会议与国家安全保障会议的都是当时韩国最精英的群体, 具有典型的精英思考模式, 也正因为他们都是精英, 自然形成了一定的集团化倾向。他们的弊端是难以接受新的信息或方案, 更多的时候贯彻自己的决定, 将集体内部的盲目协作看成是支援势力。但是当决策者也笃信集体思考与态度, 对集体拥有强有力的领导力时, 集体思考就成为政策了。[32]

"反共"的意识形态

在冷战时期, 意识形态的对立是突出特征之一。在朝鲜战争前南北分治时期, 资本主义与社会主义在朝鲜半岛就尖锐对立, 意识形态因素对韩国国内政治、社会等各方面施加了重要影响, 而朝鲜战争的惨痛经历以及韩国"解放者""救世主"——美国一直在意识形态方面坚决"反共", 韩国自李承晚政权至第二共和国再到朴正熙执政时

---

30 曹中屏、张琏瑰. 当代韩国史 (1945-2000) . 天津: 南开大学出版社, 2005.7: 255.

31 Janis,L Mann, Decision making: A psychological analysis of conflict, choice, and commitment, New York: Free Press, 1977.

32 比如, 美国决策要介入越南战争时, 约翰逊总统强大的领导力让政府政策决策者不用再讨论, 陷入集体思考之中; 布什总统在决策介入海湾战争之时, 布什与国家安全顾问的领导力也较为强大, 在公布了总统坚定的决策后, 几乎没有进行寻找其他方案的讨论, 就做出了介入战争的决策.

期, 也一直在强化"反共"的意识形态, 朴正熙发动政变后更是大力推行"反共"政策, 5·16政变伊始发表的"革命公约"第一条就是"视反共为国是之第一要义, 重新整顿和强化迄今为止停留于形式与口号的反共体制"。[33]朴正熙政权还积极加强反共宣传, 政变后于6月10日公布了"再建国民运动法规定", 规定运动的目的是: 培养国民清新的风尚, 坚持新生活体系, 梳理反共理念。[34]朝鲜战争的残酷现实以及在政府的大力宣传和引导下, 国家社会各个阶层对共产主义也非常畏惧, "反共"基本成为"统一共识"。因此, 在资本主义的南越与社会主义的北越发生战争, 尤其是资本主义阵营的领导者——美国介入并主导越南战争后, 同样处于资本主义与社会主义激烈对立的朝鲜半岛的韩国与越南战争发生关联也就在常理之中。

1.1.3.3 国内经济因素

1960年代初韩国的经济整体还处于非常落后的状态, 面对贫困现状, 朴正熙执政后把经济发展作为第一目标, 迫切推动韩国经济的发展。

对美国援助的高度依赖

自朝鲜战争后, 韩国在政治、军事、经济等各方面都绝对依赖美国的支持和援助。在韩国经济的恢复和发展中, 以美国为主体的外部援助发挥了巨大的无可替代的作用。美国的援助在韩国成立初期成为其经济运行的主要动力之一。[35]在一个相当长的时期里, 战后韩国

---

33 한용원. 한국의 군부정치. 서울: 대왕사, 1993.7: 217.

34 曹中屏、张琏瑰. 当代韩国史 (1945-2000) . 天津: 南开大学出版社, 2005.7: 230.

35 李柱锡. 韩国经济开发论. 上海: 上海财经大学出版社, 1996: 50.

的经济体制完全靠美国的援助支撑的。[36]

经过朝鲜战争，本就资源匮乏的韩国更是满目疮痍，依靠韩国自身的力量不仅无法支撑经济恢复和发展，甚至连生存都难以维持。在美国及联合国的外部共同扶持下，韩国经济才开始恢复。据统计，1953年至1961年，美国和联合国向韩国提供了23亿美元的无偿经济援助，其中来自美国的无偿经济援助高达18.8亿美元。这些援助积极改变了韩国的财政收支状况，使韩国基本上实现了财政收支平衡，从而为恢复和重建经济提供了良好的条件。

在整个50年代，韩国国家财政的50%来自于美国的援助。[37] 在1960年代，美国的援助依然对于韩国的发展至关重要。1960年政府预算案中国防费用（1471亿韩元）占到35%，而国内财政收入只有936亿韩元，美国援助比例高达36.4%。国防经费援助额度占比在讨论越南派兵的1964年更是达到了60.2%。[38]

美国援助的改变与韩国第一个五年经济开发计划

1950年代的韩国李承晚政权，没有将精力放在恢复和发展经济之上，还想继续扩充军事实力，北上统一朝鲜半岛。虽然有美国提供的大量援助，韩国的经济还是处于非常落后的境况。到了1950年代末，韩国国内市场狭小，农业与中小企业萎缩，失业率高居不下，进口替代工业化政策也遇到瓶颈，经济发展仍然比较困难。

在1950年代末期，美国对韩国的援助政策逐渐发生了重大改变。美国对韩国的援助最开始由美军直接提供，到1956年改为采用

---

36 曹中屏、张琏瑰. 当代韩国史 (1945-2000) . 天津: 南开大学出版社, 2005.7: 135.

37 同上书: 135.

38 국방부군사편찬연구소. 국방사: 1972.1 - 1981.2. 제4집, 2002:386.

政府方面的援助方式。这种政策变化源于罗斯托（Walt Whitman Rostow）所指出的美国支援欠发达国家政策所存在的问题，美国的援助政策将开发贷款基金（DLF. Development Loan Fund）与对外援助工作合并后设立AID(Agency for International Development)，从1959年开始停止无偿经济援助，转而帮助受惠国制定长期经济开发计划。[39]

与此同时，根据罗斯托提出的对韩国经济开发援助计划，美国至少每年支出超过20亿美元，可以预想这势必会受到美国国会的阻碍。美国提议将援助的部分责任转给已经成功实现经济复兴的日本，每年只向韩国提供贷款，这样就可以避开国会。[40] 因此美国的援助也从无偿援助逐步转向有偿贷款为主，同时要求韩国进行自主经济发展。

美国对韩国的经济改革提出了一些建议与要求：首先，要求改变韩国单纯依赖美国援助的现状，利用韩日建交积极引进外资；第二，通过征税与国土开发建设，提升韩国政府自己的资金筹集、管理和运用能力，强烈劝告韩国要提升发展的国内原动力；第三，为了防止援助资金被浪费，美国还提议韩国要杜绝腐败，施行与市场经济相适应的汇率，并且有必要制定长期经济开发计划。[41]

由于美国的援助政策发生变化，韩国不得不在复兴部内设立产业

---

39   关于美国援助计划的变化，参考 박태균. 1960년도 초 미국의 후진국 정책변화: 후진국 사회변화의 필요성.미국사연구. 제20집. 서울: 한국미국사학회, 2004; 정일준. 미국의 대한정책변화와 한국발전국가의 형성, 1953-1968. 서울:서울대학교 박사학위논문, 2000.

40   W.W. Rostow, A Proposal: Key to on Effective Foreign Policy, New York: Harper & Brothers, 1957: 108-109.

41   기미야 다다시. 박정희 정부의 선택. 서울: 후마니타스, 2008:60.

开发委员会, 适应美国的援助调整。1961年5月16日, 朴正熙发动军事政变推翻了当时的政府, 取得了政权。与前任政府不同, 朴正熙政府在强化统治、巩固政权的同时, 积极发展经济, 将实现现代化作为追求的主要目标, 通过推动经济发展巩固政权的合法性。朴正熙政权制订实施第一个五年计划积极推动经济开发, 使韩国走上了政府主导型经济发展之路, 同时也适应了美国援助的改变以及美国提出的相应要求。

1962年, 朴正熙政权实施了第一个经济开发五年计划, 启动后遇到的最大的困难是国内储蓄率低, 投资财源短缺[42], 即在资金来源上面临不小的难题。预算总投资额中58%, 也就是14亿2500万美元来源于外国投资, 但美国的援助和贷款额度都在减少,[43] 援助从1957年的3亿3千万美元减到了1962年的1亿9千万美元。[44]

在美国的促进下, 韩国与日本于1951年10月开始进行韩日邦交正常化谈判, 但是双方都态度消极, 谈判多次破裂, 直到第七次谈判终于达成了对日请求权[45]协议, 从而让韩国得到了大概3亿美元的资金, 这对韩国政府推动经济开发计划起到重要的支撑作用。

---

42   曹中屏、张琏瑰. 当代韩国史 (1945-2000) . 天津: 南开大学出版社, 2005.7: 246.

43   전철환. 한국경제론. 서울: 까치, 1987: 153.

44   朴正熙靠军事政变夺取政权建立军人政府后, 首先推动的方案之一就是终止军援转移管理计划。即要求韩国将美国所援助的军事物资用于国内商业投资, 促进韩国经济的发展, 并鼓励韩国尽可能承担自己的防务负担。1961年11月时任国家再建最高会议议长的朴正熙第一次访问美国, 就达成了1962与1963年的军援转移管理协议。其目的是为了推动第一个经济开发五年计划的实施, 由此可见朴正熙的访美目的为: 1美国的安全保障; 2韩国军队战斗力的维持; 3获得韩国经济建设的协助; 4韩国国际地位的提升。외교통상부 외교사료관. 마이크로필름 롤번호 C-0006. 제명: 박정희 국가재건최고회의장방미. 1961.11.12-25.

45   对日要求战争赔偿的权利.

对于韩日邦交正常化, 1962年美国的国家安全会议上所制定的文件明确表明了美国的立场。该文件指出, 韩日邦交正常化是非常有必要的, 首先, 韩国的经济开发计划需要日本的援助; 第二, 日本需要新的市场; 第三, 有利于自由世界的团结, 同时可以铲除阻止亚洲复兴的绊脚石; 第四, 为韩国与朝鲜的竞争打下基础。[46] 这一态度是1961年美国设立 "韩国问题特别小组" 研讨对韩政策目标的结果。这个特别小组将美国的对韩政策设定为 "提高经济增长率, 减少失业, 扩大农业收入, 改善国际收支", 韩国的安全保障是建立在韩国成功进行经济开发的基础上的, 为了从长远上实现韩国经济开发计划, 与日本进行经济合作非常重要。[47]

总体而言, 当时韩国当务之急是寻找经济发展的出路, 韩国在国内、外都面临着发展经济的压力。就像日本通过朝鲜战争实现了经济发展一样, 对于韩国来说, 越南战争也可以成为一个实现本国经济增长的契机。

1.1.3.4 国内社会因素

社会因素可以分为舆论因素与市民团体。韩国决定向越南派兵之时, 韩国经济上还非常落后, 政治上还处于威权统治之下, 社会舆论和市民团体尚未充分发展, 因此社会因素对派兵决策的影响是非常微弱的。可以说在当时几乎完全没有市民团体能够参与到政治决策中。

---

46 Korean-Japanese Relations, Background paper for us in connection with the meeting for the NSC standing group, May 18, 1962, NSF: M%M: NES meeting, 1963 standing group meetings 5/18/62 – 8/3/62 Box 314 1/62, JFKL.

47 이원덕. 한일 과거사 처리의 원점. 서울: 서울대학교 출판부, 1996:191-192.

第三共和国的舆论也是完全被政府控制的。政府向越南派兵的决策是在秘密的、非公开的环境下由政府核心成员进行的决策，因此国民舆论对政府主导的外交决策基本无法产生影响。即使舆论在第二次派兵决策开始时态度才表现出慎重，战斗部队的派兵讨论进行了一段时间之后，才出现反对派兵的声音，反对声音也主要是在国会内部。

1966年5月27日，民社党创立准备委员会代表徐珉濠议员发表了反对越南派兵的声明，之后被捕，6月6日新韩党总裁尹潽善认为应该将越南派兵问题诉诸公民投票，也表达出了自己反对派兵的立场。[48]

这些反对言论并未对政府派兵的决策产生实质性影响，反而成为朴正熙对美国协商时被利用的筹码，即以平息国内的反派兵言论为借口，要求美国维持驻韩美军，让美国切实保护韩国的国家安全，同时提升派出的韩国军队的待遇，要求美国向韩国军队提供支援以实现军队现代化。反对派兵的声音一直存在，但从总体上来看其影响还是比较微弱的。

1.1.3.5 军事安保因素

自二战结束，南北对峙一直就是韩国安保面临的最大问题。越南战争派兵时期，南北对峙局面依旧，因此首先有必要分析一下当时南北军事力量的对比情况。通常而言军力比较有两种方法，一种是比较数量，另一种是比较质量。相较于数量比较，质量的比较能有利于准确判断双方的实力差异。越南派兵当时，因为朝鲜军方资料较少，而且测定标准也不够准确，因此只能采取单纯记数的方法。韩国的总兵

48　동아일보. 1966년 6월6일자.

力在60万人, 朝鲜兵力大概41万, 韩国占有优势; 为了解决正规军人数不足的问题, 朝鲜于1959年开始组织了大约120万人规模的劳动赤卫队。因此综合而论就不能就此认为韩国的兵力占有优势。[49]

海军的军力方面, 从全体作战能力上看朝鲜为580千吨, 韩国为58千吨, 朝鲜为韩国10倍。朝鲜拥有2艘潜水艇, 而韩国一艘也没有。朝鲜拥有21艘鱼雷艇, 韩国只拥有2艘。可见朝鲜在海军方面占有优势。[50]

空军上, 朝鲜不仅在数量上占有优势, 而且还拥有MIG-15与MIG-17两种机型以及最新战斗机MIG-21C, 还引进了能够运载核弹头的IL-28, 与1965年才引进20架F-5A的韩国相比占有相当大的优势。

韩国虽然在武器上处于劣势, 但在美国的援助下成功地实施经济开发计划, 进而发展了能够自给自足的军需产业。[51]与朝鲜相比, 韩国的军队在规模上略占劣势, 但与朝鲜相差并不是非常悬殊, 因此当时美国判断韩国具有单独抵抗朝鲜侵略的应战能力。[52]

在朝鲜战争中, 正是由于美国为主导的联合国军的存在, 韩国才得以幸存。朝鲜战争后, 根据《韩美相互防卫条约》, 美国负责韩国的安全保障, 而驻韩美军的存在, 承担了保障韩国安保的重任, 对北方的

---

49 劳动赤卫队: 1958年中国人民志愿军完全撤出朝鲜后, 朝鲜为了弥补兵力不足的问题从1959年开始组织了由工人、农民、在编军人、学生组成的劳动赤卫队。这支队伍一边从事生产, 一边接受军事训练, 1962年根据四大军事路线实现了武装化。劳动赤卫队中有20%为女性.

50 방위연감간행회. 방위연감. 국방사 제3집, 1964: 317.

51 朝鲜在1960年代初期具有了连队级作战能力的兵器生产力。북한연구소. 북한총람. 1983: 1668.

52 FRUS 1961-1963. United States Government, National Intelligence Estimate, 14.2/42-61, Sep 7, 1961:. 521; 转引自 박태균. 베트남 파병을 들러싼 한미 협상과정: 미국문서를 중심으로. 역사비평 74호. 서울: 역사비평사, 2006.

朝鲜也形成了巨大的威慑作用。因此驻韩美军的变动对于韩国的安保影响巨大。美国介入越南战争并逐步扩大战争规模，对驻韩美军缩减或调动是韩国政府极不愿意看到的，出于对这种情况的考虑也就导致了韩国政府主动寻求向越南派兵。

1.1.3.6 外交能力因素

在冷战体系下，韩国与美国等西方国家站在资本主义国家阵营里，其外交也呈现"一边倒"的态势。经济与军事上的落后局面也不足以支撑韩国在世界外交舞台有什么表现。因此，从韩国成立一直到60年代初，为了国家安保，韩国在经济以及对朝鲜问题上都只能紧跟美国的脚步，实行完全依赖美国的外交，或者说是对美"追随"外交，身份一直都是"被保护者"。中国说"弱国无外交"，国家实力限制了韩国的外交能力，外交能力的不足反过来也更加刺激韩国希望通过加快国家的经济发展和提升军事实力来提升韩国的外交能力。

1.2 决策过程: 理性行为者模式下的五次派兵 (1964.5-1968.3)

越南派兵的国内决策程序是:总统指示——>国家安全保障会议决议——>国务会议决议——>国会决议。韩国向越南一共派兵五次，前两次是非战斗部队，从第三次开始派遣战斗部队。每一次决策过程都有新变化。

1.2.1 第一次越南派兵

韩国越战派兵的直接原因是1964年5月9日美国约翰逊总统向包括韩国在内的25个"友邦国"发出的"越战支援"邀请，这是美国"自由世界援助计划 (Free World Assistance Program)"的一环，邀请世界各国派出非战斗部队，参与国际协作。越南战争之初美国积极支持南越亲美反共政权——吴庭艳政权，基于美国的限制性介入政策，美国希望由其独自承担南越的防卫。这一计划的前提是按照美国的意图，一旦引起战争，周边国家也能提供支持。

但是该政策在1963年底随着南越军事政变的发生而随之改变，与此同时，北越势力飞速成长，来自东南亚区域内非同盟国的各种非议以及友邦国家的漠不关心，美国的外交被严重孤立，美国的既定政策失去了实效性。[53] 这迫使美国重新思考此前提出的有限介入的主张。随着约翰逊政府的上台，美国转而实施全面介入的战略。[54] 但美国接下来不得不面对国内及国际上对其介入越南内政的指责，于是美国政府下定决心为了转移国内外的指责，使美国的军事介入正当化，也为了找到直接军事介入的借口和得到国内外的支持，向25个国家发出了支援并派兵越南的倡议，但是这25个国家中绝大部分国家对美国的倡议表现的不温不火。

美国为了避免刺激南越的自尊心，加之当时南越实际上需要的援助领域为野战医疗部队与通信部队这一类的非战斗部队，于是美国向

53　장재혁. 제3공화국의 베트남파병결정에 관한 연구. 서울: 동국대학교 대학원 박사학위논문, 1998:75

54　Mcnamara, Robert S., In Retrospect-Thagedy and Lessons of Vietnam, New York: Vintage Books, 1995: 127-128.

韩国政府提出了派遣非战斗部队的邀请。[55] 美国在1964年5月向韩国提出派兵邀请的同时, 为了尽早把韩国军队野战医院派往越南, 就已经让驻韩美军军需团长诺曼埃德沃德少将提前制定计划。美国在与韩国就派兵问题协商之前就已经自己做好计划了, 由此可见美国对于韩国同意派兵是有着十足的把握的, 早在与韩国协商之前就已经将韩国派兵参战置于计划之中了。

另一方面, 韩国政府接到了约翰逊的派兵邀请官方文件后, 立刻向美国表明了出兵的态度, 同时明确了韩国之所以出兵并非是对南越政府的支援, 而是对美国政府的支援。同时韩国政府认为不应该派遣非战斗部队, 而应派遣战斗部队, 但这个提议被美国政府否决了。[56] 通常而言, 海外派兵最难以决策的就是战斗部队的派出, 但韩国政府在这个问题上则是自己主动向美国提议, 这更凸显了韩国政府的积极主动。[57]

韩国在5月21日召开了第5次国家安全保障会议, 按照美国的要求, 决定派遣军队野战医院与跆拳道教练团。在与美国的协商过程中, 韩国想实现自己最初的意愿但是失败了, 而是按照美国的意愿完成了第一次派兵, 双方最后达成一致意见将兵种局限于军队野战医院与跆拳道教练团。第一次越南派兵的结果是韩国的提议被拒绝, 美国的要求原封不动地被韩国接受, 7月21的国务会议上制定了最终的派兵

---

55 장재혁. 제3공화국의 베트남파병결정에 관한 연구. 서울: 동국대학교 대학원 박사학위
    논문, 1998: 126-127.

56 제44차 국회 제2차국방위원회회의록; 제4차외무, 국방위원회연석회의록.

57 对于本次派兵的积极性与主动性, 这是由朴正熙政权尚处于政权初期所决定的。61年
    与肯尼迪进行首脑会谈时已经明确了韩国军队的派兵意图, 到美国正式邀请时已经将
    韩国军队的派兵意向传达给了美国方面.

方案, 22日被送交国会[58], 7月31日的国会全体会议审议, 全场一致通过。最终派出130人的军队野战医院和10人的跆拳道教练团。第一次越南派兵, 韩国政府全盘按照美国要求做出派兵方案, 没有受到任何质疑和反对, 派兵决策的过程进行得非常顺利。即, 第一次派兵韩美之间以及韩国内部都没有任何阻碍要素, 顺利、迅速地决定下来, 派兵方案也是完全反映了美国方面的要求。

　　韩美之间的第一次派兵协商框架在此后数次的派兵决策过程中反复出现。即, 美国需要的兵力规模和部队种类由美国提前设定好, 然后通报给韩国政府, 再由韩国政府的有关部门进行讨论, 做出决策。第一次派兵, 是什么原因导致韩国如此积极主动, 完全接受了美国的要求, 过程又如此顺利呢? 除了此前提出的政府目标, 还有一点不能忽视。韩国对在朝鲜战争中美国及其他国家对自己提供的援助, 抱有 "有义务报恩" 的心理。[59] 这种报恩思想不仅是韩国政府的主张, 也扎根于韩国国民的心中, 因此韩国国内几乎没有人反对美国的派兵要求。在当时国际政治格局中, 对美国的这种义务感也被极大强化了。当时的美苏两极体制中, 韩国只有强化与美国的同盟关系才能保护自己本国的安全不受外来的威胁, 这是最有效最便捷的途径, 因此对韩国政府来说, 做出派兵的决定并不难。[60]

58　提请国会审议时, 韩国政府提供的派兵原因如下: 第一, 越南战争对韩国安全保障产生间接影响; 第二, 朝鲜战争 (时称为6.25动乱) 时韩国得到了来自自由友邦的绝对支援, 因此韩国也有义务为其他自由友邦的安全做出贡献; 第三, 根据宪法第4条, 为了维持国际和平, 抵抗侵略战争, 韩国有必要支援越南等等. 외무부아주국. 1973: 15.

59　국군부대의 해외파견에 관한 동의요청서. 제44회 국회 제2차 국방위원회 회의록: 103.

60　백광일. 한국과 미국의 의회가 외교정책에 미치는 영향의 비교분석. 국제정치논총 제25집. 1985.

1.2.2 第二次越南派兵

美国很快就意识到让韩国军队追加派兵的必要性, 继而提出了第二次派兵的要求。特别是1964年8月3日东京湾事件[61]扩大了越南战争的范围, 美国军队开始对越南实施 "饱和轰炸" 和 "焦土政策", 从此陷入了一场持续九年的战争, 也使其成为了一场国际战争, 美国借此向更多的国家发出了第二次派兵要求。

得到了美国国务院指示的美国驻韩国大使维罗普·布朗 (Winthrop G. Brown) 于1964年12月18日到访青瓦台, 提出了以运输和工兵部队为主的第二次派兵邀请。[62] 对此朴正熙提出派遣两个师团规模的战斗部队, 又遭到了拒绝。12月22日美国的要求再次被朴正熙政府照单全收, 总统指示国防部长研究增派工兵的可行性计划。[63] 12月底约翰逊总统的安全顾问加斯特·库博 (Jester Cooper) 与国务院远东问题负责人助理博恩迪分别表示, 希望韩国在1965年1月25日之前完成第二次派兵, 以此向韩方施压, 并提出韩方派兵的具体日程要按照美国的要求。[64]

韩国政府接受了美国的要求, 但是提出了两个条件作为前提。

61　美国于1964年8月在北部湾(又称东京湾)制造的战争挑衅事件。1964年7月底, 美国军舰协同西贡海军执行 "34A" 行动计划, 对越南北方进行海上袭击。8月1日, 美第七舰队驱逐舰 "马多克斯" 号为收集情报, 侵入越南民主共和国领海, 次日与越南海军交火, 击沉越南鱼雷艇。美国政府迅即发表声明, 宣称美海军遭到挑衅。3日, 美总统L.B.约翰逊宣布美国舰只将继续在北部湾 "巡逻".

62　최상수. 한국과 월남의 관계. 서울: 한일협회, 1966:288.

63　Memo, Cooper to President, 12/22/64, "Vietnam Memos. Vol. XX IX, 12/29/64-25/64", Item No. 209,NSF Country File – VN, Box 11, L.B., Library.

64　박홍영. 한국군 베트남파병(1961~1966)의 재검토: 릿셋의 '행위의 논리' 적용 가능성. 국제정치논총. 제40집 4호, 2000: 192-193.

第一，韩国军队既然已经派兵，要避免韩国军队战斗力表现得过于低下。第二，对韩国的军事援助与经济援助不能缩减。12月29日在这些条件得到确认后，韩国国务会议通过了追加派兵的方案决议。[65]特别值得一提的是，经韩国与美国共同协商，派兵所产生的韩国军队费用由美国负担，美国考虑到美国国内的负面影响，通过间接方法向韩国提供财政支援。[66]12月30日政府将派兵动议案提交国会。

但第二次派兵，国会审议通过并不如第一次派兵时那么顺利。第二次派兵决策过程中，面对美国的要求，韩国方面也提出了各种有利条件，但还是有人提出了对派兵所引起的负面作用的忧虑。可见韩国内部已经开始意见不一，在野党民政党通过秘密投票决定发出党论[67]——反对派兵，特别是民政党党首尹潽善议员与郑云近议员等指责派兵缺乏法律依据，会引发国家安全等诸多问题，明确表示了反对派兵。执政党共和党绝大多数是赞成派兵的，但是执政党中的重要人物车智澈[68]以吴庭艳政府过于腐败为由，反对派兵 (1965.1.19)。甚至在国会上有议员提出派兵的前提是修改韩美防卫条约，把"未经过两国事前讨论，美国不得单方面撤回驻韩美军以及半岛紧急事态下美国

65　박홍영. 한국군 베트남파병(1961~1966)의 재검토: 릿셋의 '행위의 논리' 적용 가능성, 국제정치논총, 제40집 4호, 2000: 193.

66　외무부, 문서번호, USW-12152: 2176.

67　指该政党的一致意见.

68　车智澈是朴正熙亲信，朴正熙为了掌握反对派兵的情况，指使车智澈假装反对派兵。车智澈接到命令后一开始确实假装反对派兵，但是研究了越南的历史与其他人反对派兵的理由之后，车智澈本人也逐渐转为真心反对派兵，这让朴正熙大感意外，但是对政府决策并没有形成实质影响. 김병문. 그들이 한국의 대통령이다. 북코리아. 2012.11.15: 155. 也有人认为车智澈自始至终假装反对派兵，以配合朴正熙与美国的谈判.

自动介入"内容作为派兵的前提条件。[69] 第二次派兵讨论在国会与政府中进行之时, 驻韩美军问题被再次提起。韩国内部派兵慎重论重新抬头, 多人要求修改韩美防卫条约以发生事端时让美国无条件参战成为一种制度, 随之美国国内也开始讨论缩减驻韩美军的问题, 对此驻韩美军暨联合国军司令官豪斯于1965年1月11日发给韩国国防部长官金成恩的一封信中提到: 美国无法继续维持现有规模上的驻韩美军。明显是将派兵与缩减驻韩美军联系起来向韩国施压。在向韩国政府施压的同时, 美国驻韩国大使布朗与韩国在野党领导人会谈, 请求他们考虑派兵的积极作用。[70] 最终1月26日在125名国会议员的投票中, 赞成106票, 反对11票, 弃权8票, 派兵方案在国会通过, 1965年2月, 韩国向越南派出了约2000人的工兵部队和运输部队。

第二次派兵决策过程从结果表面上看与第一次派兵没有什么大的不同, 在国内外没有引起大的反对声音, 过程比较顺利, 但是在派兵的具体审议过程中开始产生了一些变化。一方面是韩国政府更为积极地向美国提出自己的要求和条件, 另一方面是国会审议中, 反对意见逐渐显露。作为韩国政府第二次派兵的主要条件, 韩国主要的诉求是为了强化韩国的安保, 要求修改韩美防卫条约。韩国政府放任在野党对派兵的反对, 甚至连车智澈这样的执政党人士也反对派兵, 期待能够在与美国政府的协商中满足自己提出的条件, [71] 但是美国以缩减驻韩美军为由向韩国施压, 将美国所希望的要求体现在派兵方案之中, 通过直接说服在野党主要领导, 引导国会批准派兵。大国的压迫起到

69   김동성. 한국외교정책과정과 민족주의 문제. 국제정치논총. 27집1호, 1987: 250.

70   구영록 외. 한미관계. 서울: 한울, 1986:150.

71   이상우. 다큐멘터리, 월남파병. 월간조선. 1983.8: 259

了肯定的效果，美国靠着自身的绝对实力压迫处于绝对依存关系的韩国，使得最终的派兵方案满足美国要求。

1.2.3 第三次越南派兵

第三次派兵与第一次、第二次不同，不仅韩美之间，就连韩国内部在派兵决策过程中也出现了较大不同意见，导致决策被推迟，过程比较坎坷。相较于之前两次的派兵方案，第三次派兵的最终方案里更多地体现了韩国方面的意见。

1965年2月前后，越南战争的战况在持续恶化，这就迫使美国必须追加投入。但是鉴于当时美国的国内政治情况很难做出这样的决定，因此美国又一次向盟友发出邀请。只是这次美国寻求的不再是非战斗部队，而是变成了战斗部队——向韩国政府正式提出了"派遣一个师团规模的战斗部队"的要求。[72]与第一次、第二次不同，美国开始正式从军事的、战略的角度考虑韩国军队的派兵，甚至可能要将驻韩美军调到越南去，情况非常紧张。[73]

1965年3月15日，美国国务卿罗斯科在与韩国外务部长官李东元会谈中第一次提出邀请韩国派遣战斗部队参战，但那时两国间就派兵一事并没有像过去那样第一时间展开讨论。韩国政府明知道美国着

72　최동주. 한국의 베트남 전쟁 참전 동기에 관한 재고찰. 한국정치학회보 제30집. 1996: 281.

73　Frank Baldwin, The Aerican Utilization of South Korea Troops in Vietnam, in America's Rented Troops: South Koreans in Vietnam, Philadelphia: American Friends Service Committee, 1975: 6.

急, 也明确有意派兵, 却迟迟不给美国最后的答复。无奈, 约翰逊总统于4月26日派出特使亨利·洛基向朴正熙总统提出了两国元首见面会谈的邀请,[74] 因此两国派兵方案的讨论就在朴正熙总统与约翰逊总统的首脑会谈上正式开始了。在5月17日-18日的首脑会谈上, 约翰逊总统正式邀请韩国政府派战斗部队参加越南战争, 朴正熙总统原则上表示同意, 具体的派兵条件指示工作组进行讨论, 有意推迟对最终方案的审议时间, 态度不十分积极。约翰逊总统的态度明显更为着急, 他答应了若干项对韩国的经济援助, 以此来督促韩国政府早下决心。[75]

为了研究派兵的详细条件, 两国进入具体的协商过程, 同时韩国政府也努力争取国内对派兵的支持。随之在1965年6月和8月之间, 完成了韩美协商与国内批准。一开始商定具体的派兵条件时, 韩国国防部长官金成恩向驻韩美军司令官豪斯将军提交了韩国政府的意向方案。[76] 豪斯将军的继任者比奇司令官觉得韩国的要求很过分, 协商过程也并不顺利, 但最终两国协议的内容还是在相当大的程度上满足了韩国的要求。与第一次、第二次派兵过程相比, 韩国更为积极主动地提出自己的派兵要求, 美国接受了韩国的要求, 最终达成了派出战斗部队的协议。在此过程中, 美国也提出了如果韩国不愿派兵, 那么缩减驻韩

74　김동성. 한국외교정책과정과 민족주의 문제. 국제정치논총. 27집1호, 1987:250

75　具体约定内容如下: 第一, 为了韩国的防卫安全, 美国要努力保持在韩军队兵力充足(继续维持驻韩美军); 第二, 军事援助转移计划要考虑韩国经济状况之后再讨论; 第三, 为韩国开发提供1亿5千万美元援助. 외무부 아주국. 1973: 44-53.

76　韩国政府关于派兵提出的条件如下: 第一, 维持现在韩美兵力的上限; 第二, 支援韩国军队实现现代化; 第三, 美国政府向派往越南的韩国部队提供支援 (与美国士兵同样的标准) 等十项具体条件 (Larsen and Collins, 1975: 124-125).

美军不可避免，以此来向韩国政府施压[77]，从而实现美国的目的——让韩国政府派兵。韩国也认识到派兵是不可避免的，只不过希望在这一条件下尽可能为自己的国家安全与经济发展谋求利益最大化。

与美国达成协议后，韩国政府于1965年7月2日在国务会议上做出决定:向越南战场派遣一个师团及必要的支援部队，同时将此动议案提交国会。但事实上，朴正熙政府在未得到国会批准的情况下就已经组织好了派往越南的部队。当时担任国会议长的执政党议员郑求瑛明确表示，不需要与在野党商量，必须通过议案。当时国会中，执政党占多数，在野党仅为少数，这种情况下该议案的通过毫无悬念[78]，执政党共和党跟第一次、第二次派兵时一样，上下基本一致赞成派兵，反而是在野党分成了赞成派与反对派，出现了分裂。国会分成了反对派兵的在野党——民众党议员，与大多数赞成派兵的议员两派。虽然出现了争论，但因为当时韩日协定问题是韩国的头等大事，反对派议员也只是在形式上反对而已，并没有激烈反对。[79]此外，执政党的实权人物车智澈议员跟在第二次派兵讨论时一样，持反对意见。他的目的是要让韩国的防卫能力得到强化，经济利益实现最大化。这也可以看成是韩国政府有意提高国内的反对声音，从而在与美国的协商中获得更多有利于自己的利益。[80]虽然在野党民众党反对，但其影响力比较微弱，还不足以撼动政府的派兵决心，也不足以更改政府的派兵方案。

77　Lyman,Princeton H., "Korea's Involvement in Vietnam," Orbis, Vol. XXI, No.2 (Summer, 1968):.550.

78　동아일보, 1965년6월26일자.

79　이동원, 대통령을 그리며, 서울: 고려원, 1992: 120-123.

80　경향신문, 1965년7월10일자.

美国驻韩大使建议国会先通过韩日协约问题，再讨论向越南派兵问题，但是朴正熙坚持韩日协约与向越南派兵二者一起讨论，遭到韩国在野党议员的反对，在野党有人甚至愤而辞去议员一职。最终在野党为了抗议韩日协约，全体缺席了国会的全体会议。8月13日，在只有执政党参加的情况下，在席议员104人，其中赞成101票，反对1票，弃权2票，最终得以通过。[81]韩国派出陆军猛虎部队和海军青龙部队。

第三次派兵决定派出战斗部队，这不能不引起对参战人员伤亡的担忧，但朴正熙政府依然接受了美国的要求。决策过程对比第一次、第二次，虽然时间上有些迟延，但过程虽有矛盾争议但总体比较顺利，结果也基本反映了韩国与美国双方的诉求。第三次派兵决策之所以依然相对顺利，与韩国的国内政治情况密不可分。也就是说，韩国政策决策机构上，需要纳入到考虑范围的国内政治因素并不多。介入政策决策过程的国内主要行为体数量非常有限，大部分国民都被排斥在政策决策的大门之外，以总统为中心的少数政府官僚之间进行讨论，并最终做出决策。因此，不仅是第一次、第二次非战斗部队派兵的决策过程，就连第三次派遣战斗部队的派兵决策也是如此——以政府为中心做出派兵决策。另一方面在国会审议时，执政党为多数党，决议过程中虽然在野党出现了分裂，但是决议的通过并没有遇到什么困难。

1.2.4 第四次越南派兵

1966年1月1日，美国副总统汉弗莱访问韩国，正式提出让韩国

81　毕元辉. 韩国对越参战问题初探. 史学集刊. 2008.11(6): 82.

增派战斗部队到越南。韩国当时将对美协商放在外务部，他们不失时机地向美国提出了一些要求，比如：韩国军队的装备现代化、经济利益的保障、韩国军人待遇改善、韩美相互防卫条约向北约方向转换等。但是美国并未答应修改韩美防卫条约，只是强调会为韩国提供更高级别的防卫保护。之后在具体协商派兵过程中，外务部长官李东元与美国布朗大使的协商陷入僵局，于是2月23日副总统汉弗莱再次访韩，直接向朴正熙总统强调美国保护韩国的坚定立场不变，并再次提出增兵要求。1966年2月25日美国向韩国提交了《布朗备忘录》，除了韩美防卫条约修改一事，韩国提出的条件中其余大部分都被美国采纳，大体内容如下：

1. 追加派兵所产生的所有费用由美国政府负担。

2. 为韩国陆军17个师团与海兵队1个师团装备现代化军事装备。

3. 驻扎越南的韩国军队的军需物品尽可能从韩国采购。

4. 越南实施的各种建设、救护等各种工程项目允许韩国企业参与。

5. 美国继续向韩国增加提供援助贷款与军事援助，并继续追加贷款让韩国扩大对越南及东南亚的出口，并提供新型贷款帮助韩国进行其他经济开发项目。

6. 提供必需的原材料以扩大韩国的弹药生产量。

……[82]

由上可见，《布朗备忘录》的主要内容为美国向韩国提供资金保障以扶持韩国的经济开发政策实施，提升韩国的军队装备，扩大韩国

---

[82] 김정원. 분단한국사. 서울: 동녘, 1985: 308~309.

对外出口等, 实际等同于对韩国提供经济补偿和军事支援。得到了这些承诺, 朴正熙总统于1966年2月28日召开联席会议, 参加者有国家安全保障会议委员、国务委员、共和党党务委员, 将第四次派兵决定下来。[83]

第四次派兵决议案送到国会虽然再次激起在野党的强烈反对但最终还是在强大的执政党的攻势下于3月19日审议通过了。最终韩国派出首都军团第26团和第9师(白马部队)。

1.2.5 第五次越南派兵

战斗部队派出期间, 以国会为中心的反对声音逐渐扩大起来。韩国政府虽然以派兵作为代价, 换取韩美防卫条约的补充完善, 但美国只是继续强调此前对韩国的防卫承诺。朴正熙总统与约翰逊总统于1965商定的《韩美行政协定》的缔结在经历了一年多的协商之后, 终于在1966年7月9日签字了。[84]

1967年2月, 美国要求韩国增派海军陆战大队, 将此前派出的旅团升级为师团。对此韩国政府于1967年7月正式公布为了补充换岗, 拟派遣3000人的部队, 最终于8月14日派出4个海军陆战大队共3000人。政府认为这第五次派兵属于换岗, 不用经过国会批准。另有11,000人规模的部队原计划于1968年3月增派到越南, 因为1968年1月

83   경향신문, 1966년3월1일자.

84   동아일보, 1966년7월9일자.

21日发生了金信朝偷袭青瓦台事件[85]以及1月23日美国军舰普韦布洛号(USS Pueblo)被俘获[86]事件，最终派兵计划被取消。朝鲜的偷袭行为让朴正熙大为恼火，意图进行反击，但深陷越南战争泥潭的美国实在不愿意看到朝鲜半岛再生事端，因此尽全力说服朴正熙放弃反击。[87]这引起了朴正熙极大不满。

约翰逊总统于1968年3月命令停止对越南的轰炸，同时表示自己将放弃竞选总统。美国的这一系列态度转变，让朴正熙怀疑美国此前的承诺是否能够兑现，从此也放弃了继续对越南的派兵。"偷袭青瓦台"事件体现了韩国国内安保上的巨大漏洞，美国对这件事以及"普韦布洛"号危机的处理方式让韩国感到被忽视，以至让韩美关系产生了嫌隙。自此韩国在国家安全上谋求自主的愿望更加坚定。韩美之间就派兵问题的协商再也没有了下文。

韩国为了支援美国五次派兵，是美国盟友中派兵规模最大的国家，在1964年-1970年所派出兵力占到各国兵力的77.62%。

---

85 1968年1月21日，由31人组成的朝鲜特种部队化妆成韩国警察，越过军事分界线，试图袭击青瓦台刺杀韩国总统朴正熙的行动。他们在距离青瓦台1000英尺的地方被发现，引发枪战，2名朝鲜人当场被射杀，经过追捕除2名朝鲜人逃走外其余成员均被俘或被杀。该事件造成68名韩国人死亡，66名韩国人受伤以及3名美军士兵死亡，3名美军士兵受伤.

86 1968年1月23日美国间谍船"普韦布洛号"在朝鲜东海岸的元山港外海的日本海海域进行情报搜集任务时，遭朝鲜方面勒令停船接受检查并以非法入侵领海的理由逮捕，进而引发朝美两国之间高度紧张.

87 U.S. House of Representatives, op. cit: 54~56.

[表1.2] 越南战争各国派兵规模 (1964-1970)

(单位: 人次)

国家	1964	1965	1966	1967	1968	1969	1970	合计	%
韩国	200	20, 623	45, 566	47, 829	50, 003	48, 869	48, 537	261.624	77.62
澳大利亚	200	1, 557	4, 525	6, 818	7, 661	7, 672	6, 763	35, 196	10.44
泰国	0	16	244	2, 205	6, 005	11, 568	11, 586	31, 624	9.38
新西兰	30	119	155	534	516	552	441	2, 347	0.70
菲律宾	17	72	2, 061	2, 020	1, 576	189	74	6, 009	1.78
台湾	20	20	23	31	29	29	31	183	0.05
西班牙	0	0	13	13	12	10	7	55	0.02
合计	467	22, 404	52, 587	59, 450	65, 802	68, 889	67, 439	337, 038	99.99

源自: Stanley Robert Larsen and James Lawton Collins, Jr. Allied Participation in Vietnam (Washington, D.C.: Department of the Army, 1975): 23: 转引自유병선. 한국군 파병결정에 관한 연구 – 베트남, 걸프전, PKO파병 사례 분석. 충남대학교 박사논문, 2001.10

　　回顾五次派兵过程, 从国内来看, 韩国处于军人执政的威权政府时期, 朴正熙是典型的 "帝王型" 总统, 对内政外交都拥有巨大的权力和影响力, 政府内部的外交决策机构国家安全保障会议与国务会议虽然召开, 但是一直都是根据总统及核心成员的决策, 起到辅助、落实的作用。外交决策的过程基本上都是在以朴正熙为首的小范围决策圈子内进行的, 他们根据个人判断做出理性决策, 官僚与军人背景的内阁成员对朴正熙绝对的忠诚, 忠实履行总统的指示。其他部门只是执行决策而已, 既未参与到决策中去, 更谈不上基于部门利益而提出意见。整个决策过程 "垂直型"特性突出, 决策权限高度集中于总统手中, 是非常典型的 "理性行为者模式"。

　　从韩美关系来看, 当时韩国对美国是绝对依赖的关系, 很难拒绝美国的要求, 因此韩国也只能通过与国内少数反对派的协商, 从而增加谈判筹码, 从美国那里获取并扩大自己的安保利益、经济利益。随着越南战况的恶化，韩国国内对追加派兵的决策也变得愈发困难，美国只能提出要么将驻韩美军派往越南，要么由韩国派出战斗部队，除了这两个选项外再无其他。驻韩美军的撤出是韩国无法接受的，因此以接受战斗部队派兵为前提，韩国的目的就是追求经济、安保、政治利益的最大化。韩国的态度从最开始的积极主动，到后来向美国提出各种条件，也反映了韩国对美自主性的萌生过程。但总体而言韩美之间的协商方式是美国提出派兵要求，韩国尽量满足，"垂直型"的特点也很明显。

1.2.6 韩国国会审议

接下来再看看朴正熙越战派兵时的第三共和国国会与政府的关系及国会审议过程。当时国会认为越南派兵就是抵抗共产主义势力的扩张，他们同意适度派兵。因为朝鲜战争的阴影尚未散去，南北对峙的局面让韩国整个社会从上到下，无论是知识分子群体还是国民大众，都对共产主义抱有一种深深地恐惧和忌惮。在这种恐惧的支配下绝大多数韩国人都赞同韩国介入越南战争，这无关乎道德，而是来源于意识形态。因此国会审议通过也没有遇到多少障碍。虽然有部分反对声音和问题考虑，比如：这样大规模的派兵事实上对本国的国家的安全造成了威胁；军事介入费用问题；扩大派兵的决策很有可能成为政府与大企业间利益输送的机会等。在1967年总统竞选中，也有部分议员批评了政府的越南派兵政策。比如，候选人尹潽善提出了一系列尖锐的问题，徐珉濠议员因为公开发表反对派兵声明而遭到逮捕，张俊河议员也批评朴正熙政权是"走私王朝"等等。但是总体而言，在政府的多米诺理论、防止共产主义扩大理论以对美国 "报恩"思想的宣传感染之下, 派兵方案在国会并未遇到实质性阻碍。

第三共和国国会的功能

第三共和国时期的韩国国会是比较无力的, 一般政策都是在总统与政府的主导下进行制定, 与政府相比, 国会在外交决策上几乎发挥不了任何作用。这其中的主要原因是执政党在国会中处于绝对优势地位, 韩国国会议员作为政党的成员, 都根据自己所属政党所决定下来的党论来发言、行动, 而国会内部的讨论只不过是走形式而已。

第三共和国宪法所规定的权力分立原则在实际上有名无实, 朴正熙所率领的执政党民主共和党在国会占多数, 因此政府几乎不受国会的牵制。朴正熙之所以能够支配国会, 不仅仅因为执政党民主共和党在国会议员的选举中受到国民的拥护, 也源自国会议员选举法对第一大党非常有利。

1963年1月15日制定并公布的国会议员选举法规定: 1.选举区采用地域区与全国区双重并用的方法; 2.候选人推荐为政党推荐制; 3.投票为1人1票制, 同时选择全国区与地域区的候选人; 4.全国区的议席分布上采用并行性比例代表制, 这在全世界也是绝无仅有的。[88]

第三共和国国会议员总数为175人, 其中131人来自地域区, 按照相对多数制选举出来; 另外44人则来自全国区, 按照比例代表制被选举出来。民主共和党通过前面所说的非常规的选举方式, 在1963年11月第6届国会议员选举中地域区总得票率仅占33.5%, 总议席数175席中却得到了110席, 占62.85%, 1967年第7届国会议员选举中47.8%的

88 유병선. 한국군 해외파병 결정에 관한 연구: 베트남, 걸프전, PKO파병 사례분석, 충남대학교 박사논문, 2001.5:91.

地域区得票率, 却占据国会总共204席的55.4%, 即113席。[89]

朴正熙率领的民主共和党在国会占据了超过半数以上的席位, 可以迅速而高效的实施朴正熙政府的决策。虽然在野党反对声音不断, 他依然坚持推行了韩日邦交正常化, 以及向越南战争派兵的政策, 可以说整个国家的大政方针都是按照朴正熙的决策而推行。

第三共和国国会的大部分事务都是由常任委员会处理, 其成员构成是按照比例来自各个政党, 当时国防、外交常任委员会由民主共和党议员占据多数, 因此虽然程序上国会确实进行了相应的讨论, 但政府与执政党制定的派兵方案在国会全体会议上只是象征性地通过。

国会内部的讨论

国会内部在讨论越战派兵议案时, 赞成反对两方面的声音都存在。但是如前所述, 派兵决策初期, 国会审议比较顺利, 在野党也没有表现出特别反对的立场。但是从第三次派兵开始, 战斗部队派兵规模扩大了, 执政党与在野党的意见开始出现分歧, 国会的决议过程整理如下。

[表1.3] 韩国军队支援越南海外派兵动议案国会议决内容

名称	日期	场次	赞成	反对	弃权	主要内容
支援越南共和国韩国军队海外派兵动议案 (第1次派兵)	1964.7.31	44回12次	123	0	0	安保、财政、法律问题
支援越南共和国韩国军队海外派兵动议案 (第2次派兵)	1965.1.26	47回6次	106	11	8	正当性、对美慎重言论

89　김운태 외 공저. 한국정치론. 서울: 박영사. 1999: 468-469.

支援越南共和国韩国军队海外派兵动议案 (第3次派兵)	1965.8.13	52回11次	101	1	2	理所应当论与反对言论
支援越南共和国韩国军队海外派兵动议案 (第4次派兵)	1966.3.19	55回14次	95	27	3	经济利益论,在野党反对
第5次派兵	未审议					

资料来源: 국회의사록 http://node3.assembly.go.kr.5006/dasencgi/login.cgi?v_flag=1

1964年第一次派兵决策当时, 国会主要讨论朝鲜对韩国发动军事挑衅的可能性问题, 派兵的财政负担, 派兵的法律问题等等。这种讨论主要针对的是派兵的名义, 而派兵实质性内容并未讨论。[90] 这时, 在野党并未反对派兵, 国防外务委员会就未经表决直接通过了, 最后派兵议案在国会全体会议上没有任何反对顺利通过。

从1965年第二次派兵开始, 讨论的焦点落在了派兵的正当性与美国政策的不确定性上, 很多议员持慎重态度。就连执政党民主共和党内部也有人持慎重态度, 1月12日执政党党务会议决定根据朴正熙总统的指示赞成派兵。在野党民政党在1月20日党务会议上确定了党论为反对派兵。[91] 但是这并未对决议通过产生什么影响, 而且在野党议员也未表现出强烈抵抗的态度。这是因为在野党当时全力以赴投入到反对韩日邦交正常化的抵制中, 而且美国主要人士分别对执政党与在野党进行了说服工作。[92] 派兵动议案在常任委员会上, 总共16名

---

90 국회사무처 국방위원회 회의록 제44회 제4호. 서울: 국회사무처. 1964: 11-18.

91 议员们反对的理由, 首先, 虽然对于守护自由主义阵营有连带责任, 但这次派兵名分不明确, 也不能有实际收益, 只不过是强迫本国国民上前线卖命, 不能让国民宝贵的生命白白牺牲; 其次, 担心会引起国际连锁反应及其可能会引起的国内政治事态; 第三, 派兵会造成人员伤亡, 而且继续派兵恐难避免, 这可能会导致南北休战线上的防卫受到威胁。조선일보, 1965년1월21일자.

92 이기종. 한국군 베트남참전의 결정요인과 결과 분석. 서울: 고려대학교 대학원 박사학

常委中, 赞成9票, 反对3票, 弃权4票, 被交由国会全体会议表决。最终在全体会议上赞成票106票, 反对11票, 弃权8票, 议案顺利通过。[93]

第三次派兵国会的审议从一开始就遇到了困难。当时执政党、在野党就韩日会谈批准问题上意见尖锐对立。7月14日下午8时38分, 在执政党与在野党议员发生集体冲突中, 国会召开全体会议讨论政府所提交的韩日会谈批准动议案与越南战争派兵动议案。[94] 1965年8月7日国会国防委员会召开, 共和党院内总务兼国会外务委员长金东焕发言认为考虑到韩美关系的重要性应当派兵。民众党姜文峰议员则持反对意见, 他认为一旦派兵就避免不了人员伤亡, 而且越南民意反对战争。[95] 国防委员会上在席议员14人, 其中12票赞成, 2票反对, 派兵动议案被通过后送交国会全体会议。1965年8月12日在野党民众党所属议员反对通过韩日协定批准案, 集体辞去议员职位。在这一背景下第三次派兵动议案被提交给8月13日第52回临时国会第11次全体会议, 在在野党未参加的情况下, 赞成101票, 反对1票, 弃权2票, 最终得以通过。

1966年第四次派兵的讨论, 其基调便是积极的功利主义。在野党的立场依然是反对, 他们认为朴正熙政府完全无视国会的存在, 跟美国搞秘密交易, 虽然此前已经承诺派兵到此为止, 但依然违背诺言继续派兵, 在野党对此提出强烈批评。同时认为继续增兵对韩国的国

위논문, 1991: 71.

93   동아일보, 1965년1월26일자.

94   경향신문, 1965년7월15일자.

95   동아일보, 1965년8월7일자.

力会造成负担。[96]1966年3月18日, 国会国防委员会以11票赞成, 5票反对通过了派兵方案。1966年3月19日在国会全体会议上, 与第三次派兵时一样, 大部分在野党议员未参加投票, 最终赞成95票, 反对27票, 弃权3票, 得到通过。

第五次派兵时, 朴正熙认为不属于派兵, 而是换岗, 因此未经国会审议。

当时在国会中, 各政党之间所展开的讨论大体可以分为四种。首先是积极派兵论, 主要为政府及民主共和党高层人士; 持消极赞成论的主要为民主共和党年轻议员, 他们认为只有满足各种先决条件才可以派兵; 积极反对论者认为这是给美国当"雇佣兵", 将韩国人的生命低价贩卖给了美国, 代表人士为尹潽善、李中载等在野党强硬派; 最后还有消极反对论者, 他们认为第一次派兵就已经足够, 拒绝增加派兵, 在野党民众党大多数持此种观点。

但总体而言, 这些反对声音并未起到实质性的作用。在第三共和国, 政府的决策有时根本不用通过国会, 国会仅仅为政府的附属物, 这一事实始终没有改变。

以下为笔者整理的越南战争期间, 韩国政府总共5次的派兵决策过程。具体情况如下表所示。

96　동아일보, 1966년3월8일자.

[表1.4] 越南战争五次派兵决策过程

次数	主要时间、事件	派兵内容
第1次	· 1964.5.9美国总统约翰逊正式发出邀请 · 1964.5.21 韩国第五次国家安全保障会议决定派兵 · 1964.7.21 韩国国务会议通过派兵方案 · 1964.7.22 提交韩国国会 · 1964.7.31 韩国国会通过决议	野战医院 130人, 跆拳道教官 10人
第2次	· 1964.12.18 布朗大使提出派兵邀请 · 1964.12.29 韩国国务会议通过派兵方案 · 1964.12.30 提交韩国国会 · 1965.1.26 韩国国会通过决议	工兵部队、 运输部队 2000人
第3次	· 1965.3.15 美国务卿会见韩国外务部长官提出派兵邀请 · 1965.4.26 美总统特使洛基提议韩美首脑会谈 · 1965.5.17-18 韩美首脑会谈 (朴正熙-约翰逊) · 1965.7.2 韩国国务会议决定派兵并提交国会 · 1965.8.13 韩国国会通过决议	陆军猛虎部队, 海军青龙部队
第4次	· 1966.1.1 美副总统汉弗莱提出派兵邀请 · 1966.2.23 汉弗莱再次访问首尔, 再提派兵 · 1966.2.25 美提出《布朗备忘录》 · 1966.2.28 韩国召开联席会议决定派兵 · 1966.3.19 韩国国会通过决议	野战军首都军团 28团和第 9 师白马部队
第5次	· 1966.7.9 韩美行政协定签署 · 1967.2 美国要求韩国增派海军陆战队大队 · 1967.7 韩国政府决定增派3000人 · 1967.8.14 韩国派出3000人海军陆战大队 · 1968. 3美约翰逊总统命令停止对越南轰炸, 同时表示放弃竞选总统, 之后韩美就进一步派兵协商再无下文	海军陆战队 3000人

笔者自制

1.3 决策评价

通过以上梳理可见, 越南派兵是韩国政府积极主动的派兵意愿与美国请求盟友支援相结合的产物。朴正熙政府的派兵决策得到了美国对自身统治合法性的支持, 也获得了美国的援助从而保证韩国的经济开发计划得到了稳固的资金支持, 同时, 通过派兵紧紧抓住军需经济、积极扩大海外市场从而推动了经济发展。最后支援美国也巩固了韩美同盟。

以下, 从政治、经济、外交与军事安保等方面, 逐层分析越南派兵韩国国家利益的得与失。

1.3.1 政治: 巩固政权

朴正熙通过越南派兵决策可以说达成了他所期望的所有目标。对于其统治来说, 首先是政权得以巩固。

众所周知, 朴正熙是通过1961年的5·16军事政变夺取了国家最高权力, 但是政权初期未能取得美国的信任与支持。而选举当选总特优势也特别微弱, 国内基础也不牢靠。朴正熙为了得到美国和国内对自己政权合法性的认可, 将"反共"作为意识形态在全社会范围内大力推行, 同时希望通过发展经济强化国民对政权的支持。为此, 他推动了韩日关系正常化, 在这一过程中韩国政府与日本搞秘密外交, 协商过程中过分的让步引起了韩国民众对政府的不满。朴正熙也希望通过向越南派兵找到解决国内不满情绪的突破口, 可以说越南战争派兵为当时支持率下降的朴正熙政府带来了一个重现生机的决定性机会。

通过越南派兵, 一方面使美国改变了朴正熙最初上台执政时期的冷漠态度, 不仅承认了其政府, 而且在派兵过程中加强沟通与协商, 密切了韩美关系, 有效巩固了韩美同盟。另一方面, 越南派兵是支援同处于资本主义阵营的南越与共产主义阵营的北越之间战争, 也是支援美国为首的资本主义阵营防止共产主义在东南亚扩张的战争。由于韩国一直以来身处两个阵营的尖锐对立的前线, 也由于朝鲜战争对共产主义的惨痛记忆, 派兵越南在客观上也增强了国内对朴正熙政权的认同与支持。比如1963年停战线地区朴正熙的得票率不过是32-40%, 他在同一地区1967年得票率为60-65%, 民众对政府的越南派兵政策还是支持的, 对其政府也是认同的。

此外, 朝鲜方面不满于韩国的越南派兵以及韩日正常化谈判, 制造了青瓦台偷袭事件与普韦布洛号事件, 表现出对韩国军事、安保、经济发展的一种牵制。让原本并不十分严重的南北对立情绪重新紧张起来, 同时也为朴正熙留下大肆"反共"的口实, 侧面帮助朴正熙巩固了自己的军事独裁政权。[97]

通过以上分析不难发现, 越南战争派兵所导致的最重要的政治性后果并非实现了国家利益, 而是实现了朴正熙政权的利益, 即使这次派兵实现了经济、军事、外交上的国家利益, 但从长远来看对韩国民主主义发展是不利的。

97　김학준, 남북한 관계의 갈등과 발전. 서울: 평민사, 1985: 21.

1.3.2 经济: 收益颇丰

韩国政府从越南派兵最开始, 就对推动经济发展, 获取经济收益寄予厚望, 而从后来的事实上看派兵确实实现了韩国政府的这一目标。

朴正熙上台后, 为了巩固政权, 高擎 "经济发展第一" 的战略口号, 坚持 "先建设, 后统一" 的战略方针, 积极致力于让韩国摆脱贫困, 实现现代化。朝鲜战争让日本抓住机遇 "大发横财" 并有力推动了经济的发展, 这不能不让朴正熙政府将越南派兵与推动韩国经济发展联系起来。

首先, 韩国通过派兵参加越战获取了美国大量的军事援助, 带来了大量资金。朝鲜战争后美国对韩国的援助对经济发展起到了决定性作用, 因此韩国希望通过应援美国派兵参战而继续保持甚至扩大美国对韩国的援助。此外, 越南战争的爆发正值韩国迫切需要发展经济的紧要时期, 第一个五年经济开发计划的实施, 预计需要7亿美元的资金, 但是对资金来源却尚不明确。资金的支持, 尤其是来自国外的资金支持成为韩国参加越南战争的经济目标之一。为了继续得到美国更多的经济援助, 韩国是不可能拒绝美国的派兵要求的。[98] 朝鲜战争的经历、南北双方的对峙局面, 让韩国不得不保持庞大的军队, 军费支出数额巨大。军费支出与经济发展都迫切需要资金, 朴正熙政府企图借向越南派兵显示韩国的存在和力量, 从美国得到大量 "参战补助金", 以支持持韩国产业和军队现代化。[99] 然而, 美国对韩国的经济援

---

98 이동원. 대통령을 그리며. 서울: 고려원, 1998: 105-110.

99 曹中屏、张琏瑰. 当代韩国史 (1945-2000). 天津: 南开大学出版社, 2005.7: 292.

助和军事援助不断减少, 经济援助从1956年的3.27亿美元降到1964年的1.49亿美元, 降幅高达54.3%, 军事援助从1956年的2.62亿美元降到1964年的1.24亿美元, 降幅高达52.7%。而随着1964年韩国向越南派兵, 尤其是1965年派出战斗部队后, 美国对韩国的军事援助大大增加了, 1965年比1964年增加了0.49亿美元, 增幅40%, 之后各年都比战前要高很多, 甚至在1971年达到5.56亿美元, 接近1964年的4.5倍, 而同时期经济援助却呈不断减少趋势, 可以说通过参加越南战争, 韩国获得了美国大量军事援助, 这为韩国节省了大量军费, 转而增加了支持经济发展的资金。

[表1.5] 美国对韩国军事援助及经济援助 (1956-1975)

(单位: 百万美元)

年度	1956	1957	1958	1959	1960	1961	1962	1963	1964	1965
军事援助	262	262	331	189	184	200	137	183	124	173
经济援助	326.7	382.9	321.3	222.2	245.4	199.2	232.3	216.4	149.3	131.4
年度	1966	1967	1968	1969	1970	1971	1972	1973	1974	1975
军事援助	210	272	389	480	330	556	532	363	157	145
经济援助	103.3	97.0	105.9	107.3	82.6	51.2	5.1	2.1	1.0	1.2

资料来源: U.S. Agency for International Development, Overseas Loans and Grants and Assistance from International Organization, 1960, 1966& 1975 Editions: 한국은행. 한국경제지표. 1987; 전국경제인연합회. 한국경제연감. 1960: 65.

其次, 战争带动军需的增加, 以军需经济带动韩国经济的发展。日本从朝鲜战争中获利颇丰的事实对韩国有巨大刺激作用。任何战争的进行都会极大地刺激军需经济的发展, 越南战争也不例外。那些被派到越南战场的军人首先得到了经济利益, 他们将拿到的工资寄回国内, 成为韩国发展本国经济的重要资金来源。当时派兵越南, 在韩国国内涉及30余万人, 其中手工艺者与工人达到2万3千余人。除美国的援助外, 韩国在1966年到1972参战期间, 总收入为9亿2千500万美元。这些外汇为韩国实现第一个经济开发五年计划提供了资金保障, 此前政府对这期间的经济增长率预期是8.5%, 但事实上韩国的经济增长率达到了12%。[100]

朴正熙政府虽然通过派兵得到了经济收益, 实际支付这笔费用对美国来说还是非常划算的。美国因为自己国内反战运动的发展, 尽量避免美军在越南出现人员伤亡, 因此大举投入韩国军队, 事实上美国向韩国军队支付的费用较之本国军队要低廉很多。因此有学者指出了韩国向越南派兵的实质, 韩国军队其实是美国的"雇佣军"。也就是朴正熙用自己国家士兵的牺牲换取了外汇收入。有学者统计了越战当时韩国军人与美国军人薪酬的比较, 如下所示:

[表1.6] 越南战争中美国军队与韩国军队薪酬比较

(单位: US$)

区分	领官[101]	尉官[102]	下士	二等兵
美军	833.15	569.05	335.15	235.15
韩军	291.75	190.40	68.00	35.79

资料来源: 조민우 편. 민중의 함성. 서울: 거름, 1987:186

明显韩国军人所拿到的工资比美军要少得多, 而且即使这样工资中的部分还会被韩国政府拿走。

---

100 U.S. House of Representatives, op. cit: 117.

101 包括少领、中领和大领。相当于中国的校官.

102 包括准尉、少尉、中尉、大尉.

最后，越南战争刺激了韩国的对外贸易，扩大了越南市场。韩国由于地域狭小，资源匮乏，经济发展模式由进口替代逐步向出口导向转变，海外市场的拓展对于推动经济发展的意义也非常重要。派兵援美赴越期间，韩国与越南的贸易不断扩大，1964年韩国对越南出口为600万美元，到了派出战斗部队的1965年增加至1678万美元，增长了近三倍，1968年更是达到3798万美元，增长了6倍多，此外，韩国出口额不断增长，1966年至1972年，韩国从越南赚到外汇超过8亿美元，其中贸易收入2.16亿美元，贸易外收入6.42亿美元。[103] 这也为韩国经济发展模式由进口替代逐步向出口导向转变提供资金和市场支持，有利于推动出口导向战略的不断实施。

当然越南派兵也带来了一定的负面影响，在韩国经济发展的过程中成长起来的还有韩国的财阀。这些财阀从政府手里拿到好处，积累了大量财富，赚得的利润又会以政治资金反馈给政权，从而深化了韩国财阀与政权的关系，导致时至今日在韩国，韩国财阀与历届政权之间剪不断理还乱的关系。

总体而言，韩国向越南派兵的决策为韩国经济扩大了军需，带来了资金、拓展了海外市场，提供了发展契机，但同时也埋下了政商勾结的种子，由于利益再分配机制的不完善也导致社会上两极分化严重。

---

103 郑成宏. 陈宝媛. 越战之机: 韩国出兵越南对其经济发展的影响. 韩国研究论丛 (第二十二辑), 2006: 312-313

1.3.3 外交: 加深对美依赖

冷战时期, 韩国外交的中心在于确保政权的安全, 在实现经济上的腾飞之前, 韩国政权不但面临着外部的威胁, 其内部的合法性资源也是欠缺的。[104] 朴正熙政权通过越南派兵巩固了韩美关系, 也使韩国从政治、经济、军事等方面全方位加深了对美依存。朴正熙通过1969年推行的三选改宪[105]以及1972年推行的维新体制[106]谋求终身执政, 在这一过程中美国政府在安保方面一直给予朴正熙政府支持。虽然美国国内部分国会议员及民主人士、知识分子也不满于美国的政策, 多次提出对朴正熙独裁政权的批评。

做出向越南派兵决策当时, 韩国是依靠外国援助发展经济, 维持国防的贫困国家, 与朝鲜处于停战但对峙状态。1960年代韩国是一个国土面积为98, 431平方公里, 人口2500万的小国。[107] 从1951年到1960年, 国民生产总值 (GNP) 的17%, 国防经费168%都要依靠美国的援助。[108] 韩国没有加入联合国, 也没有加入其他地区集体防卫体系, 也无需在其他国际机构里承担任何国际责任。因此, 如果说韩国在1960年代为了扩大在国际社会的影响力而采取某种国家行动, 应该说是不切实际的。韩国向越南派兵实际上等于与整个共产主义阵营为敌。不

---

104 韩献栋. 韩国的外交困境: 一个概括性框架的解读. 东北亚论坛. 2012(3): 66.

105 朴正熙为了使自己能够长期执政, 1969年修改宪法, 改为在任总统可以第三次参加总统选举.

106 第四共和国的另一个称呼。1972年10月17日朴正熙宣布全国非常戒严令, 建立第四共和国。也被称为 "十月维新".

107 통계청. 통계로 본 대한민국 50년의 경제사회상 변화. 대전: 통계청, 1998: 83-85.

108 김달중. 국가안보와 경제발전. 아정연구총서. 제4호. 서울: 아시아정책연구소, 1979:123.

仅如此，从1967年到1973年之间韩国派兵参加越战期间在越南的土地上也犯下了大量战争罪行，包括屠杀平民等，这使得以法国为首的西方势力也对韩国提出了批评。对韩国军队的战争进行批判的还有第三世界国家，同时韩国同朝鲜的关系也恶化了。

此外，朝鲜则利用不结盟国家对韩国的批判，密切了与这些国家的关系。在不结盟国家会议上所讨论的有关朝鲜半岛议题，大部分都采纳了朝鲜方面的意见。1975年朝鲜成为不结盟国家组织中的会员国。这导致韩国与第三世界国家改善关系变得更为困难，韩国在外交上从此只能一直是对美国"一边倒"，对美国"绝对依赖"。从国家影响力这个角度上看实际损害了韩国的国家利益。

1.3.4 军事安保: 巩固韩美同盟

通过向越南战争派兵，韩国政府在军事安保方面也取得了较大收益。

首先，向越南派兵巩固了韩美同盟，韩国是除美国外越南战场上人数第二多的军队，在大多数国家对支援美国越南战争表现冷淡的同时，韩国积极主动，进一步巩固了韩美同盟，尤其是军事同盟。

其次，得到了美国巨大的军事援助。越南战争派兵，朴正熙政府也希望增加对韩国的军事援助，而在韩美协商的过程中，这些诉求也多次被作为条件向美方提出。通过越南派兵，尤其是战斗部队的派出，韩国获得了大量军事援助，扭转了战前军事援助不断减少的局面，派兵过程中，美国对韩国的军事援助不断增加，最高峰的1971年甚至接近派兵之初1964年的4.5倍。

再次, 暂缓了缩减驻韩美军的计划, 也成功阻止了驻韩美军向越南战场的转移。众所周知韩国的安全问题与遏制朝鲜的责任都落在驻韩美军以及韩美防卫条约上。[109] 最初, 充当美国雇佣兵的主要动机是想阻止美国从韩国撤兵。[110] 朝鲜战争结束后, 美国将驻韩美军从22万3千人缩减至1956年的7万5千人。1956年以后美国继续不断讨论缩减驻韩美军问题。1963年美国经济恶化, 缩减海外驻军的方案正式被讨论, 其中之一就是缩减驻韩美军2个师团。[111] 对此韩国方面的态度是明确的——坚决反对缩减驻韩美军。韩国提出了对美交涉文件, 涉及了诸多问题。[112] 但1964年初美国还是决定缩减驻韩美军1万2千人, 同时韩国军队也缩减7万人。[113] 正是因为美国计划缩减驻韩美军, 韩国一有机会就向美国提出维持驻韩美军现状不变。1964年3月, 美国正式决定军事介入越南战争[114]之后, 韩国第一次向越南派出野战医院及跆拳道教练团, 进而抓住机会将驻韩美军裁减问题与派兵问题联系到了

109 이필중, 김용휘. 주한미군의 군사력 변화와 한국의 군사력 건설: 한국의 국방예산 증가율 및 그 추잉를 중심으로. 국제정치논총. 제47집 1호. 한국국제정치학회, 2007:168.

110 曹中屏、张琏瑰. 当代韩国史 (1945-2000). 天津: 南开大学出版社, 2005.7: 292.

111 박승호. 박정희 정부의 대미 동맹전략, 비대칭동맹 속의 자주화. 서울: 서울대 박사학위논문, 2009: 81-82.

112 외교통상부 외교사료관, 마이크로필름 롤번호G-0004), 기록물철 제목 주한미군 및 한국군 감축설에 대한. 미국의 대한 군원이관계획 중지교섭, 1962-1966: 27-28.

113 United States Government, Memorandum from Robert W. Komer of the National Security Council Staff to President Johnson, January 22, 1964, FRUS 1964-1968; 转引自转引自 박태균. 베트남 파병을 들러싼 한미 협상과정: 미국문서를 중심으로. 역사비평 74호. 서울: 역사비평사, 2006: 149.

114 1964年3月17日美国国家安保措施备忘录 (NSAM-28) 承认美国决定介入越南战争。Gravel Edition, The Pentagon Papers:, Department History of U.S. Decision-making on Vietnam, Vol. III (Boston: Beacon Press, 1972:50-51).

一起。同年5月，朴正熙总统访问美国与约翰逊总统会谈时，朴正熙提出韩国政府有意向越南派遣战斗部队，但作为条件驻韩美军必须维持现状。正式将韩国的派兵问题与驻韩美军维持原状关联到一起。在之后派兵协商过程中，此问题一直成为韩国提出的主要协商条件。

最终韩国通过向越南派兵巩固了韩美同盟，尤其是军事同盟，美国也充分照顾韩国的顾虑，暂缓了缩减驻韩美军的计划，也成功阻止了驻韩美军向越南战场的转移。在韩美协商过程中，韩美军司令官比奇致函韩国当局确认："在与韩国事前协商前，美军不会撤退。"美国总统约翰逊访韩时又重申美国决心给韩国以"迅速而有效的支援"。[115]

再次，越南派兵还有利于韩国军队的现代化和军力的提升。美国不仅为参加越战的韩国军队提供了大量现代化武器装备，而且为韩国国内军队也提供了大量军事装备，同时也为韩国军工生产提供了相关原材料及订单方面的支援，对于韩国军队的现代化及军力提升起到了较大的作用。

最后，朝鲜战争已经结束近10年，参加越南战争能够为韩国军队提供实战的历练机会，继续强化军队的战斗力，韩国出兵越南期间，总计超过32万军人奔赴战场，"极大地提高了各级指挥官的指挥能力和部队的适应力，积累了丰富的作战经验，使韩军成为二次世界大战后少有的几个拥有现代化形式下大规模联合作战、新型游击战实战经验的军队之一。"[116]这对于韩国提升韩国军力，强化国家安保利益意义重大。

当然，在军事安保方面，也带来一些负面影响。

---

115 曹中屏、张琏瑰. 当代韩国史 (1945-2000). 天津: 南开大学出版社, 2005.7: 294.

116 韩忠富、王勇. 论越南战争与韩国国防实力增强之关系. 社会科学战线. 2014(2): 88.

首先, 韩国军人在越南战场上付出了惨痛的代价。韩国军队伤亡情况如下表所示:

[表1.7] 韩国军队越南战争参战累计人数及伤亡情况 (1964.9-1973.3)

类别	参战累计人数	战死人数				负伤人数			失踪人数
		累计	战死	殉职	死亡	累计	战斗	非战斗	
累计	325,517	5,099	4,601	272	226	11,232	8,380	2,852	4
陆军	288,656	3,859	3,476	243	140	8,211	5,567	2,644	4
海军	36,246	1,240	1,125	29	86	3,021	2,813	208	
空军	616								

资料来源: 국방부군사연구소, http://www.imhc.mil.kr/user/indexSub.action?codyMenuSeq=70408&siteId=imhc&menuUIType=sub

即使战后回到韩国的士兵在身体及心理上也备受创伤, 很多人因战场上美军使用的 "枯草剂" 等生化武器中毒, 回到韩国后便患上了严重的疾病。这也让后来的韩国政府不敢再轻易派出战斗部队。

其次, 韩国向越南派兵对朝鲜是强烈刺激, 使得南北关系变得紧张。随着越南战争的持续, 韩国派兵规模的扩大, 朝鲜认为韩国通过派兵巩固了韩国的体制与韩美同盟, 这使朝鲜感到了危机, 同时认为这是韩国国防的空白期, 进而决定发展四大军事路线与三大革命力量。韩国刚刚决定向越南派兵, 朝鲜就试图寻找途径支持北越。朝鲜认为, 如果越南进入美国势力范围, 将大大强化美国在整个东亚的地位, 那么对朝鲜来说也是威胁。因此朝鲜向北越政府转达自己有意向北越派兵, 但是遭到了拒绝。于是朝鲜转而向北越提供物资支援。

1962年朝鲜向北越提供迫击炮与无反冲力炮弹, 在南越所俘获的北越武器中就有这类武器。[117]

60年代后半期, 在南北军事分界线附近周边地区的武装冲突剧增。据驻韩美军司令部称, 在1967年1月间, 朝鲜在非军事区进行的挑战活动次数是1966年的十倍。截止1967年10月, 朝鲜在非军事区进行的挑衅活动达540次; 在韩国境内, 因朝鲜间谍发生的武装冲突达215次; 苏联政府所掌握的情况是在1967年间非军事区附近发生了829次武装冲突。[118] 1967年韩国政府做出向越南增派军队的决定后, 朝鲜方面就开始秘密向韩国派遣游击队。紧接着, 1968年1月21日发生了金信朝率领游击队偷袭青瓦台事件, 1968年1月23日, 美国间谍船普韦布洛号被朝鲜扣留。而美国拒绝帮助韩国政府向朝鲜实施报复, 这让朴正熙非常失望, 动摇了长期对美国的信任, 也做出了从越南撤军的决定。

因此综合看来, 韩国的越南派兵所实现的国家利益在军事安保方面有得有失。

1.4 小结

韩国最早提出向越南战争派兵的是李承晚政府, 朴正熙政府则始自1961年朴正熙访美与肯尼迪总统进行的首脑会谈, 席间朴正熙主

117 장재혁. 제3공화국의 베트남 파병결정에 관한 연구: 대통령과 국회의 상호작용을 중심으로. 서울: 동국대학교 대학원 박사학위논문, 1998: 59~60.

118 김학준, 북한57사, 내부자료, 2005.285.322. 转引自郝欣. 越南战争辐射下的朝鲜半岛. 延吉: 延边大学硕士学位论文, 2012: 22.

动提出韩国有意派兵支援越南战争, 遭到拒绝。随着美国在越南战场的战事不利, 向自己的盟友发出派兵支援的号召, 韩国积极响应, 从1964~1973年期间韩国共计32万余人奔赴越南战场, 支援美军在越南的军事行动。总结韩国向越南派兵决策, 具有以下特点:

第一, 在朴正熙的威权政府内, 上命下行的军事文化盛行, 外交决策圈封闭, 属于理性行为者模式。

韩国是一个有着悠久专制主义历史的国家, 二战后在美国的帮助下采取了总统制[119], 从结构上而论不管是外交决策还是内政决策, 总统的影响无疑是最大的。特别是韩国当时经济发展比较落后, 民主化尚未实现, 当政的又是通过军事政变夺取政权的军人政权, 使得当时总统朴正熙的权力就更大了。

威权政府下的外交决策圈非常封闭, 仅限于政府最高首脑——总统以及决策核心人物, 朴正熙总统每当决策与国家安全相关的问题时就会召开国家安全保障会议。官僚与军人构成的内阁对朴正熙绝对忠诚, 忠实履行总统的指示。"军队管理文化"与"领导层的好战性"极大地影响了派兵决策的过程。军队中实行的是垂直的管理模式, 强调下级对上级的无条件服从。这种军队文化也反应在政府运行过程中, 所有权限都集中于总统一人手中。社会因素对派兵决策的影响是非常微弱的, 可以说几乎完全没有市民团体能够参与到政治决策中。第三共和国当时的舆论完全处于被政府控制的状态。政府向越南派兵的决策几乎是秘密的、非公开的做出的。

总体来看, 韩国越南派兵的决策过程属于埃里森所总结的"理性行为者"决策模式, 即由领导层中的核心人员按照他们的原则作出最

---

119 韩国第二共和国时期曾经实行过短暂的内阁制.

大限度符合国家利益的决策，其他政府成员只是负责执行领导层决策的决策方式。

第二，韩美协商过程中，功利主义外交倾向十分明显。

随着战争的发展，朴正熙政府由主动派遣战斗部队到故意拖延部队的派遣；美国由拒绝韩国战斗部队到要求派遣战斗部队，满足韩国越来越多的要求。在协商过程中，韩国越来越主动提出自己所需经济援助和军事援助的要求，美国则以驻韩美军的裁撤为筹码。事实上，美国自朝鲜战争结束后一直有裁撤驻韩美军的计划，越南战争爆发后，美国裁撤驻韩美军或者将驻韩美军转派越南战场的意图更为明显，这是韩国政府极力避免的，因此驻韩美军的裁撤就成为美国与韩国谈判的重要影响因素。

后期，韩国国内反对派兵的言论有所抬头，国内舆论对派兵决策所产生的影响随着谈判次数的增多而有所增加，从总体上来看这种影响还是比较微弱的。但反对言论正好成为朴正熙对美国协商时所使用的筹码，即为了平息国内的反派兵言论，要求美国继续维持驻韩美军，让美国切实保护韩国的国家安全，同时提升派出的韩国军队的待遇，要求美国向韩国军队提供支援以实现军队现代化等，以获得更多实际利益。

第三，越南派兵国内动员由"道义"逐渐转向"利益"。最开始提倡"报恩"、"反共"，到后来强调"维持驻韩美军的驻扎"。

朴正熙为了得到美国对自己政权合法性的认可，将"反共"、"报恩"作为意识形态在全社会范围内大力推行。派兵初期，表面上看韩国参与美国的军事行动是为了与美国一道防御共产主义的扩张，对资本主义"自由世界"的维护和捍卫，表现出被保护国对保护国知恩图报的一种"道义"精神。但是随着战争的持续，韩国国内反对派兵的声音有所抬头，人们不愿意再用本国青年的生命为美国卖命，支持不正义的战争。因此政府后来派出战斗部队时，只能强调维持驻韩美军驻扎这一重要原因。朝鲜战争以后，正是由于有了驻韩美军的驻扎，解决了韩国安保上的担忧，使得韩国可以优先发展本国经济，还制定了经济发展五年计划。如果驻韩美军裁减甚至撤离，韩国的安保首先面临威胁，经济发展更无从谈起。可见，朴正熙政府的战争动员也是逐渐撕下"道义"的面纱，不得不用实实在在的"利益"说服国民接受让韩国的士兵为美国卖命的事实。

第四，意识形态对决策施加重要影响。

越南战争时期处于资本主义阵营与共产主义阵营激烈对抗的时期，两大阵营热战的朝鲜战争虽然结束，但朝鲜半岛依然分裂，资本主义阵营的韩国与共产主义阵营的朝鲜依然处于对峙，而在东南亚持不同信仰的北越与南越也发生激烈对抗，为防止共产主义"多米诺骨牌效应"，朴正熙政权在国际上与美国等资本主义阵营国家一起共同反共，加强韩美同盟，获取美国的信任和支持；在国内大力推行反对共产主义的措施，加大反共的宣传，积极利用朝鲜战争的惨痛经历，打着反共的旗号，统一派兵的共识，积极利用意识形态因素影响对派兵的支持，也积极利用意识形态因素巩固执政合法性，可见，此时意识形态因素在影响决策上发挥了重要的作用。

第五，所实现国家利益结构为：经济利益 > 安保利益 > 影响力。

朴正熙非常清楚自己政权合法性的脆弱，为了得到国民的支持，积极推动经济开发计划的实施，通过推动经济的发展从而巩固政权。为了达到这一目的，韩国需要大量的开发资金及不断扩展海外市场。

朴正熙政府就是通过向越南派兵来筹措韩国经济发展所需资金。越南战争的爆发正值韩国迫切需要发展经济的紧要时期，为了继续得到美国的援助，韩国是不可能拒绝美国的派兵要求的。越南派兵从最开始，韩国政府就希望以战争带动军需的增加，以军需经济带动韩国经济的发展。韩日关系正常化，越南战争派兵都为韩国带来了大量资金及大笔外汇，拓展了越南市场，保证了韩国第一个经济开发五年计划的顺利进行以及之后后续开发计划的继续。可以说，越南战争对韩国经济的促进作用与朝鲜战争对日本经济的促进作用相当，"韩国出兵越南参加越南战争成为拉动经济发展的一把利剑"。[120]

越南派兵决策本来在军事安保方面获得了较大收益，通过派兵保证了驻韩美军继续驻扎，增加了美国对韩国的军事援助，加速了韩国军队武器装备的现代化，与此同时，也加剧了与朝鲜的对峙与冲突，部分抵消了在军事安保方面实现的国家利益。因此综合而论，在军事安保层面国家利益有得有失。

韩国在向越南派兵时，是贫穷的弱小国家，几乎难以考虑国际影响力的问题，考虑的只是韩美关系。朴正熙政权通过越南派兵巩固了韩美关系，也让韩国从政治、经济、军事等全方位对美依存。这导致韩国与共产主义阵营国家以及第三世界国家改善关系变得更为困难，韩国在外交上更强化对美国"一边倒"，对美国"绝对依赖"。

总而言之，笔者总结朴正熙政府决策向越南派兵对国家利益优先顺序的考量是经济利益——安保利益——影响力。

但是，越南派兵也带来了一些负面影响，损害了韩国的国家利

---

120 郑成宏. 陈宝媛., 越战之机: 韩国出兵越南对其经济发展的影响. 韩国研究论丛 (第二十二辑): 301.

益。具体表现在:

第一,韩国经济的发展得益于越南派兵以及越南战争带来的"军需经济",也培养出了韩国的财阀。很多穷人因为被派去越南,积累了一些财富,迅速改变了家人的生活,使得整个社会一时之间拜金主义的风气盛行。

第二,韩国向越南派兵,刺激了朝鲜,使得南北关系变得紧张。随着越南战争的持续,韩国派兵规模的扩大,也造成了韩国国防的空白期,造成地区局势不稳。

第三,韩国在越南的军事行动产生很多不良后果,比如韩国军队在越南战争期间屠杀平民等战争罪行问题,"枯草剂"等生化武器的使用对韩国军人造成的永久性身体伤害问题。

第四,朴正熙总统所追求的巩固政权这个目标,并非国家利益,而是个人利益或者说是政权利益。这一目标最终通过派兵达成了,从而让韩国的军人独裁统治得以延续,推迟了韩国民主化的实现,不能不说这从长远上是有损于国家利益的。

第五,韩国参加不正义的战争,用本国军人的生命换取美国援助和经济发展,在国际上被认为是美国的"雇佣军",有损主权国家的国际形象。

这些负面影响大多由于越南派兵持续时间较长,韩国军队直接参战所引起的。此后相当长的时间内韩国没有海外军事活动,后来韩国再次应美国要求海外派兵时吸取了很多越南派兵的经验教训,比如尽量避免派遣战斗部队,避免参加"热战",注意维护韩国的国际形象等。

第二章

海湾战争派兵决策:
拓展国际外交空间

1990年代初，因伊拉克入侵科威特，依据联合国安理会决议，美国领导的多国部队发动了对伊拉克的海湾战争。卢泰愚政权在接到美国希望派兵的邀请后，在较短的时间内做出了派遣医疗支援队和空军运输部队参加多国部队的决策。这是韩国继越南派兵之后第二次海外派兵，也是韩国第一次积极参与国际社会的军事行动。通过派兵拓展了韩国的外交空间，扩大了韩国在国际社会的影响，提升了韩国的国际地位，客观上也有力地推动韩国成功加入联合国，为韩国在国际舞台上进一步发挥作用奠定了坚实的基础。

2.1 影响决策因素: 冷战结束、韩美贸易摩擦、卢泰愚政府

国际上，海湾战争处于美苏缓和冲突，冷战即将结束时期。经过近三十年的发展，韩国虽然对美国继续依赖，但是韩美贸易摩擦矛盾凸显，韩国实施北方外交，在韩美同盟中韩国逐渐显露自主性。在国内，经济经过高速发展，取得较大成就，卢泰愚政权也处于从威权向民主转变的过渡时期，国会、市民团队、社会舆论等因素对决策的影响

逐渐扩大。

2.1.1 冷战结束时期的海湾战争

美苏对峙的冷战体系在持续了多年后，苏联由于国内经济发展缓慢以及不断地对外扩张，在与美国的争霸中背上了沉重的包袱。1985年戈尔巴乔夫上台执政后，开始放弃与美国竞争夺取军事优势的战略，转为裁减军备，从对外扩张转向全面收缩。1989年东欧发生剧变，1991年12月底，苏联解体，美苏冷战争霸的时代结束。

1989年12月1日至3日，苏联最高领导人戈尔巴乔夫和美国总统乔治·布什在马耳他举行了海上会晤。这次会晤被视为美苏结束剑拔弩张关系的转折点。同时此次会晤也是冷战结束的标志性事件。在这次具有历史意义会晤的联合记者会上，戈尔巴乔夫宣布"世界正在离开一个时代而迈向一个新的时代"，"我们正站在一条通往长期和平的道路起点，战争威胁、互不信任、心理和意识形态斗争都会被留在过去。"乔治·布什则回应称"我们能够实现长久和平，并将东西方的对立转变为长远的合作关系。这正是戈尔巴乔夫主席和我此刻在马耳他揭开的未来序幕。"可以说，80年代末是国际秩序转变的过渡期，旧的冷战格局正在消亡，而新的国际秩序尚未确立。

进入90年代，国际秩序逐步由两极向美国为主导的一超多强(the uni-multipolar system) 的方向发展，国际政治力量失调，局部地区力量失衡，区域不稳定因素增加。海湾战争正是在这一国际背景下爆发。在中东，伊拉克为了解决与科威特的边界纠纷，同时也是觊觎科威特丰富的石油储备，于 1990年8月2日入侵科威特并很快占领了科威特，导致了海湾危机，成为海湾战争的直接导火索。美国立即积极应对，布什总统于8月7日批准了"沙漠盾牌"行动计划(Operation Desert Shield)，紧急向中东地区派兵，以阻止伊拉克进一步入侵沙特，并迫使伊拉克从科威特撤军。

之后联合国安理会通过了授权美国为主导的多国部队对伊拉克动武的决议，为恢复科威特主权，保障其领土完整，多国部队自1991年1月17日开始，对伊拉克发动了战争，战争呈一面倒的态势，仅仅用了42天便结束。伊拉克损失惨重不得不接受联合国660号决议，撤出科威特。

虽然海湾战争背后隐藏着美国等参战国对政治、经济等自身战略利益的追求，尤其是重要战略资源石油的考虑，但海湾战争是尊重国家主权原则，反对伊拉克侵略，依据联合国宪章和联合国安理会决议而采取的多国军事行动，是具备国际合法性的一次战争。

海湾战争对国际政治产生的最重要的影响是战争过程中，形成了基于联合国这个国际组织的集体防卫体系，使得仅存在于概念中的国际公权力在现实的国际政治中成为可能。海湾战争以美国为首多国部队的胜利，让美国在中东乃至世界赢得大部分赞同，推动了冷战结束后世界秩序朝着美国所引导的方向前行。美国掌握了国际政治体系与经济体系的霸权，以美国为中心的"美式和平"(Pax Americana) 体制逐渐形成。

2.1.2 "北方外交"与韩美贸易摩擦

"北方外交 (Northern Policy)" 也被称为 "北方政策"，是指韩国与苏联、中国、东欧等社会主义国家发展政治、经济、文化乃至外交关系，也包括与朝鲜的对话及关系改善。韩国尝试与"非敌对性共产主义国家"改善关系始自朴正熙执政后期，在全斗焕政府时期被继承，卢泰愚政府时期的外交基本上是延续朴正熙、全斗焕两位前任的外交路线，在坚持与社会主义国家交往的原有方针基础上继续巩固拓展。"北方政策"以1988年汉城奥运会为契机开始全面推行。苏联决定参加汉城奥运会以及中国等社会主义国家的参加为韩国改善与社会主义国家的关系提供了契机，也开创了东西方和解的新纪元。正是由于积极推行北方政策，韩国最后成功地与几乎所有的社会主义国家建立了外交关系。"北方政策"取得了预期效果，扩大了韩国外交领域，为韩国的发展改善了外部环境，提升了国际地位。[1]

"北方政策"的成功实施也意味着韩美关系进入了一个新时期，韩国尝试改变韩美同盟在其政治外交方面的绝对主导地位，希望逐步摆脱对美国从军事安保到经济发展的严重依赖。自20世纪80年代韩国启动"北方政策"开始，民族和解与统一大业便成为韩国政治家的心愿与追求的目标，韩美同盟与南北关系自此成为韩国外交安全政策中两大并重甚至是竞争性的课题，两者相互交织，使得韩国经常在同盟利益与民族利益之间摇摆，左右为难。当时朝核问题尚未出现，美国对于卢泰愚的的"北方外交"采取消极态度，这让韩国年轻人认为美国对朝政策以及对待南北统一问题都持一种消极态度，认为美国是希望维持朝鲜半岛保持分裂状态的。

韩国"北方外交"的实施，不仅致力于改善与苏联、中国、东欧等社会主义国家的关系，缓解同朝鲜的对立，从而进一步确保国家安

1　　沈定昌. 韩国外交与美国. 北京: 社会科学文献出版社, 2008:161-163.

全。而且为韩国经济发展营建和平的发展氛围并进入、拓展社会主义国家市场也是其目标之一。与之相对, 随着韩国经济实力的进一步发展, 韩美之间出现了新的不和谐。

此前韩国总统在考虑美国提出的要求时主要考虑的是安全与援助问题, 千方百计阻止驻韩美军的缩减或战略调整, 尽可能多的让美国对韩国提供经济、军事援助, 但驻韩美军还是不可避免的按照美国的计划缩减了, 在卢泰愚执政时期, 韩美关系中新的问题——韩美贸易摩擦也成为韩国政府需要面对的难题。如果说这个时期韩美政治关系相对稳定的话, 那么它们之间的经贸关系则摩擦不断。[2]

美国进入80年代中期后对外贸易赤字非常大, 虽然逆差扩大后不断缩减但依然给美国经济发展带来较大影响。

[表2.1] 美国国际贸易收支额 (1986-1990)

(单位: 亿 美元)

分类	1986	1987	1988	1989	1990
固定收支	-1,388	-1,437	-1,265	-1,059	-921
贸易收支	-1,445	-1,595	-1,272	-1,132	-51

资料来源: 대한무역진흥공사. 90년 해외시장 국별시리즈: 미국. 1990: 85

与此同时, 韩国却从1982年开始对美贸易实现了顺差, 之后80年代几乎每年对美贸易都是顺差, 而且贸易顺差数年维持较大数额, 1987年更是高达96亿多美元。

2　曹中屏、张琏瑰. 当代韩国史 (1945-2000). 天津: 南开大学出版社, 2005.7: 380.

[表2.2] 韩国对美贸易收支额 (1981-1990)

年份	金额 (1,000 US$)	增长率 (%)
1981	-273,903	
1982	307,903	212.1
1983	2,009,429	554.3
1984	3,667,413	82.5
1985	4,313,488	17.6
1986	7,386,578	71.2
1987	9,616,868	30.2
1988	8,732,337	-9.2
1989	4,780,523	-45.1
1990	2,481,752	-48.2

资料来源: United Nations, International Trade Statistics Yearbook, 1981-1990

　　因此海湾战争前夕, 韩美关系也随之进入新阶段, 过去是韩国经济、外交、安保全方位对美国绝对依赖, 此时韩国虽然在军事、安保上与美国紧紧绑在一起, 但在经济上却与美国摩擦不断。韩美在经济贸易方面较之以前发生了很大变化, 韩国自1962年开始至1980年代末实施了六个五年计划, 国民经济和综合实力取得巨大发展, 已进入中等发达国家行列。30年间, 对外贸易也增长了1500多倍, 超过了国民生产总值的增长, 贸易发展飞速。1988年韩国成为世界上贸易盈余最多的五个国家和地区之一, 而其中绝大多数贸易顺差来自美国。[3]

　　美国进入80年代后期为了根本改善韩美贸易以及与其它国家双边贸易中美国收支不平衡的状况, 制定了"88综合贸易及竞争法" (Omnibus Trade and Competitiveness Act of 1988) 和"特别301条款", 美国批评与美国贸易的很多国家实际实施的是不公平贸易, 要

3　伊查克·爱迪思. 企业生命周期. 赵睿, 何燕生译. 中国社会科学出版社, 1997.

求这些国家开放更多的国内市场。[4]

与此同时, 美国由于贸易赤字, 不得不减少国内的国防预算, 调整军事政策, 其举措之一就是缩减海外的军事基地, 而且美国向韩国提出了增加防卫费用分担的要求, 甚至还提出过驻韩美军分阶段撤出。[5]

美国积极向韩国施压, 迫使韩国开放更多的国内市场, 这使得韩美贸易摩擦于1987年正式开始。90年代初, "乌拉圭回合"[6]进入了决定性阶段。韩国认为, 如果"乌拉圭回合"所签订的协议一旦付诸实施, 各国降低整体关税水平和各种进口壁垒后虽然对韩国的出口有利, 但韩国的农业、金融、通信、服务业等领域在国际上竞争力较弱, 难以抵御发达国家的渗透, 这将对韩国经济造成严重打击。[7]

特别是海湾战争前后, 在1990年1月韩美牛肉出口问题谈判中, 美国要求韩国拿出自由化日程表, 韩国则坚持要保护本国的农畜产业, 难以开放市场。同年6月, 美国还要求韩国出台相关措施切实保护知识产权, 同时全面开放服务市场, 双方矛盾极其尖锐。

以前, 韩国因属于发展中国家, 自身实力所限, 而避免了美国的

---

4 송영무. 한국의 외교. 서울: 평민사, 2000:123.

5 1990年4月4日韩国国防部发表韩美谈判的结果, 宣布驻韩美军于90年代分早、中、晚三个阶段缩减。关于防卫费分担问题, 美国方面还要求韩国除了负责驻韩美军驻扎的直接费用, 每年3亿美元以外, 自1991年至1993年还要追加支付驻韩美军驻扎支援费13亿美元。국민일보, 1990년4월4일자.

6 1986年9月在乌拉圭的埃斯特角城举行了关贸总协定部长级会议, 决定进行一场旨在全面改革多边贸易体制的新一轮谈判, 故命名为"乌拉圭回合"谈判。这是迄今为止最大的一次贸易谈判, 历时7年半, 于1994年4月在摩洛哥的马拉喀什结束。谈判几乎涉及所有贸易, 从牙刷到游艇, 从银行到电信, 从野生水稻基因到艾滋病治疗.

7 방문신. 우루과이라운드와 서비스시장 개방. 월간말. 1990.9:47.

压力，但是随着对美贸易顺差出现并持续扩大，韩国无法再拒绝美国的要求。最终韩美间长期以来一直维持的安全经济一体化政策转变为安全、经济相分离的政策。[8] 美国的施压引起韩国国内舆论的不满，甚至引发了反美情绪。围绕着贸易问题产生的韩美摩擦，是两国关系中新出现的不和谐因素。

2.1.3 卢泰愚及其政府

2.1.3.1 领导人因素

卢泰愚总统 (1932.12.4-) 出生于庆尚北道达城郡，他七岁丧父，作为长子，在大部分时间里承担了一家之主的角色。他自小就梦想成为医生，但由于朝鲜战争的爆发他进入陆军士官学校。毕业后成为军官，5·16军事政变时他与自己的同学去陆军士官学校，组织游行说服年轻学生支持新生的军人政权，较早地表现出过人的政治才能。1968年他以中校的身份参加了越战，因表现突出还获得了花郎武功勋章。[9]

卢泰愚平时善于隐藏自己的欲望，外表看起来平淡无奇，但忍耐力超强，善于等候时机。一旦机会来临，就会抓住并迅速出击为自己的发展铺平道路。他处事谨慎细微，同时又果敢坚毅，善于伪装，头脑灵活。处事谨慎因为他家庭负担重，不得不从小开始照顾家庭，这养成了他防御性的保身主义者性格。但在需要决断之时他又能表现出果敢坚毅的一面，他善于伪装与灵活的头脑又让他能够游走于在野党

8　沈定昌. 韩国外交与美国. 北京: 社会科学文献出版社, 2008: 99-100.

9　이경남. 용기있는 사람 노태우. 서울: 을유문화사, 1987: 64.

之间与大众媒体面前, 与各方维持一个相对不错的关系。[10]

他的性格因素对他领导风格影响较深, 而这领导风格也适应了当时韩国从独裁向民主转化的现实。相较于之前的历任总统, 卢泰愚总统的权力相对较小, 而受到的牵制较大。他一般仅仅作为最终决策者来行使决策职责, 而对政策方案的研究与讨论等环节则参与较少。卢泰愚总统在任时经常强调"忍耐"与"习惯", 这在他1991年开年记者见面会上表现出来。

> "我在过去的三年中, 已经不能再使用过去那种强硬的方法进行统治了。……长期以来被威权主义压抑的欲求喷涌而出, 民主化进行过程当中, 各界各阶层之间, 各部门间, 地区间发生的各种利益关系, 难以再用权力去解决。……我依靠自己的习惯与忍耐, 通过不断的对话增进彼此的了解, 我相信这样下去一定会有结果。回忆起来我一直以来就是这么做的。"[11]

"忍耐"与"习惯"就是卢泰愚总统的统治理念, 三党合并之后党内各派系之间纷繁复杂的关系, 总统自身与在野党、舆论界之间的关系, 以及整个社会向民主化过渡过程中特殊的社会环境等各种因素明显对他的统治产生了很大的影响。

卢泰愚总统希望能够在韩美之间构建关系对等的外交, 强调扭转对美外交一边倒的局面, 开拓崭新的北方外交。而长期以来的非对称同盟关系中美国一直在指导韩国的方方面面, 这种关系不会在短时间

10 김운태외 공저. 한국정치론. 서울: 박영사. 1999: 588.

11 공보처. 노태우 대통령 연설문집 제3권.서울: 삼화일쇄, 1991: 758.

内改变, 因此韩美之间势必产生摩擦。有学者认为, 卢泰愚总统并没有切实体验过美国的威力, 因此在处理韩美关系时与前任总统有所不同。[12]

2.1.3.2 国内政治因素

卢泰愚政府 (1988.2.25-1993.2.24) 是韩国有史以来第一届民选政府, 处于威权向民主化过渡的阶段。卢泰愚政权之前的全斗焕执政后期, 世界上自由主义市场经济发展, 第三波民主化热潮在东亚地区引发了一连串的民主转型, 韩国国内要求实现民主化的声音也愈演愈烈, 1986年4月, 美国也宣布不再支持军人政权, 给韩国执政当局造成巨大压力, 全斗焕对反对党做出重大让步, 同意在1988年进行修宪。1987年6月, 韩国全国爆发多起游行示威, 强大的舆论压力给韩国政府造成巨大压力, 美国也规劝全斗焕要保持与反对派的对话, 强调要避免军队介入政治。1987年6月29日, 卢泰愚发表了 "6.29民主化宣言", 表示要通过修宪实行总统直选制, 成为韩国民主化进程中标志性事件。1987年韩国实行了第一次由公民投票进行的总统大选, 卢泰愚获胜。1988年2月卢泰愚上台之后也继续推动民主改革与发展,对于韩国的民主化进程有积极的作用。

另一方面, 卢泰愚政权军事政权色彩依然浓厚。这不仅仅因为卢泰愚是军人出身, 更主要的原因是该政权核心人物依然大部分出身于军部, 只是数量上较之第五共和国 (1981.3-1988.2)[13]稍少而已。而且

12　김재홍. 노정권과 미국: 불편한 관계인가. 신동아. 1989.7: 176.

13　全斗焕当政时期, 军事独裁政权.

在政权的维系上, 军部的支持是最重要的因素, 相形之下, 选举更多是程序化的步骤而已。因此, 政权合法性来源于选举, 权力来源于军部支持, 这是一个具有二重性的政权。[14]

下表为卢泰愚政府时期内阁成员经历分布表, 由此可以看出内阁成员的构成上官僚出身的比例占36.4%, 军人出身的比例占16.8%, 这与第五共和国时期20%的比例相差无几。

[表2.3] 卢泰愚政府内阁成员经历分布

类别	人数	比例 (%)
官僚	39	36.4
军人	28	16.8
教授	24	22.4
媒体人	8	7.5
政党	7	6.5
检察官	8	7.5
企业人	2	1.9
其他	1	0.9
合计	107	

资料来源: 김운태 외 공저. 한국정치론. 서울: 박영사. 1999: 617

总统直属参谋机构——青瓦台秘书室和高级别决策部门以及执政党人员共同组成卢泰愚总统权力结构的核心。青瓦台秘书室与政府任用的人员, 特点是专家型、务实型人才。这有利于政府从宏观上协调各种势力的要求, 发挥核心作用。[15]

---

14 지병문 외 공저. 현대 한국 정치의 전개와 동학. 서울: 박영사, 1997: 418.

15 진덕규. 노태우 정부의 권력구조와 정치체제. 안청시 외, 전환기의 한국 민주주의: 1987~92. 서울: 법문사, 1994: 67-69.

卢泰愚政权虽然在政权合法性上得到了巩固, 但在政策处理能力上反而弱化了。对此, 韩国教授郑正佶认为这源自"政治性的民主化与统治理念之间的矛盾"。[16] 到第五共和国为止韩国长期处于威权统治体系之下, 发展经济与国家安保一直是压倒一切的统治理念。而经济取得成就后, 自由主义的治理理念——强调公民基本权利、福利社会建设等等也必然成为新的追求, 各种理念之间出现矛盾导致政府的统治也受到了挑战。

卢泰愚总统面对挑战, 没有选择利用国家公权力去压制。他着力于深化民主、福利、自由民主主义等理念。[17] 在派兵问题上, 卢泰愚一方面面临美国的压力, 另一方面不得不考虑韩国在国际社会的地位、作用和影响以及滞留伊拉克的韩国侨民的安全以及由此可能引起的韩国国民的情感反应。这些国内变量对卢泰愚政府的派兵决策也起到了重大影响。

三党合并

在1988年4月26日第13届韩国国会议员选举中, 卢泰愚所在的执政党民主正义党并未取得过半数的议席, 成为韩国议会政治史上最早的"舆小野大"[18], 这严重影响了政府出台政策以及决策的效率。1989年底, 发展到"四党体制"[19], 政党之间彼此攻击不断, 议会政治陷入焦

---

16 정정길. 대통령의 정책관리 스타일. 춘계학술 심포지움. 한국행정학회 1992, 4:33.

17 김호진. 노태우 전두환 박정희의 리더쉽 비교연구. 신동아. 1990.1: 48-49.

18 也被称为"朝小野大", 指三权分立政治体系中, 总统所在的执政党在国会中未能占据多数, 在野党反而占据国会多数席位的情况。通常这种情况下, 政府会受到国会比较大的制衡, 使得推行政策难度加大.

19 四党指国会内的四个主要政党, 由卢泰愚领导的执政党民主正义党, 在野党有由金钟泌领导的新民主共和党、由金泳三领导的统一民主党、由金大中领导的和平民主党.

灼状态。

为了挽回局面, 卢泰愚政府尝试建立一个能够统合各方势力的巨型执政党。1990年1月22日, 作为总统的民主正义党总裁卢泰愚与统一民主党总裁金泳三、新民主共和党总裁金钟泌三人共同发表了"创造新历史共同宣言", 宣布三党合并, 成立"民主自由党"。他们赞颂三党合并是"救国的关键性决断"。

> "在四个政党林立的现行状况下国家内外都受到挑战, 国家无法开拓一个光明的未来。……让我们共同分享自由与民主的理念, 共同讨论政策路线, 统合所有政治势力, 实现以政策为中心的政党政治……我们决定要为党派之争、分裂对决的政治画上终止符。"[20]

合并宣言之后, 1990年2月9日, 民主自由党正式创立, 从表面上卢泰愚政府终于掌握了政治的主导权。但是民主自由党内部也产生了很多矛盾与问题, 比如政权秘密条约风波、内阁制协议申请书风波、下届总统候选人竞选问题等, 围绕着这些问题新党中的原民主正义党系、原民主党系、原共和党系之间展开了激烈的派系斗争。

三党合并后韩国政坛陷入新的混乱, 发生了国务总理换届风波, 金大中领导的在野党和平民主党更加猛烈地发起攻击, 社会上爆发大规模反政府示威、发生大学生自焚事件等。不仅如此, 国会丧失部分机能, 执政党、在野党合作不顺, 执政党内部也争斗不止, 这更加剧了

---

20 동아일보, 1990년 1월 23일자.

韩国政局的混乱, 被时人称为"全面乱局"。[21]

卢泰愚面临这样混乱的国内政局, 急需一个突破口来解决。因此他毫不犹豫地同意了美国的派兵请求, 希望派兵能够成为巩固政权的契机。

2.1.3.3 国内经济因素

韩国自1962年开始实施五年经济发展计划, 在政府主导下, 韩国经济飞速发展, 至80年代末, 经济发展取得了巨大成就, 一举跃入新兴工业化国家并进入中等发达国家行列, 创造了经济发展史上的"汉江奇迹"。1965年韩国人均国民收入为101美元, 而仅用十几年时间, 人均收入便达到了1000美元, 1987年更是达2800美元, 二十年时间增长了28倍。与此同时, 韩国工业化与现代化成就也同样突出。1960年代韩国还是一个贫穷的农业化国家, 经过近30年的发展, 已经完成了工业化, 而且从传统的产业革命向现代化迈进, 西方国家需要近一个世纪完成的历程, 韩国仅用30年便完成了。韩国的贸易也取得了较大发展, 无论是发展的速度, 还是在世界贸易中的规模和地位都大大提升。

经济取得巨大发展的同时, 也面临着一些问题。比如1988年下半年开始韩国的经济状况受惠于低油价、低利息、低汇率的所谓"三低现象"的影响, 叠加奥运会经济效应, 经济增长率高达12.7%。而到了1989年, 经济却出现转变, 出口下降, 导致整个经济陷入停滞。1988年出口增长率为28.4%, 1989年迅速锐减为2.8%, 1989年贸易赤字为21亿8000万美元, 至1990年8月为止赤字超过90亿美元, 这些都

21　김운태 외 공저. 한국정치론. 서울: 박영사. 1999: 439.

是由于当年出口减少与出口价格上升的原因所致。韩国企业竞争力下降的问题不能不引起人们的重视。[22]

国民经济还存在诸多其他问题, 比如居民住宅价格上涨、物价上升、收入分配不均导致的财富迅速集中于少数人手中等。同时美国对韩国不断施压要求开放国内市场, 韩元升值等导致出口下降, 蒙特利尔议定书等国际经济体制的变化呼唤着新技术革新, 这些都给韩国经济带来巨大压力, 一定程度上影响了经济的高速发展。

韩国经过数十年的经济飞速发展, 形成了出口贸易为主导的外向型增长模式, 对外经济关系尤为重要, 对海外市场非常依赖; 韩国工业结构中, 自朴正熙执政后期便大力发展重化工业, 重化工业在工业整体中比重逐渐增大, 1980年超过50%之后, 逐年占比增加, 至1990年已经达到65.9%。[23] 而韩国本身是资源匮乏的国家, 其经济发展需要的能源中石油所占比重最大, 一直以来依赖进口, 其中72%来源于中东地区。为了维持经济的发展, 亟需中东地区稳定的石油供应保证。因此, 韩国统治者在做出派兵决策时, 不可能不考虑派兵后将给韩国企业带来进入中东地区市场的机会, 扩大稳定的石油供给, 参与战后重建可能带来的经济收益等经济利益。

2.1.3.4 国内社会因素

90年代, 韩国民主化运动刚刚取得胜利, 国民对政治的关心度极高, 社会问题经常在媒体上掀起论战。与海湾派兵相关的国民舆论大

22　한국은행, 조사통계월보, 1991.5: 12.

23　蔡增家.南韩转型—政党轮替与政经体制的转变(1993—2003). 高雄: 巨流图书公司, 2005: 147.

部分表现为反政府倾向。就像越南战争时期一样, 政府在决策之前完全没有做任何民意调查, 也没有召开任何形式的听证会, 只有政府执政党与在野党和平民主党进行了协商, 然后就为海外派兵一事定下了结论。

这一时期还有一个引人注目的现象, 那就是市民团体的数量显著增加。1987年"6月民主化运动"以后, 按照新的规则迅速涌现了很多劳动者组织, 1989年"全国劳动者协议会"、"全国教职员劳动组织"等民众运动团体涌现。以中产阶级为基础、带有"公益集团 (pubiilic interest group)"色彩的市民运动团体也涌现出来, 社会上开始广泛讨论经济公平、环境、人权、女性、消费者问题、选举改革等与日常生活密切相关的改革话题。

在90年代, 国际上共产主义阵营瓦解, 地区分化结构深化, 政府对市民社会的攻势衰退, 市民运动被部门所吸收或转为市民运动团体。[24] "首尔地区大学总学生联合会"(简称首总联) 所属的9名大学生在美国大使馆前抗议韩国派遣军队参加海湾战争, 并计划将抗议书送进美国大使馆。他们认为这是美国多年来对韩国内政的干涉, 对韩国政府施加压力。他们打出"美国撤回对韩派兵、支付战争分担费的要求, 立即停止在海湾地区破坏和平的军事介入行动"的横幅。[25] 大学路上到处张贴反美、反战的大字报, "全国民族民主运动联合"(简称全民联) 等市民团体也前往美国大使馆, 要求美国撤回派兵要求。

在追加派遣空军运输部队问题上, 国内的舆论也出现了反对声

---

24   김용철. 한국의 민주화이행과 시민사회의 역동. 한홍수 편. 한국정치동태론. 서울: 도서
      출판 오름, 1996: 329-333.

25   한겨레신문, 1991년1월15일자.

音。1991年1月15日"首尔地区医科大学学生联合会"所属的学生们进行示威，发表了反对军医团队空军运输部队赴海湾的声明。2月1日"基督教青年——医生联合会"、"健康社会牙科医生联合会"、"教会贫民医疗会"等团体以"热爱和平的保健医务工作者"的名义发表了反对政府追加派兵的宣言并号召人们签名。同时女性团体、环境团体以"反对向海湾派兵的母亲联合会"的名义开展反派兵运动。

面对这样汹涌的舆论压力，韩国政府于1991年2月26日召开治安负责人会议，讨论与海湾战争有关的学院、劳动组织的集会、示威所造成的社会混乱问题，将其定义为"左翼不顺势力"的宣传与煽动行为，决定严肃对待。[26] 在镇压国内反对力量上，卢泰愚的做法跟朴正熙一样，将反对声音看成是"容共"行为，上升到意识形态的高度，主张镇压。

但不可否认，相对于越南战争时期，民主化之后的韩国社会舆论与市民社会都在逐渐成长，但因为海湾战争得到了联合国授权，具有正义性质，积极参与国际社会的正义行动相对容易得到大多数国民的理解，虽然社会上有反对声音但并未对政府决策造成过大的压力。

2.1.3.5 外交能力因素

海湾战争派兵决策时，韩国的外交能力较之越南战争时期有了很大的提升。韩国通过经济的迅速发展，取得了世界第13大贸易国的地位，综合国力也不断提升，这就为拓展国际外交空间提供了基础。韩国致力于发展北方外交，与原社会主义阵营国家建交，探索外交的多

---

26 한겨레신문, 1991년2월26일자.

元化方向。

卢泰愚总统在1988年7月7日宣布了对外政策的基本方向, 这后来被认为是北方政策的行动方针——"为了实现民族自尊与统一繁荣的总统七七特别演说"。"七七宣言"的主要内容如下: 1.实行门户开放, 以推动政治人士、经济界人士、媒体人士、文化艺术人士、体育人士、学者及学生等南北同胞之间的相互交流, 实现海外同胞南北双方自由往来; 2. 本着人道主义精神, 用一切可行的办法积极推动南北离散家属互通音信, 对生死、住所进行确认, 相互访问等; 3.开放南北双方交易的门户, 视其为民族内部的商业往来; 4.为了提升南北同胞的生活质量, 努力均衡发展民族经济, 韩国不再反对友好国家与朝鲜进行非军事性质的商品贸易; 5.终止消耗性的竞争、对立外交, 协助朝鲜为国际社会的发展贡献力量; 6.为了打造实现朝鲜半岛和平的条件, 韩国有意推动朝鲜与美国、日本等国改善关系, 同时韩国也将推动自己与社会主义阵营国家苏联、中国实现外交关系正常化等。[27]

在这一原则下, 以筹备和举办汉城奥运会为转机, 韩国与苏联东欧各国的关系迅速改善。1988年10月下旬, 韩国与匈牙利正式建立了领事关系; 接着韩国先后又与波兰 (1989.11.1)、南斯拉夫 (1989.12.27)、捷克斯洛伐克 (1990.3.22)、保加利亚 (1990.3.23) 等东欧国家建立外交关系。1989年11月7日, 韩苏两国就建立领事关系达成协议, 1990年9月两国签署了建交公报, 实现了邦交正常化, 进而在1992年与中国实现邦交正常化。[28]

即使冷战结束, 韩国与朝鲜依然处于军事对峙, 而且美国等西方

---

27   국토통일원. 7.7특별선언2년. 1990: 47-49.

28   曹中屏、张琏瑰. 当代韩国史 (1945-2000). 天津: 南开大学出版社, 2005.7: 429-441.

国家、日本并未实现对朝鲜关系正常化, 在这种局面下韩国与苏联、中国实现关系正常化也是一件困难重重且影响深远的事。由此可见卢泰愚政府时期韩国在外交上是倾注了很多努力的, 取得的成效也是显著的。

卢泰愚总统的外交活动也是非常活跃的, 在任五年期间访问国外11次, 邀请外国元首访问韩国23次, 共进行了首脑会谈28次。特别是北方外交极大地拓展了韩国外交的对象范围, 这突破了此前以美国为主要对象的外交领域。卢泰愚在任期间实现了与苏联、中国、东欧国家的关系正常化, 极大推动韩国国际地位的提升。[29]

这种北方外交, 特别是与中国和苏联的建交非常有利于实现朝鲜半岛的和平与稳定, 与这些国家的经济交流也有利于扩大韩国的海外市场。

2.1.3.6 军事安保因素

国际格局上, 虽然冷战结束了, 朝鲜半岛的军事紧张状况并没有得到根本扭转, 但与冷战时期相比还是有了相当大的改变。韩国的经济实力是朝鲜10倍以上, 韩国的国防开支在绝对规模上更是凌驾于朝鲜之上, 很多人从这一点来分析认为应该对韩国的安保状况持乐观态度。

韩国国防部对此非常敏感, 因为如果这种乐观情绪高涨在国防部看来势必导致韩国军费的缩减与国防预算开支的减少, 进而韩国军队规模也会缩减。实际上, 卢泰愚就任总统之后防卫费用与财政开支的

---

29 유병선. 한국군 파병결정에 관한 연구 – 베트남, 걸프전, PKO파병 사례 분석. 충남대학교 박사논문, 2001.10: 130.

131

比例确实是呈下降的趋势。

[表2.4] 不同年度防卫费用与政府财政开支比例 (1975-1991)

(单位: %)

年份	75-79	80-84	85-86	87	88	89	90	91
防卫费/ 政府财政	33.1	33.9	31.2	31.6	32.8	32.4	30.4	28.7

资料来源: 국방부. 국방백서: 1991-1992: 248.

冷战走向结束, 国际局势有所缓和必然导致防卫费用占比的下降, 但在国防部看来是极为危险的讯号。在这种情况下, 国防部自然更倾向于寻找各种机会以扩大国防费用的预算和支出。朝鲜开发核武器就是借口之一, 此外美国要求韩国提升防卫分担费用也为增加国防开支找到了合理借口。因此向海湾战场派兵在国防部眼里, 自然也看成是强化自身地位的一个大好契机。

2.2 决策过程: 理性行为者决策模式下的派兵决策 (1990.8-1991.2)

海湾战争派兵的国内决策顺序是:总统召集——>非常对策会议决议——>国会国防委员会决议——>国会决议。海湾战争派兵过程相对简单, 虽然分两次派出, 一次是非战斗部队, 一次是战斗部队, 但两次派兵间隔时间非常短, 因此一同研究。

2.2.1 美国提出派兵要求

1990年8月8日，伊拉克宣布吞并科威特，美国向沙特阿拉伯派出地面部队，同时号召同盟国对伊拉克实施制裁。美国十分注重争取国际组织和有关国家的支持。美国甚至在作战条令中明确：只要有可能，海外军事行动就要尽量拉拢其他盟国共同参与。伊拉克入侵科威特后的4天时间里，布什总统就通过专用电话先后给12个国家元首打了23次电话。通过频繁的双边和多边外交斡旋，动员40多个国家参加反伊联盟，为军事打击伊拉克创造良好的国际环境。[30]

8月8日美国政府派国务院东亚太平洋事务安全助理理查德·索尔本向韩国政府提出了派兵要求。索尔本在访问韩国与外务部次官柳宗夏会晤时，正式提出希望韩国能够积极支持美国领导的战争以及参与战后重建工作。[31]

柳宗夏当时态度比较冷淡，他表明反对美国对伊拉克动武的立场，对于制裁措施，要视韩国与伊拉克的经济关系及日后事态发展情况由韩国政府综合讨论再做出决定。他这一态度引起了索尔本的不悦，以至于索尔本临时决定取消了原定于次日与韩国统一院长官洪性澈的会面，并要求柳宗夏向韩国副总理与总统外交安保辅佐官转达美国政府的坚定立场。[32]

面对美国的强硬立场，韩国不得不慎重考虑派兵问题。另外，当时韩国在伊拉克与科威特有包括现代建设在内的各种建设公司正在

30 李成刚. 第一场高技术战争: 海湾战争. 北京: 军事科学出版社. 2008: 190.

31 유병선. 한국군 파병결정에 관한 연구 – 베트남, 걸프전, PKO파병 사례 분석. 충남대학교 박사논문, 2001.10: 132.

32 한겨레신문, 1990년8월9일자.

进行的25亿美元的工程，建设人员也高达1,300余人。韩国政府需要考虑开战后这些企业的利益得失及对国内企业造成的影响。最终韩国政府不得不于8月9日召开非常对策会议，讨论并决定派兵参与伊拉克战后重建工作。8月18日美国向韩国提出支援军需物资的邀请。

2.2.2 韩美协商

接到美国通知后，韩国政府立刻组织青瓦台、外交部、国防部、安企部等机构一同参与召开了非常对策会议，并将会议讨论的结果通报美国：军事援助有困难，但是可以讨论其他可行的援助。但是美国政府在8月21日向韩国驻美国大使朴东进表示，正式要求韩国政府在发表的禁止与伊拉克贸易措施之外，能够提供更为有力的支援。澳大利亚已经向海湾派遣了军舰，美国希望韩国能够效法澳大利亚提供更为积极的支援行动。[33]

随后，韩国政府于8月24日召开由青瓦台、外务部、国防部、安企部等部门参加的非常对策会议，决定参与制裁并向海湾提供防毒面具、医药用品、军装、军靴、军用毛毯、帐篷等并非杀伤武器的军需物品援助。同时韩国政府表明了自己的立场，考虑到韩国现实的安全状况排除直接派遣部队。政府考虑到需要遵守国际规范、韩美安保合作，朝鲜半岛还存在朝鲜发动南侵的可能性，以及确保石油输送管道经济利益等各因素，表示将不参与任何形态的军事行动。[34]

---

33 유병선. 한국군 파병결정에 관한 연구 – 베트남, 걸프전, PKO파병 사례 분석. 충남대학교 박사논문, 2001.10: 134

34 한겨레신문, 1990년8월25일자.

但是8月26日联合国安全理事会通过决议, 决定对伊拉克使用武力, 同时美国总统布什决定向美国比较富裕的六个盟友, 即日本、沙特、联邦德国、阿联酋、科威特、韩国提出分担军费的要求。[35]

8月30日布什政府表明即将派遣美国高级代表团赴韩, 对此韩国政府表示估计美国此举是为了让韩国分担美国海湾战争军费, 考虑到韩国的现实情况与经济能力, 韩国将慎重做出一个合理范围内的决定。[36] 美国财务部长布莱德利访问韩国以后, 韩国总统卢泰愚随即决定向美国提供援助。[37]

同时, 就在美国政府向韩国提出战争费用分担要求后, 美国国会对韩国政府的消极态度进行了批评。美国众议院东亚太平洋委员长索拉兹于1990年9月19日召开了一次名为"波斯湾事件与亚洲国家的对策"的听证会, 会上他表达了对韩国消极态度的批评, 同时向美国国会提议让韩国军队向波斯湾派兵。[38] 美国国会认为当时韩国正在推行北方政策, 韩国与苏联建交时承诺向苏联提供30亿美元的援助, 与此同时韩国却对美国主导的海外战争态度消极, 不做任何贡献, 让美国人无法接受。因此在美国的压力下, 为了更好地平衡因北方政策的推行而冷落的韩美关系, 韩国只能以更为积极的态度向美国提供支持。

---

35 Washington Post, Aug. 30, 1990.

36 한겨레신문, 1990년9월1일자.

37 한겨레신문, 1990년9월11일자.

38 세계일보, 1990년9월21일자.

2.2.3 韩国政府内协商

第六共和国[39]总统的作用

卢泰愚时期为第六共和国的开端, 第六共和国宪法明确规定: 总统是外交政策的最高决策者及最高负责人。宪法第66条第1款规定: 总统是国家的元首, 代表国家与外国交涉。同时, 宪法第73条规定: 总统有权与外国缔结、批准协约, 有权任命、接受并派遣外交使节, 可以向外国宣战。

但是卢泰愚总统并没有积极发挥出宪法所规定的国家最高决策者的作用, 或者说在派兵过程中, 卢泰愚总统本人并未积极发挥作用。他将权限委任给海外派兵的主管部门——国防部, 只是在最终决定阶段, 决定采纳国防部所提交的方案。可以说, 在海湾派兵决策过程中韩国国防部相当于总统权力的延伸。这源自卢泰愚总统一贯的做事风格——强调惯例与妥协, 即他的统治风格在其外交决策中的具体体现。当时韩国国内状况很不稳定, 与美国关系也不顺利, 卢泰愚总统于1991年在新年记者会上正式表态: 对于海湾事态他将支持联合国的立场, 向美国提供援助支持。

非常对策会议

海湾战争的派兵决策是在非常对策会议上做出的, 参加这个会议的政府部门有国防部、外务部、经济企划院、保健社会部、建设部等。其中国防部与外务部发挥主导作用。之所以由国防部主导派兵决策一方面是卢泰愚总统的决定, 另一方面是当时国内外情况的变化导致国防部的地位有些下降, 这样做也是有助于国防部地位的提升。

---

39 1987年10月27日在国民投票基础上产生第六共和国宪法, 根据这部宪法民正党候选人卢泰愚于12月16日当选大韩民国第13届总统, 于1988年2月25日正式就任。第六共和国由卢泰愚政府开创, 一直持续到今天.

国防部从军事层面分析，美国有可能根据海湾战争情况的变化，调整驻韩美军的兵力配置，极有可能调动部分驻韩美军赴海湾参与多国部队，这样一来就会对韩国的安保造成威胁。国防部的基本立场就是要防止上述情况的出现。1991年1月12日，韩国国防部长官李钟九正式表示：随着海湾状况的恶化，如果美国等多国部队向韩国发出派兵邀请，考虑到韩国的国家利益，韩国政府将考虑派遣战斗部队。

但是对此，韩国的平民党、民主党、民众党等在野党立即强烈地表明了反对派兵的立场，认为这是对国民的欺瞒行为，不仅要在国会积极抵制派兵，还会掀起国民斗争。但是国防部不顾舆论的反对，在国会审议派兵动议案之前，即1991年1月17日就完成了对134人规模的医疗支援团的组建，并在特战队教育团对他们进行了必要的执行任务前教育训练，训练一直持续到1月21日。由此可见国防部已经将派兵一事变成既成现实，并为此准备细节事项了。[40]

至于其他部门的作用，外务部主推以北方政策为中心的多边外交，因此更为关注战争结束后韩国国际地位的变化，对派兵持尽可能克制的立场。经济企划院、建设部、保健社会部等部门基本都是在国防部与外务部的主导下，起到配合的作用。

在政策决策过程中，各部门之间也出现了政策对立的现象，但只是派兵决策过程中的插曲，并未对派兵结果形成实质性影响。在派兵问题上，副总理李承润担任委员长召开了非常对策特别委员会，在会上国防部长官李钟九表示正在考虑派遣医疗支援团的想法，与之相反动力资源部长官李熺逸则认为应该派遣战斗部队。他从韩国的能源状况出发，认为应该积极支持联合国决议，提供派遣军队等切实援助，

40　신항섭. 한국의 걸프전 파병결정에 관한 연구. 국방대학원 석사학위논문, 1994:51.

这才是有效维护国家利益的方法。[41]当然也有少数人表示，因大国施压而出兵从长远角度来看不符合韩国的国家利益，也有人对出兵将会引起阿拉伯民族主义的反抗持担忧情绪。[42]

但是显然，这些争论及反对声音并未实质影响到国防部的方案制定。最后，韩国政府于1991年1月11日在青瓦台通过非常对策会议决定派遣包括军医26名、医疗观察员105名和行政、警备兵力等共154人去海湾。先期调查团26人于1月15日前出发，待1月24日的临时国会通过动议案之后，再决定正式队伍的出发时间。[43]

1月底，军队医疗团的追加派兵与空军运输部队派兵再次成为社会热点。舆论强烈地批评政府拟单独做出同意派兵的决定，此时在野党和平民主党的态度则显得较为消极，而且还在1月25日召开的党务会议上决定赞成追加派兵。

1991年2月2日经政府审议通过向国会提交"韩国空军运输部队海湾地区派兵动议案"，最终增派了160人以及五架空军运输机。

2.2.4 韩国国会审议

第六共和国国会

第六共和国宪法第60条第1款、第2款规定，国会拥有对缔结条

---

41 1991年，伊拉克入侵科威特后，在美国的斡旋下，联合国安理会通过了678号决议，授权成员国使用"一切必要手段"将伊拉克军队赶出科威特，为美军发动海湾战争提供了法律依据.

42 한겨레신문, 1991년1월11일자.

43 한겨레신문, 1991년1월12일자.

约的批准权、宣战权、军队海外派兵的同意权, 以及对外交通商部长官与大使任命的同意权。

海湾战争当时, 国会本来应该起到对政府的监督与牵制的作用, 但实际上国会议员将派兵问题看成是国内政治斗争的工具, 就派兵问题双方讨价还价, 上演着争论与妥协的政治大戏。

1988年第13届国会议员选举中在野党获胜, 因此, 海湾战争当时的国会呈现了所谓 "舆小野大"的情况。第13届国会中, 舆小野大的四个政党处于分治的局面。由于各个政党之间为了本党的利益互相倾轧, 国会中矛盾重重。[44]

1990年1月22日卢泰愚通过与在野党总裁金泳三、金钟泌携手, 实现三党合并创立了民主自由党。合并后的民主自由党成为拥有国会216席的巨型政党, 超过了改宪所必须的议席数量。三党合并后, 国会从此前完全对立的状态转为完全顺应政府的状态, 国民认为 "国会无用", 已经丧失了履行国会任务的功能。因此这一时期国会的政治力比起舆小野大时期来是退步了的。[45]

卢泰愚总统成功推出这个巨型执政党, 为政府决策打下了坚实的基础, 使得政府决策在国会审议时几乎不受任何阻碍。此外, 卢泰愚为了顺利通过国会审议, 与第一大在野党和平民主党的金大中总裁举行了数次会谈, 解决了双方存在的分歧。国会内部对于海湾战争派兵动议案的议决就是在这样的情况下毫无悬念地通过了。

44　유병선. 한국군 파병결정에 관한 연구 – 베트남, 걸프전, PKO파병 사례 분석. 충남대학교 박사논문, 2001.10: 136-137

45　根据《东亚日报》分别于1990年1月22日、2月25日、7月16日进行的舆论调查显示, 对三党合并持肯定意见的占比分别为50.9%、31.3%、22.9%, 呈明显下降趋势。而对其持否定意见的占比则从34.7%、攀升到41.0%、66.6%.

执政党、在野党幕后协商通过派兵方案

海湾战争派兵方案在国会中实际上成为国内政治问题上妥协、讨价还价的筹码。与海湾战争派兵有关的决策并非在国会全体会议上进行直接的讨论，而是政府执政党与当时第一大在野党和平民主党之间的幕后交易，交易之后再在国会走程序而已。

对于美国提出的军费分担问题，在野党首先通过声明表示：美国出于自身的政治军事利益，对于海湾事态优先考虑军事途径解决，为此给韩国国民带来了沉重的负担，对此表示无法接受，而且号召韩国政府不要屈服于美国不适宜的要求。

在政府的派兵方案出台后，卢泰愚总统与和平民主党总裁金大中进行了会面，谈话中金大中表示如果政府不派遣战斗部队，他将支持政府的决定。这其实也与当时的韩国国内政治紧密相关，当时执政党和在野党对立最尖锐的国内问题是地方自治选举，政府承诺将积极听取和平民主党的主张，做为回馈，金大中才有了上述承诺。当时政府收回不举行或延期进行地方议会选举的决定，金大中才赞成了派兵方案。[46]

在这一过程中，以派出韩国医疗支援团为目的的"向沙特阿拉伯派遣韩国军队医疗支援团的动议案"于1991年1月18日被递交给第152次临时国会，1月21日第152回国会第一次国防委员会议审议结果是出席议员17人中赞成16票，反对1票，通过决议。[47] 在之后国会全体会议中审议结果以223:9的压倒性优势通过了派兵方案。最终向科威特地区派出医疗支援团154人。

---

46 이병승 외, 걸프전과 아랍민족운동, 서울: 도서출판 눈, 1991:263.

47 한겨레신문, 1990년9월1일자.

[表2.5] 韩国军队海湾战争派兵动议案国会审议内容

名称	日期	场次	赞成	反对	弃权
向沙特阿拉伯派遣韩国军队医疗支援团的动议案	1991.1.21	152回第1次	223	9	2
韩国空军运输部队海湾地区派兵动议案	1991.2.7	152回第10次	191	7	0

资料来源: 国会议事录, 转引自俞炳善. 한국군 파병결정에 관한 연구 – 베트남, 걸프전, PKO파병 사례 분석. 충남대학교 박사논문, 2001.10: 138.

1991年2月5日, 国会国防委员会审议通过政府提交的"韩国空军运输部队海湾地区派兵动议案", 从该提案基本的派兵原则可以看出执政党与和平民主党的共同主张, 讨论内容也仅限于方法及程序上的问题。最终2月7日在国会全体会议上, 赞成191票, 反对7票, 依然是以压倒性优势通过了该动议案。

海湾战争派兵决策经过整理如下表:

[表2.6] 海湾战争派兵决策过程

- 1990.8.8 索尔本在访问韩国时, 正式提出派兵邀请
- 1990.8.9 韩国政府召开非常对策会议, 讨论派兵问题
- 1990.8.24 韩国政府召开非常对策会议, 决定参与制裁并提供物资支持
- 1990.8.26 联合国安全理事会通过决议
- 1990.8.30 布什政府表明即将派遣美国高级代表团赴韩
- 1991.1.11 韩国召开非常对策会议, 决定派遣军医等
- 1991.1.17 国防部完成派遣部队编制
- 1991.1.18 政府向国会提交向沙特阿拉伯派遣韩国军队医疗支援团的动议案
- 1991.1.21 国会国防委员会、国会通过决议
- 1991.2.2 政府向国会提交韩国空军运输部队海湾地区派兵动议案

笔者自制

2.3 决策评价

毫无疑问, 海湾战争的派兵与越南战争的派兵一样, 都是对美国派兵要求的响应。此次派兵也比较顺利, 卢泰愚政府做出派兵决策主要目的是积极拓展韩国国际外交空间, 增强韩国的影响力, 继续巩固强化韩美同盟。此外, 也有其国内政治的考量, 营造危机氛围树立负责政府形象巩固其执政权力。下面就通过政治、经济、外交、军事安保等方面具体分析政府决策者通过向海湾战争派兵, 在多大程度上达到了自己的既定目标, 维护了韩国的国家利益。

2.3.1 政治: 巩固政权

卢泰愚总统决定向海湾派兵首先是出于国内政治——维护自身政权的目的, 可以说他的这一意图确实达成了。朴正熙通过向越南派遣军队巩固了自己的军事独裁政权, 卢泰愚总统自然也抱有这种期望。虽然这次不像朴正熙那样率先主动要求出兵, 而是由美国先提出的邀请, 卢泰愚总统在定下派兵的方针之后, 依然希望将其作为巩固政权的大好机会。

在1988年第13届国会议员选举中, 卢泰愚所在的执政党民主正义党未能取得过半数的议席, 导致政府在处理各种问题时陷于非常不利的局面。因此, 卢泰愚总统与在野党总裁金泳三、金钟泌通过协商实现了三党合并, 意图巩固自己的统治基础。但卢泰愚政府依然面临着在野党与执政党之间对立、执政党内部纷争以及国民不满情绪高涨的局面。可以说当时的国内政局对卢泰愚政府来说是很不利的。他以地方选举作为诱饵, 吸引第一大在野党和平民主党与其达成协议。

同时政府在海湾战争当时, 也通过发表社会纲纪对策来巩固政权, 维护社会稳定。具体内容包括公平的选举, 消除海湾战争给国民带来的不安感, 确立明确的公职人员纲纪等。政府通过海湾派兵, 打造了一种国家迎来战争危机, 在野党也停止对执政党攻击, 全体国民团结一心克服危机, 进入准战时状态的这样一种氛围, 向国民鼓吹危机意识。卢泰愚政府通过鼓吹危机意识并积极应对派兵, 从而在国民心中塑造一个强有力、负责任的政府形象。[48] 朴正熙政府决策向越南战争派兵时, 也是考虑到要巩固当时薄弱的统治基础, 从这一点上看两次派兵有共同之处。

事实证明卢泰愚总统这一打造危机的方法是成功的。1991年3月26日韩国时隔30年重新举行了地方基础议会选举, 执政党大获全胜。[49] 执政党民主自由党通过三党合并已经成为议会超2/3议席的超级大党, 地方选举的胜利让这个党更加强大, 这导致韩国政坛丧失了原有的平

---

48 이병승 외, 걸프전과 아랍민족운동, 서울: 도서출판 눈, 1991: 276.

49 在地方基础议会议员选举中, 执政党民主自由党在除全罗道以外所有地区都占有优势, 占据了49.8%的议席, 亲执政党人士合在一起, 执政党当选人士超过了75%。在广域议会选举中, 民主自由党占65%, 亲执政党人士合在一起占据了80-90% .

衡, 为新的政治不稳埋下了祸根。

2.3.2 经济: 收益不显著

海湾派兵, 经济方面所实现的国家利益并不显著, 甚至可以说是得不偿失。

越南派兵时韩国不仅从美国得到了包括军费在内的大量军事援助, 还得到了其他经济方面的收益; 但海湾战争却与之相反, 韩国不仅需要向美国军队提供军费支援, 同时还要直接负担本国部队所产生的各种费用。这是因为越南战争时期, 韩国综合国力很弱而且从政治、经济、军事、外交各个方面对美国都是完全依存的关系, 而海湾战争时期韩国在各个方面都已经提升了本国的实力, 尤其是经济实力方面, 经过近三十年的高速发展, 韩国已经成为中等发达国家, 对美国不再是完全依赖。

1990年初韩美关系中有两大问题, 一是维护朝鲜半岛安全, 第二就是两国贸易关系。美国国内的经济停滞, 为了解决美国的贸易赤字问题不断向韩国施压, 不顾与韩国的军事同盟关系, 强烈要求韩国扩大开放市场, 对韩国造成了极大的压力。但韩国的经济情况也并不能令人满意, 虽然对美贸易为顺差, 但是从整体上来看韩国的国内产品出口增长率在降低, 贸易赤字在增加。韩国为了保护脆弱的国内市场, 只能尽可能拖延开放时间。韩国为了消弭美国对韩国的不满, 不得不在向海湾战争派遣韩国军队问题上同意美国的要求。[50] 由此可见, 同

---

50 赵伟宁. 韩美联盟视域下的韩国自主性研究. 济南: 山东大学博士学位论文. 2016:

意美国向韩国提出向海湾战争派兵的要求, 实际上韩国希望通过派兵, 缓解韩美贸易摩擦。

但事实上虽然韩国派出了部队, 给予美国以支援, 但是来自美国的贸易压力并没有缓解。美国与韩国及其他主要贸易对象国展开了多边主义协商, 要求贸易对象国开放更大的国内市场。海湾战争之后, 韩美在汽车、钢铁、半导体、知识产权和农产品等方面摩擦继续不断, 特别是汽车和钢铁更是重中之重, 美国要求韩国进一步放开国内市场并在1994年关贸总协定乌拉圭回合谈判中成功迫使韩国开放了其大米市场。1994年底, 美国更是动用 "超级301条款" 相威胁, 迫使韩国降低了进口汽车关税。美国为了提高本国的竞争力, 保护本国的国内市场, 还与加拿大、墨西哥签订了北美自由贸易区 (NAFTA) 协议 (1992.8.12), 这些都是关税及贸易总协定 (General Agreement on Tariffs and Trade, GATT) 原则上禁止的地区经济或区域经济体制。美国的这种贸易政策给韩国的经济政策与贸易政策带来了极大的负担。

同时, 韩国政府在海湾战争结束之前, 对科威特战后重建工作寄予了很大希望, 希望能够通过参与中东地区的战后重建工作以取得更多经济利益。但韩国几乎没有参与到重建工作。据估算, 科威特战后石油提炼设施的恢复工程总额高达2千亿美元, 占全部战后重建工作的80%, 其中美国企业占据了70%, 英国与法国占据了22%, 韩国企业到1992年11月为止只接到了价值30万5, 300美元的工程订单。

与此同时, 韩国却蒙受了大量直接经济损失。直接战争费用高达5亿美元, 在伊拉克韩国侨民撤出花费242万美元, 出口额损失2亿

167-168.

8,000万美元等, 累计高达20亿美元。后来联合国安理会提议用伊拉克石油出口金额中的30%设立赔偿基金, 向蒙受损失的国家支付赔偿, 韩国国内的企业进行了损失金额调查并将其提交给联合国, 但是几乎都没有拿到赔偿。[51]

美国政府在1991年2月28日海湾战争结束之后继续要求韩国支付尚未支付的战争分担费用。当时545亿美元的战争分担费用中各分担国还有366亿美元尚未支付, 美国国会于是通过了《禁止销售武器法案》对未支付分担费用的国家实施贸易制裁和武器禁售, 以此施压。韩国政府无奈只能再次与美国协商, 将未支付金额中的1亿400万美元用作驻韩美军专用款项。这笔款项最终用于镇海美军弹药码头工程、乌山空军基地工程、购买驻韩美军军需物资运送的铁路货车等。[52]

总而言之, 韩国向海湾战争派兵虽然希望缓解对美贸易压力, 但是最终并未实现这一目标。在战后重建工作中, 韩国本期望能获取经济利益, 但因为韩国无法积极参与其中, 也几乎没有得到任何经济方面的实惠, 反而经济损失比较大, 仅从经济利益方面评价, 失望大于期望。

2.3.3 外交: 拓展韩国的国际外交空间

韩国向海湾派兵在政治上取得了一定成果, 经济上未能取得积极的成果, 在拓展外交空间, 增强与国际联系、提升国际影响力方面可

---

51 매일경제신문. 1993년1월15일자.

52 시사저널. 2001년10월25일자.

以说取得了较大成果。

韩国结束了长期由军人主导的威权政府后，卢泰愚成为韩国民主化后首位经由国民直选上台的总统，民主化的成功增强了政府的自信，直选保证了政权的合法性，再加之国家经济的发展，国家实力的增强，让卢泰愚政府不甘于做国际事务、地区事务的旁观者，更迫切希望提升韩国在国际上的地位，积极发挥韩国在国际上的作用，成为一个有国际影响力的重要国家。

此外，冷战结束后，解决国际问题的大趋势是多国合作，联合国等国际机构的地位随之提升。韩国将目光投向了更为广阔的国际社会，冷战期间韩国也一直努力加入联合国，但一直未能如愿。因此韩国也希望通过参加多国部队，加强与国际社会的联系，提升韩国的外交力，进而加入联合国。

最终韩国派兵虽然是响应美国的要求，但是依据联合国的决议，维护科威特的主权，反对伊拉克的侵略，具有合法性及广泛的国际支持，客观上提高了韩国的国际社会地位，扩大了韩国的国际影响，为韩国加入联合国打下了良好基础，强化了韩美同盟使得韩国更顺利地参与到冷战后世界新秩序中来，这实现了决策派兵之前外交的既定目标。

韩国在冷战时期曾数次提出加入联合国的申请，但都因为苏联行使否决权未能成功。朝鲜也在1949年-1952年期间数次申请成为联合国会员国，1957年、1958年苏联曾经提出南北双方同时加入联合国的提案，但联合国只承认韩国的合法地位，只允许韩国加入联合国，于是苏联再次行使否决权使南北双方都未能加入联合国。

后来韩国政府在1973年通过6．23宣言表示希望"南北双方同时加入联合国", 朝鲜方面提出了批评认为这是人为固化分裂现实, 认为即使加入联合国南北双方也应该拥有单一席位。在这种情况下, 韩国如果不与中国、苏联实现关系正常化, 韩国加入联合国几乎是不可能实现的。

冷战的结束使两大阵营实现了和解, 同时也带来地区体系的深刻变化。1980年代末开始韩国通过开展北方外交, 追求与中国、苏联建交, 从而确保了韩国加入联合国时中国与苏联不会行驶否决权。

进入90年代, 随着全世界紧张对峙状态的结束, 韩国的北方外交成果逐渐显现, 韩国甚至设想单独加入联合国。但海湾战争的爆发让全世界的关注点都转移到了中东地区, 韩国的外交努力并未如愿。

1991年4月8日, 韩国将韩国要求加入联合国的申请书, 以联合国安理会正式文件的形式, 在所有会员国中传阅。这份申请书主要陈述了韩国可以加入联合国这个事实, 1991年内无论是南北双方同时加入, 抑或是韩国单独加入, 韩国将采取措施为加入联合国而努力。在这种情况下, 朝鲜方面放弃了单一席位的主张, 1991年5月发表外交部声明表示自己也有意加入联合国。[53]

1991年9月17日, 第46届联合国大会上南北双方同时加入了联合国。1991年12月 13日, 联合国通过了《有关南北和解与不可侵犯及交流合作的协议书》。1992年1月20日通过了《朝鲜半岛无核化共同宣言》。1992年9月17日, 通过了《南北和解不可侵犯及交流合作附属协议书》。

在韩国加入联合国这件事上, 当初邀请韩国派兵的美国也发挥了积极作用。此前美国虽然一直支持韩国加入联合国, 但是美国总统从

53　외무부. 외교문제해설 91-11. 1991.6.8.

未在联合国大会上发表演说正面支持韩国加入联合国。1990年10月1日第45届联合国大会上布什总统发表了完全支持韩国加入联合国的演说, 可以说这让韩国加入联合国迎来了新的契机。[54]

通过派兵参加海湾战争让韩国抓住机会加入了联合国, 不仅如此, 以此为契机韩国也与中东地区的国家建立了安全合作关系, 此前韩国与中东只存在单纯的经济合作交流关系。韩国的派兵强化了韩美同盟, 保证了韩国对冷战后美国所主导的新的世界秩序的参与。从这一点看外交上取得的成果是非常显著的。[55]

2.3.4 军事安保: 强化韩美同盟

韩国做出向海湾战争派兵的决策是为了维护韩国在安保上的国家利益, 即通过派兵巩固韩美同盟, 维护韩国国家安全。

对于韩国, 韩美同盟及驻韩美军一直是抗衡朝鲜、维护国家安全的保障。1980年代, 国际和地区局势以及韩朝实力对比、韩美关系都发生了较大变化。当时的国际体系随着冷战即将结束, 两大阵营放弃了长久以来的对峙, 转向和解与合作; 但是在朝鲜半岛, 南北军事对立的局面并没有随之改变, 半岛军事紧张局面也并未得到根本缓解。韩美同盟的形成是因为过去直接关系到韩国的生死存亡, 是当时韩国最高国家利益的核心问题。此时依然具有重要现实意义。在冷战结束之后, 韩国拥有了可以对抗朝鲜的军事实力, 韩美同盟就已经不再是

54   현홍주. 대한민국 유엔가입 막후. 신동아. 1993.10:41.

55   외무부. 외교백서: 1992.: 194-195.

作为共同应对来自朝鲜的生存威胁，而是对朝鲜威胁的一种有效的抑制手段之一。因此韩美同盟在冷战结束时期的存在有了不同以往的意义。

随着经济发展、国力提升，韩国希望韩美同盟成为与韩国的经济、影响力相称的"同盟"。韩国推行北方外交加强与社会主义国家的联系，凸显的韩美贸易摩擦让韩美同盟看似有所削弱。韩国对有关驻韩美军撤离和减少的问题都非常敏感。驻韩美军能够从现实和心里层面确保韩国的安全。从50年代的15万驻军到90年代的3.6万，驻韩美军实质上已经大大减少了，并且美国还有继续削减驻韩美军的计划。因此在国家安全保障方面处于矛盾心理和状态中的韩国面对美国提出的派兵邀请时，从安保方面出发，韩国政府也不得不同意美国的派兵要求。

韩国的海湾派兵为韩国军事安保带来了积极的结果。美国为了缓解韩国对国防安保方面的忧虑，宣布将于1991年1月25日重新启动"协作精神 (Team Spirit)"韩美联合军事演习。海湾战争以后，韩美间的安全合作关也系明显较战前有所好转，韩美军事同盟在美国的亚洲战略中的地位再次被提升到一个新高度。可以说韩国政府的海湾派兵密切了韩美关系，强化了韩美同盟。

在海湾战争期间，韩国政府出于政治性意图，曾经鼓吹"朝鲜威胁南侵"，借此打造危机氛围，国防部甚至表示在全世界的目光都集中于海湾之时，朝鲜意图打造第二战线向南发动入侵。朝鲜方面则批评韩国这是"策划侵北的犯罪"，"重蹈越南战争的覆辙，必然要为此支付昂贵代价"。[56] 由此可见，就像当年越南战争一样，海湾战争的派兵也

56　문도빈. 걸프전쟁과 우리의 안보. 국방. 1991.3: 19-25.

进一步加剧了南北双方的对立情绪。

即使如此，韩国毕竟加入了联合国，这为防止朝鲜半岛再次爆发战争打下了基础，也保证了朝鲜半岛一旦有事能够得到国际社会的支援，对维护韩国国家安全及实现朝鲜半岛实现和平意义重大。

在军事层面来看，海湾战争派兵是韩国自越南派兵以后首次海外派兵。而且还是距离韩国较远的中东地区，这是韩国的军事力量此前从未涉足过的。海湾派兵就成为提升韩国军队战斗力的一个契机。国防部借此增加了此前逐年削减的国防经费，而且让长期以来缺乏实战经验的韩国军队经历了一次现代战争的考验，特别是接触到最新最尖端的武器，了解了现代战争的战略战术，从而提升了韩国军队的战斗力。

2.4 小结

海湾战争是冷战结束时期在联合国授权下由美国主导的第一场大规模局部战争,时任韩国总统卢泰愚在接到美国的派兵要求后，较顺利地做出了派遣医疗支援队和空军运输团参加多国部队的决策，总结海湾战争派兵决策，具有以下特点：

第一，决策模式为理性行为者模式。

卢泰愚政府是韩国1987年选举制度改革后第一届民选政府，但是卢泰愚作为新军部代表人物之一，其政权的支持势力依然在军队，上命下达的军队文化在政府行政办公中依然是占据重要地位。

卢泰愚政府处于由威权走向民主的过渡时期。在海湾派兵决策之中, 国防部发挥了主导作用。即由政府最高层按照符合国家利益最大化的方式, 做出决策, 政府其他部门仅仅是执行总统的决策而已。卢泰愚总统做出派兵决策有其国内政治的考量, 他希望通过海外派兵解决国内的一系列政治问题以及与美国的贸易摩擦, 以缓解政府所面临的各种棘手问题。同时也为韩国融入国际社会奠定了基础。

海湾派兵决策时, 决策圈子封闭, 由总统及国防部官僚依据他们认可的国家利益, 做出决策, 这与越南战争派兵决策过程中朴正熙政府比较相似。区别在于朴正熙积极参与决策过程, 卢泰愚本人不够积极, 但将决策全部交给国防部, 国防部成为总统决策权的延伸, 这也符合埃里森的理性行为者决策模式。

第二, 在韩美关系上, 韩国对美国"相对依赖"。

随着韩国经济的发展, 韩国已经改变了越南战争时期的贫穷落后的面貌, 以至于美国为了改变对韩贸易的逆差问题向韩国提出扩大国内市场、保护知识产权等要求, 进而产生韩美贸易摩擦。在韩美关系中, 韩国已经不再像越南战争时期完全依靠美国的经济援助, 经济的发展, 政治民主化的推进前所未有地增加了韩国的实力和自信心, 当时朝鲜的威胁系数在降低, 使得韩国在韩美关系中趋向于更加对等的伙伴关系, 即由过去的绝对依赖转变成相对依赖。

第三, 所实现的国家利益结构为: 影响力 > 安保利益 > 经济利益。

卢泰愚的北方外交使韩国与社会主义阵营的国家相继建立了外交关系, 通过海湾派兵让韩国进一步融入国际社会, 参加联合国授权的多国部队从事维和活动也提高了韩国的国际声誉, 改变了曾经是"美国雇佣军"的形象。不仅如此, 以此为契机, 韩国也与中东地区的国家建立了安保合作关系，保证韩国得以顺利参与到冷战后国际新秩序中来。从这些方面看提升了韩国的国际影响力，可以说海湾派兵最大的利益属于外交上提升了韩国的国际影响力。

海湾战争巩固了韩美同盟，韩国海外军事活动也成为国防部增加此前逐年削减国防费用的良机，而且让长期以来缺乏实战经验的韩国军队经历了一次现代战争的考验，特别是接触到最新最尖端的武器，了解了现代战争的战略战术，从而提升了韩国军队的战斗力。从这个意义上来说，派兵客观上加强了国防，维护了国家安保利益。卢泰愚总统希望通过海湾战争派兵缓解长期以来对美国的贸易压力。但是最终并未实现这一目标。在战后重建工作中，因为韩国无法积极参与也几乎没有得到任何经济方面的实惠，反而因财政支出较大损失经济利益。因此，经济方面是没有实现预期目标的。

总而言之，海湾派兵为韩国带来的最大的国家利益就在于提升了韩国的国际地位，为加入联合国奠定了基础，对韩国的国家安保也有一定贡献，但经济利益上却未能实现。因此，笔者认为海湾战争所取得的国家利益结构是影响力 > 安保利益 > 经济利益。

第三章

伊拉克战争派兵决策: "增进和平的派兵"

伊拉克派兵是韩国继越南派兵之后规模最大的海外军事行动。911事件后, 为了防止恐怖主义蔓延, 美国借口伊拉克保有大规模杀伤性武器, 未经联合国授权发动了伊拉克战争。2003年至2004年期间, 卢武铉政府应援美国先后两次向伊拉克派遣了近3,600人的非战斗部队。此次派兵决策过程中韩国的国内政治影响较大, 韩国政府面临着政府部门、各政党之间巨大的意见差异, 整个社会也因对派兵方案截然不同的态度形成严重的分化甚至对立, 与美国的协商过程也曲折不断, 方案在国会的批准过程更是困难重重, 在这种情况下, 最终的派兵方案其实是韩美两国、韩国政府各部门之间、韩国全社会意见综合折中的结果, 是韩国在海外派兵外交上探索出的韩国模式——"增进和平的派兵"。[1]

---

1 所谓 "韩国模式 (한국형 모델)" 为韩国国家安全委员会NSC事务处于2003年9月26日国家安全保障会议上提交的一篇名为 "与美国派兵邀请相关问题的战略思考事项" 中首次提出, 起初只是一个构想, 内容为派遣非战斗部队负责一个指定地区从事战后复原重建工作, 实施人道主义支援、经济支援、保证当地治安环境等, 实质性提升当地居民的生活质量, 尽早实现当地的稳定。这个方案最终被政府采纳。时任韩国NSC事务处次长的李钟奭提出 "增进和平的派兵" 这一说法, 此前人们一直认为 "派兵=反对和平", "反对派兵=和平", 但是他认为韩国通过向伊拉克派遣非战斗部队, 用以支持当地战后重建, 进行人道主义援助, 增进当地居民与韩国的友好感情, 这种派兵模式书

3.1 影响决策因素：9.11之后、相对依赖、卢武铉参与政府

这一时期的国际因素是9·11恐怖主义袭击发生后，美国全球外交安保政策发生了巨大改变，小布什奉行单边主义，极力打击恐怖主义，同时在朝鲜半岛引发了第二次朝核危机；韩美关系方面，韩国实力的增长及对自主性的追求使韩美发展为"相对依赖"；在韩国国内，卢武铉的参与政府刚刚成立，经济的发展、民主化的深入、市民社会的进一步成长对派兵决策施加了重大的影响。

3.1.1 "9.11"之后美国发动伊拉克战争

中东自冷战以来就是美国全球战略的重要组成部分，也是美国政府外交战略的重点。美国与伊拉克的关系自20世纪90年代以来成为美国优先处理的外交事务。冷战残留的历史记忆，90年代初的海湾战争以及美国的意识形态和价值观，让美国对伊拉克保持敌对态度。

2001年9月发生了震惊世界的9·11恐怖主义袭击，美国本土被攻击和人员大量伤亡让9·11成为"小布什政府对伊政策的分水岭"。在9·11之前，"以武力方式推翻萨达姆政权还未被提上小布什政府的主要议事日程"。[2] 自9·11事件以来，美国对外战略的重点就逐渐集中在推翻萨达姆政权和对伊拉克进行战后民主重建上。小布什总统将

写了韩国海外派兵新的历史，故而称之为"增进和平的派兵"，这个决策结果是当时各方意见的折中，他坦言这个决策结果无法令每个人都满意。이종석，칼날위의 평화노무현시대 외교안보 비망록，개마고원，2014.10.8:205.

2　韩召颖. 宋晓丽. 美国发动伊拉克战争决策探析——小集团思维理论的视角. 外交评论. 2013.2: 69.

伊拉克看成是潜在的敌人, 认为萨达姆侯赛因政权是必须被更迭的。[3]
2002年1月29日, 布什在他上任后的首次国情咨文中, 更是把伊拉克、
伊朗和朝鲜一起称为 "邪恶轴心" 国家, 认为三个国家有可能向恐怖分
子提供大规模杀伤性武器, 美国将坚决与其斗争, 积极打击恐怖主义,
维护美国的安全。

2002年9月12日, 美国总统布什在联合国发表讲话, 要求联合国
认真对待在过去的12年中蔑视16项联合国决议的伊拉克总统萨达
姆。[4] 在美国的推动下, 联合国安理会11月通过了第1441号决议, 要求
伊拉克立即执行该决议和其他安理会决议, 特别是1991年的第687号
决议提出的要求。伊拉克表示愿意执行联合国决议, 联合国核查小组
在汉斯·布里克斯 (Hans Blix) 的领导下如期进入伊拉克进行武器核
查。在安理会中, 对于核查工作的评价和萨达姆的危险性, 美国、英
国与其他国家之间一直存在着严重的分歧。核查小组组长布里克斯
认为萨达姆与过去相比危险性在降低, 法国、德国、俄罗斯以及中国
都认为核查工作取得了进展, 但是美国、英国则认为萨达姆还是在玩
弄手段, 愚弄联合国, 欺骗世界, 必须向萨达姆发出最后通牒。与此同
时, 美国不断向海湾地区增派兵力, 总人数逐渐达到25万。[5]

此后美国进行了一系列外交活动, 试图在联合国安理会通过关于
伊拉克解除武装的第二个安理会决议, 这实际上是关于战争的最后通
牒。美国虽然多方游说, 但依然很难获得安理会2/3多数支持, 美国不

---

3   周琪. 美国外交决策过程. 北京: 中国社会科学出版社, 2011.11: 409.

4   George W. Bush, "Threats and Responses: In Bush's Words: On Iraq, U.N.
     Must Face Up to Its Fouding Purpose," The New York Times, September 13,
     2002: A1-10.

5   周琪. 美国外交决策过程. 北京: 中国社会科学出版社. 2011.11: 410-411.

希望自己的提案被否决，决定撤回第二个提案，不再要求安理会对此表决，结束了一切外交努力。

2003年3月20日，布什总统发表了对伊拉克宣战的演讲。在演讲中，布什总统将发动伊拉克战争的目的分为三层，第一，伊拉克是"邪恶轴心国"，美国决心要武装消灭这个没有合法性的政权；第二，要将伊拉克国民从萨达姆·侯赛因的残酷统治之下解放出来；最后，要阻止恐怖主义的蔓延，销毁伊拉克所藏的大规模杀伤性武器（WMD），建立更为安全的国际安保环境。[6]当天伊拉克战争开始。

美国希望通过推翻伊拉克的萨达姆政权，建立一个对美更为友好的政权，由此保证国际市场上石油的供应，最终确保对美国与世界大部分国家比较有利的国际经济秩序。[7]美国是顶着国际社会的强烈反对单方面发起的战争。美国对伊拉克发动的军事行动之所以未能像1991年第一次海湾战争一样得到国际社会的支持，一般认为有如下两个原因。

首先，美国并未得到联合国安理会的授权就贸然发动了战争。

其次，美国开始伊拉克战争前后，各个大国都在石油上与伊拉克有着千丝万缕的利害关系，因此大国彼此尖锐对立。国际社会普遍认为美国是为了要确保对伊拉克原油的占有才发动的战争，这种批评非常普遍。伊拉克的石油存储量排在沙特阿拉伯之后位居世界第二位，2001年探明的石油存储量为1125亿桶，而未探明的存储量估计可达其二倍，即2500亿桶。[8]

---

6   합동참모본부. 이라크전쟁 종합분석. 서울: 국방부, 2004: 34.

7   이춘근. 국민들의 한마음으로 이라크에 평화를 심자. 월간군사세계. 제104호: 19-20.

8   외교안보연구원. 이라크 전쟁의 현황과 전망. 주요 국제문제 분석. 2003.4.17: 32-35.

小布什于2003年5月1日在美国的林肯号航空母舰上宣布了主要战斗的结束,此时距离美国对伊拉克发动攻击刚刚过去43天。但小布什表示"从独裁体制到民主主义体制的转换还需要一定的时间,但所有的努力都是有价值的。"表示今后的目标是在伊拉克建立西方式民主政权,为此将会在伊拉克驻扎军队。伊拉克战争因反恐而起,结束于在中东地区建立西方式民主主义政权。美国自己谋划了一幅"完美蓝图",试图在中东地区实现西方式民主化的多米诺效应,但现实并不容乐观。伊拉克战争之后的战后重建过程比美国打这场军事战争耗费了更多政治、外交资源,称之为"另一场战争"也不为过。

停战之后伊拉克依然混乱不堪,一系列袭击事件的发生让全世界对美国行为的支持态度持续下滑。在这种情况下,虽然美军继续在伊拉克驻扎,负责恢复伊拉克秩序,协助建立政府等等,但是美国对维护伊拉克现状却显得力不从心。

因此美国此时格外需要盟友的协助与支持,借此可以取得伊拉克战争的正当名义,避免世界舆论的批评,美国向自己的同盟国发出了派兵支援的邀请。韩国的派兵决策就是在这样的背景下进行的。

第二次朝核危机爆发

东亚地区,同样经历着巨变,2000年6月,韩国总统金大中飞抵平壤,与朝鲜领导人金正日实现了历史性的会谈,发表了6·15共同宣言。此后,韩朝进入和解阶段,离散家属实现了会面,开城工业园区建设、京义线铁路复原工程以及一系列对朝人道主义援助工作都得以正式展开。朝鲜方面也冻结了核设施,尝试改善朝美关系,韩朝关系出现了历史性转折。

小布什政府执政以后,美国对朝政策发生了明显变化,重新确定了与朝鲜交涉的整体框架，打算在涵盖广泛的诸多议题上全面施压，从根本上解决朝鲜问题。[9] 9·11事件之后，即使朝鲜明确表示反对一切形式的恐怖主义，2002年1月29日，布什在他上任后的首次国情咨文中，就以朝鲜出口导弹技术和发展核武器为由，把朝鲜与伊拉克、伊朗一起称为"邪恶轴心"国家，随后又将朝鲜列入支持恐怖主义国家之列。2002年6月的西点军校讲话，以及同年12月美国公布的《全球恐怖主义形式报告 (Patterns of Global Terrorism)》中详细阐述了美国"先发制人"的军事战略的合法性，并公开指责朝鲜的政治体制，宣称要促使朝鲜"改变政权"。[10] 小布什在自己的回忆录《关键抉择》(2010年出版) 中提到自己曾对中国国家主席江泽民说："如果我们无法用外交手段解决朝核问题，我要考虑对朝鲜动用军事打击 (Military Strike)。"[11] 由此可见，当时的美国政府是做好了对朝鲜动武的准备。

2002年10月3-5日，美国负责东亚和太平洋事务的助理国务卿詹姆斯．凯利 (James Kelly) 访问了朝鲜，在核武器、人权等问题上向朝鲜施压。据时任金大中政府外交安保特别辅佐官的林东源回忆，事实上在凯利前往平壤之前，曾经在首尔青瓦台与韩国外交安保负责人进行了会面。在会面中，凯利强调自己前往朝鲜的目的不是为了和朝鲜"协商"，而是下达"通知"。也就是说凯利此行是要给朝鲜下最后通牒，让朝鲜停止浓缩铀计划，如果朝鲜拒绝，美国将就此不再与其会谈。他要通过高压迫使朝鲜屈服。美国的强硬态度令韩国政府惊讶

9　　周琪. 美国外交决策过程. 北京: 中国社会科学出版社, 2011.11: 378.

10　　时永明. 朝鲜核问题与东北亚安全. 国际问题研究. 2003(5): 52-53.

11　　이종석. 칼날위의 평화-노무현시대 외교안보 비망록. 개마고원, 2014.10: 183.

不已, 韩国专家认为 "美国新保守派完全无视朝韩首脑会谈、朝韩铁路、公路连接等一系列改善朝韩关系的活动, 朝鲜所进行的经济改革措施、朝鲜与日本的首脑会谈等一系列摆脱冷战思维的举动在美国新保守派眼里都是被完全否定的。"[12]

国际上一时之间, "对朝动武" 的声音高涨。韩国国内的保守媒体也大呼朝鲜危险论, 并攻击金大中政府的阳光政策。金大中总统首先想要说服朝鲜。借10月19-23日在平壤召开第8次朝韩长官级会谈的机会, 通过韩国统一部长官丁世铉向朝鲜方面传递信息, 希望朝鲜能够积极对话, 放弃大规模杀伤性武器的开发及保有。但朝鲜方面显然对此并不买账, 表示 "应对美国的威胁我们有权拥有比核武器更强的武器。"[13]不仅于此, 朝鲜还公开承认了自己的秘密浓缩铀计划。在2002年11月14日, 美国宣布停止向朝鲜提供重油, 2003年1月10日, 朝鲜正式宣布将退出《核不扩散协议》, 并于2月重启位于宁边的反应堆。国际原子能机构随即将朝鲜问题上交联合国安理会, 平壤宣称将视联合国的制裁为战争行为。朝美双方均开始进行军事准备, "第二次朝核危机" 就此爆发。

2003年2月, 卢武铉就任大韩民国第16届总统, 他将自己的政府命名为参与政府。卢武铉一上台就面临朝核危机、朝美对立以及美国要求韩国向伊拉克派兵的复杂局面。参与政府如果想解决朝核危机就必须致力于韩美协作。正如李钟奭所说 "因为不管韩国拿出多么好的方案, 美国如果不同意, 也是无济于事。在朝核问题上, 韩国与美

---

12   임동원. 피스 메이커----임동원 회고록. 서울: (주) 창비, 2015.6: 511~513.

13   임동원. 피스 메이커----임동원 회고록. 서울: (주) 창비, 2015.6: 524~526.

国之间的立场差异太大。"[14] 因此, 解决朝核危机与向伊拉克派兵支援美国便必然地联系在一起。

3.1.2 韩国对美"相对依赖"

随着韩国政治发展、经济和综合国力提升以及美国在东亚地区战略政策的调整, 韩美同盟的关系也经历了深刻的调整变化。自主性的提升, 韩国民众爆发强烈的反美情绪, 卢武铉政府倡导"均衡者外交"旨在在韩美同盟内为韩国谋求更为平等的地位——韩国再也不是对美完全依赖的"被保护者", 韩美成为"相对依赖"的关系。

小布什上台伊始就不顾及韩国的反对, 单方面决定对美国的海外驻军进行战略再调整。其中包括: 1.现有的37, 000名驻韩美军将进行缩减; 2.驻扎在汉江以北的美军基地进行搬迁; 3.与韩国重新商讨作战指挥权归还问题; 4.对《驻韩美军地位协定》进行修订等等。这将是美国自1953年10月签订《韩美相互防卫条约》50年以来, 首次大幅度对驻韩美军的规模及结构进行调整。2002年12月5日, 韩美两国国防部长为探讨驻韩美军的未来, 签订了《未来韩美同盟政策构想共同协议》。2003年3月7日, 韩国总理高建会见美国驻韩大使, 阐明韩国政府关于驻韩美军结构调整的三个原则: 第一, 不能损伤或降低战争抑制力; 第二, 保障美军在朝鲜半岛爆发战争时自动介入; 第三, 当前是核问题敏感时期, 驻韩美军重新部署是不合适的。但是, 美国不顾韩国

14　이종석. 칼날위의 평화-노무현시대 외교안보 비망록. 개마고원, 2014.10: 182.

政府的立场, 继续推动缩减驻韩美军的计划。[15] 这种单边主义行径对韩国造成了伤害。

冷战结束后, 世界形势发生剧烈震荡, 韩国在韩美同盟中逐步强化提升其自主性。自卢泰愚政府开始就积极开展北方外交, 逐步摆脱对美国的一边倒外交策略, 之后金泳三执政时期 (1993.2-1998.2) 开始, 韩国就制定了中长期的外交政策: 一是调整本国的政策, 表现为韩国作为中等国家, 要承担与其国力相适应的外交作用, 以维护东北亚的新和平秩序。二是调整韩美关系, 主要内容是应对急剧变化的国际形势, 调整韩美之间军事合作为主的军事安全保障关系, 立足于政治、安全、军事、经济领域的 "综合性安保外交 (Comprehensive Security)", 进一步巩固韩美纽带。[16] 之后的金大中政府时期外交政策也延续了卢泰愚时期、金泳三时期外交的基本原则, 继续强化其自主性提升的实践。

伊拉克战前, 随着美国推行单边主义以及韩国国家自主性的提升, 韩国国民的对美情绪也在悄然发生着变化, 对美不满情绪逐渐高涨。2002年6月13日, 韩国京畿道杨州市发生了美军装甲车碾压当地女中学生 "晓顺、美善" 事件。当时正值韩日世界杯, 国民的关注点都集中在世界杯赛事上, 但是随着时间的推移, 经过互联网发酵与市民团体的推动, 该事件成为当年下半年韩国最大的热点。特别是2002年11月18-22日开庭审判, 两名美军驾驶员被判 "无罪", 随即韩国国防部表示 "对于无罪判决虽然深表遗憾, 但是我们得尊重美军的司法程序", 法务部长官表示 "修改韩美行政协定 (SOFA) 是不可能的"。

---

15 이종석. 칼날위의 평화-노무현시대 외교안보 비망록. 개마고원, 2014.10: 182.

16 대한민국 외교통상부. 한국외교백서, 1993: 17-19.

美军的无罪判决与韩国政府的无可奈何的态度激起了民众对政府的不满以及强烈的反美情绪。于是从11月26日开始，一系列自发组织的"烛光集会"在首尔光化门展开，人数少则数千，多则十万余人，一直持续到第二年年底。集会一方面是纪念两位死去的女中学生，另一方面就是向政府提出修改韩美行政协定的要求。这样的声音不仅占据了韩国国内各大媒体，也占据了网络空间，甚至扩散到生活在海外的韩国侨胞与世界和平运动团体。2002年12月14日，名为"为了恢复国权十万人泛国民和平大游行"的活动，光首尔就有4万余人参加，另外整个韩国60个地方，美国、德国、澳大利亚等12个国家16座城市无数的人都举行了追悼女中学生的集会。[17]

韩国的市民团体以及媒体报道中的反美情绪已经不仅对韩美关系产生了重大影响，也影响到韩国国民对美国发动的反恐战争和伊拉克战争的态度，更是影响到了当时正在进行的总统选举。事实上在2002年总统候选人竞选期间，大国家党李会昌、民主党卢武铉以及民主劳动党权永吉三位主要候选人都纷纷表示装甲车碾压女中学生事件非常遗憾，自己将努力修改韩美行政协定。卢武铉在做总统候选人时就已经阐明了自己主要的外交安保路线，即和平解决朝核问题，继续保持对朝和解态度，重视韩美同盟，强调均衡外交以及自主国防。其主要内涵是充分重视传统的韩美同盟关系，但是不再像过去那样过分倚重美国，不再搞对美倾斜外交，而是转变为均衡外交。[18]卢武铉强烈的个性和对美不卑不亢的态度为他赢得了相当部分年轻人的选票。2002年12月9日韩国大选结果揭晓，卢武铉因为20-30年龄层的绝

17　한겨레, 2002년12월14일자.

18　文在寅. 命运——文在寅自传. 王萌 译. 南京: 江苏凤凰文艺出版社, 2018.1: 183.

对支持, 最终以48.9%的得票率力压第二名候选人李会昌 (得票率为46.6%), 当选为第16届韩国总统。

卢武铉上台后, 正式提出"东北亚均衡者"构想, 认为韩国作为一个亚洲中等国家应该充当"东北亚平衡者"角色, 通过平衡与周边大国的利益, 使得大国能够在东北亚地区的影响力达到平衡状态, 从而确保东北亚地区的和平稳定与繁荣。这种减少对美过度依赖, 增加韩国自主性, 要求与美国更加平等地位的精神正是对过去对美国"屈从"形象的修正。参与政府希望实现朝鲜半岛和平, 增进韩朝双方交流, 通过朝鲜半岛的和平与繁荣进而促进整个东北亚的和平与繁荣, 将韩国建设成为东北亚经济发展的中心, 提出了"和平与繁荣的东北亚时代战略构想"。为了实现朝鲜半岛和平、形成和平与经济良性循环、解决朝核问题与改善南北关系, 卢武铉的和平繁荣政策以均衡实用外交、合作性自主国防、信任与包容的对朝政策为三大战略目标。

此时的韩国在经济水平上已经具备了中等强国[19]的能力, 即使反美情绪高涨、韩国逐步强化自主性, 但由于南北对峙的现实, 军事、安保领域还不能完全摆脱对美依赖。联盟的长期维持需要补充的或可共享的利益。[20] 所以面对美国的伊拉克派兵邀请, 韩国依然是难以拒绝的。

---

19   指中等国家群体里那些能够经常采用某种外交政策和进行某些国际活动的新兴强国.

20   赵伟宁. 韩美联盟视域下的韩国自主性研究. 山东大学博士学位论文, 2016: 81.

3.1.3 卢武铉及其参与政府

3.1.3.1 领导人因素

卢武铉(1946.9.1-2009.5.23)1966年毕业于釜山商高, 1975年通过自学通过司法考试, 继而成为大田地方法院的一名法官。1981年开始为时局事件辩护, 正式成为一名"人权律师"。1985年担任釜山民主市民协议会的常任委员。1987年6月主导了釜山的民主抗争, 走上民主化的道路。当时, 他在民主宪法争取国民运动釜山本部担任常任执行委员长, 因大宇造船案件被拘留, 不得不暂停律师工作。1988年成功当选为第13届国会议员后, 在"第五共和国权力型腐败调查特别委员会"工作。1990年三党合并诞生了民主自由党, 卢武铉强烈反对三党合并, 创办了民主党。1997年担任新政治国民会议的副总裁, 以及首都圈特别游说团的团长。当选第15届国会议员后, 对现代汽车的罢工事件进行仲裁。从其经历可以看出他未从政时拥护人权, 为普通市民争取权利; 从政后的他不喜欢跟当政者妥协, 多次挑战权威。

在韩国政坛, 卢武铉以其鲜明的个性而著称。他不轻易因所处环境和条件而改变, 一生都在追随自己的信念而行动。过去在反对三党合并运动、清算地域主义中都体现了他鲜明的进步主义倾向。他的问题在于过于直率的性格, 经常有惊人之举动, 这容易引起人们的反感。也正因为他坚持自己的信念, 也会给人以无法包容大多数人, 缺乏融通性的感觉。正是基于这些性格原因, 使得卢武铉成为韩国历史上第一位遭到国会弹劾的总统。[21]

卢武铉上任后在外交、安保上提出了"东北亚均衡者论", 表现

21　김병문. 그들이 한국의 대통령이다. 북코리아. 2012.11: 421-423.

出强烈的自主倾向, 对外政策制定上非常的审慎。他在当选总统之前, 多次公开支持"阳光政策", 主张对朝包容, 增进韩朝交流, 同时对美国强调"对等的同盟关系", 由此被冠以"左派反美总统"之名。因此, 卢武铉就任之初很多韩国媒体, 包括美国驻韩的外交官都对韩美关系表现出担忧, 认为韩美关系比朝美关系、朝韩关系都可能面临更严峻的挑战。

刚刚就任的卢武铉也是面临一系列棘手的问题, 因为第二次朝核危机的爆发, 朝鲜半岛政局不稳, 穆迪投资服务公司将韩国的信用评估降低了一个等级, 随之外国对韩投资减少, 韩国经济不可避免的受到了影响。[22] "要战争? 还是要和平? "这是卢武铉竞选总统后期的竞选口号, 对于韩国国民来说, 答案是不言而喻的。当他真正成为总统后, 这就不再是口号, 而转化成切实的外交努力, 他要改变美国对朝动武的想法, 让美国的对朝政策从"不排除一切选项"扭转到"和平对话解决"的道路上来。他通过与小布什总统的首脑会谈, 力劝小布什及美国政府改变态度, 卢武铉的外交努力就连韩国的外交部长官都不看好, 但是最终还是美国政府响应了韩国的诉求。[23] 有人认为这是首次韩国让美国仔细聆听韩国的意见。

22　文在寅. 命运——文在寅自传. 王萌 译. 南京: 江苏凤凰文艺出版社, 2018.1: 186.

23　文在寅在《命运》中记载: 2003年5月总统第一次出访美国给我留下了很深刻的印象。当时政府刚刚组建, 就面临着朝核危机的紧张局面, 就连美国的新保守主义势力 (neocons) 内部也在讨论要对朝鲜进行轰炸。总统的访美目标就是要与布什总统会面, 想尽一切办法把局势扭转到和平解决的方向上来。为了把美国这句话换成"通过对话和平解决", 安保小组倾注了很多心血。为了协商这件事, 就在韩美首脑会谈前两天, 我们紧急把NSC和外交部有关人员派往华盛顿。当时就连外交部长官尹永宽也持悲观态度, 认为美国不会接受我们的主张。但是总统矢志不渝地努力推进。最后, 我们的要求被首脑会谈接受了.

虽然很多人认为卢武铉"反美"，但实际上只能说相较于其他韩国总统，卢武铉只能说是"不亲美"，其根源在于他对"自主"信念的强烈追求。卢武铉非常清楚自己作为总统的责任，也清楚自己的国家还在外交、军事、安保上对美国依赖，没有美国的协助政府所面临的难题都难以解决，就连朝鲜半岛的和平都无法保证，繁荣、发展更是无从谈起。在3月20日的"伊拉克战争爆发之际的总统谈话"中卢武铉说："我认为支持美国的行动在当前就是最符合韩国的国家利益的。"[24]为了向世界展示一个和谐的韩美关系，卢武铉相继访问了美国驻韩工商会议所、欧洲驻韩工商会议所、驻韩美军司令部，还出访美国与布什总统进行了首脑会谈。[25] 可见，卢武铉为修复韩美关系倾注了很多心血。

在韩美协商的过程中，强调自主的卢武铉也是尽量强调韩方的主张。美国虽然强烈希望韩国能够派出战斗部队，能够帮助美军维持当地治安，但韩国很明显是刻意回避这一点，一再坚持派遣"非战斗部队"。[26] 这样一方面维护了韩美同盟，也最大限度地避免了韩国军队的

---

24 卢武铉在其未完成的回忆录《成功与挫折》中回忆起伊拉克问题的派兵决策时，详细描写了当时心中的矛盾："伊拉克问题上我最反感的是"我们对于美国的要求得全盘接受吗？"很多人在问，美国的战争'在世界历史上看，是正义的吗？'如果我不是总统对这个问题怎么看都行。但是作为总统，我必须维持韩美之间的友好关系。我有必要维持对韩美同盟的信赖。只能站在维持韩美友好的层次看问题……我认为伊拉克战争，在当时也是，在今后的历史记录中都是一个错误选择。但是作为总统，无法回避这个问题。我不能因为自己不想在历史上留下错误的记录，而做出决策。也就是我已经意识到我可能会因此在历史上留下错误记录，我不得已也要这么做。我觉得总统这个位置，真是艰难而沉重。"

25 노무현, 성공과 좌절-노무현 못다쓴 회고록 학고재, 2009.9.22: .221-222.

26 关于伊拉克派兵派出的部队性质，至今依然有很多学者认为是"战斗部队"。笔者就此咨询了曾担任韩国NSC次长，也是伊拉克追加派兵重要决策人李钟奭，在得到"非战

伤亡, 从而维护了韩国的国家利益。

可以说, 当上总统之前的卢武铉是一个不善于妥协的人, 但是当上总统之后, 处理韩美关系时他学会了妥协的艺术, 兼顾了 "自主" 与 "同盟"。

3.1.3.2 国内政治因素

2003年2月25日, 进步势力代表卢武铉正式就任总统, 同时宣布 "参与政府" 出台, 加速推动韩国政治民主化发展。1987年6月29日, 卢泰愚发表 "6·29民主化宣言" 成为韩国民主化进程中标志性事件, 韩国逐步由威权政府向民主政府过渡, 之后卢泰愚当选总统, 第一次通过直选的方式实现了政权的和平交接。1992年12月18日, 韩国举行第14届总统选举, 金泳三以42.0%的得票率当选, 结束了韩国自朴正熙以来三十二年军人当政的历史, 开创了文人政权的新时代。1997年金大中当选为第15届总统, 标志着左翼进步势力在韩国首次登台。而卢武铉的参与政府, 更是高擎民主的理念, 卢武铉在就职典礼上强调 "新政府以改革与统合为基础, 与国民一道打造民主、均衡发展的社会, 共同迈进和平繁荣的东北亚时代。"[27] 卢武铉总统还特别强调希望国民广泛参与, 打造更为开放的政府, 表达了要改变过去政权运行模式的强烈态度。

斗部队"的确认后, 李钟奭向笔者坦言: 很多人一直反对伊拉克派兵, 政府为了缓和各方对立制定了派遣 "非战斗部队" 的决策, 但是很多人依旧不相信政府, 认为当时伊拉克局势混乱, 美国要求韩国派兵, 不可能不发生战争。但事实证明扎依屯部队在伊拉克从未与任一方发生冲突, 也未发生人员伤亡. 详细内容请参考附录C.

27 국방대학교 안보문제연구소. 세계안보정세종합분석 2002-2003. 서울: 국방대학교, 2003: 498.

卢武铉当选总统之后不久，卢武铉及亲卢改革派从原执政党新千年民主党中分裂出来，另外创立了开放国家党。执政党的分裂致使在野党占据了国会2/3以上的议席。"舆小野大"的局面让卢武铉政府在实际工作中非常不顺利。[28]

卢武铉的参与政府在执政初期，强调系统性的处理国政。这是针对过去历届政权中遭人诟病的"人治"现象而提出的。他力图打造一个制度化系统，让国家政务一切按部就班，高效运转。但是参与政府从一开始在政治、社会各方面都面临着前所未有的困难。总统的再信任发言、大选资金调查、民主党分裂、对朝汇款风波与总统亲信腐败特别调查等等，卢武铉一直在与各方势力周旋。货物连带罢工、鸟雁核废弃场事件、教育行政情报系统（NIES）等问题，与市民团体又冲突不断。这种政治的混乱及矛盾状态在市民社会内部也蔓延开来。

卢武铉时期在派兵决策机制上最大的特点就是增强了国家安全保障会议（National Security Council, NSC）的作用与功能。朴正熙总统于1963年设立了国家安全保障会议，但在朴正熙政权后期由于中央情报部与国防部的壮大，国家安全保障会议变得有名无实。全斗焕政府到金泳三政府时期，该会议的作用依然不大。金大中上台后，为了实现跨部门统筹外交、国防、统一政策的协商，1998年国家安

28　后来韩国政坛发生了韩国宪政史上首次总统被弹劾事件，足见当时韩国国会力量之强大，再也不是政府的附属物了。国会里"舆小野大"局面结束于2004年6月第17届国会选举中，卢武铉所在的执政党开放国家党顺利超过半数。那次国会选举中，另一个进步势力"民主劳动党"也以10个席位成为院内一个新生力量。第17届国会中有187人为初选议员，占到议员总数的62.5%。议员平均年龄为51.7岁，相对较为年轻的改革派议员掌握了国会的权力。该内容参考류석진, 노무현 정부의 출범 및 정부소개. 대한민국 역대정부 주요정책과 국정운영7, 노무현 정부. 서울: 대영문화사, 2014: 11-12.

全保障会议成为政策机构，其地位及作用都得到了强化。卢武铉政府时期，2003年国家情报院的比重缩小，国家安全保障会议则进一步强化。下设常任委员会、实务调整会议、政治形势评价会议、事务处，强化了其作为机构的作用。其中NSC事务处是国家安全关联政策确立方案的核心工作机构，负责搜集国家安保相关的所有信息，统合政府与国家安保相关的所有工作,是总统直属机构，其作用和影响力都空前壮大。[29]

但是最初NSC的政策协调功能还不完备之时，其事务处也与政府其他部门产生过摩擦。特别是与外交部的摩擦，是当时媒体报道的一大热点。朝核危机、伊拉克派兵、龙山美军基地搬迁等外交问题上都是矛盾不断，意见分裂，官僚政治倾向明显。

3.1.3.3 国内经济因素

自越南战争至二十一世纪初，世界经济发生了巨大变化，自海湾战争的1990年代以来，最突出的就是第三次科技革命爆发，以信息技术为中心的高新技术得到发展，经济越来越体现出全球化的特征。韩国积极融入经济全球化的进程，经过近四十年的发展，无论在经济增长速度还是经济规模，无论是产业技术构成还是综合经济实力，都可称得上"亚洲四小龙"之首。与海湾战争时期相比，经济实力进一步增强。1996年10月加入了OECD，正式成为发达国家一员。2003年韩国GDP位列世界第12位，人均GDP超过了1.4万美元，根据2003年WTO的资料，韩国的出口总额为1,938亿美元，在全世界位列第12位，进口

---

29 后来李明博政府时期进行机构改革，曾将事务处取消，转为青瓦台外交安保首席秘书官负责,2014年1月10日又恢复了事务处.

额1,788亿美元, 位列世界第14位, 贸易总额位列全世界第12位。

但是经济实力不断增强的同时, 经济发展也遇到了波折和一定困难。1997年亚洲金融危机爆发, 韩国经济受到巨大影响, 1998年经济甚至出现了负增长。虽然之后金大中政府采取了很多措施应对金融危机, 取得一定成效, 但至2001年, 韩国的经济增长率由2000年的9.3%降至3.0%, 失业率比2000年增长了1.2个百分点, 通货膨胀率达到4.3%比上一年增长了2个百分点[30], 经济发展面临较大压力, 而且东南亚金融危机之后韩国处于国际货币基金组织IMF管理体系下, 国内难以创造出足够的就业岗位, 社会阶层两极化现象日趋严重。2003年对于刚执政的卢武铉政府来说, 振兴经济刻不容缓。

此外, 此时期经济负担还体现在驻韩美军费用分担问题上。韩国与美国之间防卫费分担根据 "韩美相互防卫条约驻军地位协定 (SOFA: Status of Forces Agreement)" 第五条特别条款 (SMA: Special Measures Agreement) 规定, 韩国从1991年开始分担费用。韩国分担的防卫费用根据1995年第三次特别协议商定原则, 每年以10%的速度递增, 第四次特别协议又决定根据韩国经济增长率和物价上升率之和的比率递增。第五次协议又决定, 考虑到GDP紧缩指数的变化, 增加率为前一年的8.8%。2003年韩国承担的防卫费用已经增长到了1991年的6.2倍。[31]

---

30 蔡增家. 南韩转型——政党轮替与政经体制的转变 (1993-2003). 高雄: 巨流图书公司, 2005: :219.

31 1991年韩国的国防经费为74,524亿韩元, 2003年为175,148亿韩元, 增加了2.6倍, 防卫费分担金额1991年为1,073亿韩元, 增长到2003年的6,686亿韩元, 为6.2倍。这种防卫费分担比率对比国防经费2003年为3.81%。
    국회입법조사처. 한미 방위비 분담의 현황과 쟁점. 현안보고서 제4호. 2008.8.28.

正当韩国为伊拉克派兵问题经历周折时，2003年4月召开了第一届未来韩美同盟政策构想会议（FOTA）。会上决定驻韩美军基地搬离龙山基地，同年7月第三次会议上韩美又决定将共同警备区的费用转为由韩国承担，这些都进一步增加了韩国的防卫费用，加重了经济负担。

3.1.3.4 国内社会因素

进入二十一世纪，韩国的经济和政治取得进一步发展。在经济方面，韩国人均GDP从1962年的108美元增长到2003年超过1.4万美元，韩国由贫穷落后的农业国发展为新兴工业化国家，又步入发达国家行列。自1987年民主化实现以来，卢泰愚政府、金泳三政府和金大中政府一直在致力于推进深化民主化进程。全民参与政治的意识、要求革新政治的意识也日趋强烈，市民社会也进一步扩大。强调"国民参与"的卢武铉政府上台执政更是加速了这种趋势。市民社会、舆论等社会因素对包括国防、外交在内的各领域的政治事件的关注度、参与度空前提高，势必影响援美海外派兵的决策。而伊拉克派兵之前，反美情绪正在社会弥漫，2002年的美军装甲车压死韩国女中学生事件，美军部队排放的污染物产生了环境污染问题，美军射击场引起附近居民的意外伤害，美军基地周围发生的恶性事件等，整个韩国社会对美军的态度变得不再友好，反美情绪在社会上蔓延高涨。

2003年初美国发动了对伊拉克的进攻，全世界的舆论都在批评美国的单边行动，没有联合国安理会的授权就发动战争，名不正言不顺。而处于反美情绪高涨之中的韩国市民社会与舆论，面对美国对韩国派兵支援的要求，引起了空前的关注，也激起了无数讨论与对立。与海湾战争时期相比对决策的影响发挥了更大的作用。

3.1.3.5 军事安保因素

韩国向伊拉克派兵之前, 朝鲜经历了一段时间的经济困难, 金日成逝世后, 朝鲜实行"遗训统治", 与俄罗斯的朝、俄军事同盟遭到破坏。9·11事件后, 美国对朝鲜采取强硬措施, 使得朝鲜政权遇到各种危机。为了维护本国体制, 朝鲜开始试图与日本进行首脑会谈, 与韩国谋求经济合作交流, 同时暗中推进核武器开发计划。

朝鲜虽然在西海海域掀起了西海交战, 并威胁将退出《不扩散核武器条约》(NPT), 但是韩国当时对朝鲜这一系列行为进行判断后, 结论认为这是低水准的威胁,[32] 并不希望依靠美国的强硬手段解决朝鲜核问题。[33] 美国在2002年的《核态势报告书》(NPR: Nuclear Posture Review) 中将朝鲜列入核攻击的潜在对象国, 因此朝鲜驱逐了核视察团, 退出NPT, 这一连串的举动释放出威胁信号, 与伊拉克战争的名义"伊拉克可能拥有大规模杀伤性武器WMD"相比, 无疑为美国武力解决朝核问题提供了更有力的借口。

朝鲜半岛一旦发生战争, 不管胜败如何, 韩国一定是首当其冲遭受损失的, 因此韩国政府的立场是通过协商解决朝核危机。但是, 当时韩国民众反美情绪高涨, 进一步降低了韩美在朝核问题上合作的可

---

32 韩国国防部认为 "西海交战"为 "单纯侵犯"(2002..10.15 제 234차 국방위원회 회의록 제6호, 7쪽) 认为第二次朝核危机是因为朝鲜将核问题用作谈判的筹码(2002.10.18 제234회, 국방위원회 회의록, 3쪽), 而且还认为与第一次朝核危机相比, 第二次朝核危机的威胁态势是低水准的.(2003.2.19 제236회 국방위원회 회의록 제1호, 2쪽과 2002.12.30 제235회 국방본회의 회의록 제1호: 26.)

33 2003年3月26日卢武铉总统在陆军士官学校毕业典礼暨任职典礼上的致辞中在提到有关伊拉克派兵的原因时, 提到 "要智慧地解决朝核问题, 打造维护朝鲜半岛的和平, 改善朝美关系的决定性基础".

能性。可见当时韩国的安保情况也不容乐观。

3.1.3.6 外交能力因素

伊拉克战争决策之时，韩国的外交能力较之海湾战争时期继续增强，韩国经济继续发展，综合实力不断提升。在1980年代末1990年代初北方外交成功实施的基础上，韩国继续扩大国际影响力，在坚持朝韩半岛和平的原则上，积极拓展外交交往的多边化。至伊拉克战争之前，经历了金泳三时期的"新外交"政策、金大中时期的"阳光政策"，两个时期的基本主旨一是加强与朝鲜的对话和交流，积极维持朝鲜半岛的和平，二是在巩固韩美同盟基础上谋求更加地平等。三是积极加入国际组织，积极支持国际机构发挥作用，坚持外交的多边化，使韩国在国际舞台上发挥更大的作用。

2002年卢武铉上台后，在延续前几任政府的基本原则基础上推出"东北亚和平繁荣政策"和"均衡者外交"。东北亚和平繁荣政策还是主要针对朝韩问题，希望促进双方和平交往，维持朝鲜半岛和平，推动朝韩共同繁荣。面对第二次朝核危机，卢武铉依然秉持金大中的"阳光政策"，实行对朝包容和解的政策，致力于和平解决朝核问题，提出三项原则：一、不允许朝鲜开发核武器；二、通过对话和平解决核问题，反对诉诸武力或以武力相威胁，绝不允许朝鲜半岛发生战争；三、发挥韩国在解决核危机中的积极主动作用。[34] 在这一政策下，卢武铉政府强调必须以和平外交手段解决朝鲜核问题，也包括导弹问题，反对美国对朝鲜的武力威胁政策，也反对联合国安理会对朝实施制

34　魏志江. 论韩国卢武铉的"和平繁荣"政策及其对东北亚战略的影响. 当代韩国. 2006
　　年秋季号: 22-25.

裁。卢武铉政府努力减少对美国的依存度，强调韩美关系中的韩国自主性。还认为在朝核问题上，韩国应该发出自己的声音，为此积极推动韩国收回韩国军队的作战指挥权。

均衡者外交旨在保持韩美同盟的基础上，均衡美国、中国、俄罗斯、日本等大国在东北亚的影响，使韩国成为东北亚地区势力均衡者。韩国要确保朝鲜半岛的和平，既需要巩固韩美同盟确保军事安保，又不希望美国强化韩美同盟中的强势地位，也不希望美国与朝鲜对立甚至走向战争。此时正值第二次朝核危机，美国的单边主义有可能对朝鲜进行打击，从而极大地影响朝鲜半岛的和平与安全，给韩国带来无法承受的损失。韩国想极力发挥韩美同盟中韩方的影响和作用，在朝鲜半岛问题上发挥主导作用，影响美国放弃武力解决朝鲜问题的想法。因此在伊拉克战争中派兵支援美军就成为韩国影响美国对朝政策的重要筹码。

此外，卢武铉继续延续加强国际交往的外交政策，积极发展韩国的外交关系，出访足迹遍布欧洲、非洲、拉丁美洲等国。其中不乏具有深远历史意义的外交活动，比如2005年4月卢武铉出访土耳其，这是自1957年双方建交以后韩国国家元首第一次访问土耳其。此外，韩国还积极邀请各国政要、联合国官员访问韩国并抓住参加各种国际会议的机会与各参会国开展双边对话，为韩国的发展创造更为宽松有利的国际环境。同时也注重加强与国际组织的联系，积极参与多边外交及区域性的安全合作与经济合作。这是卢武铉时期坚持外交自主性的举措之一。

3.2 决策过程: 分裂与对立中的官僚政治决策 (2003.3-2004.2)

伊拉克的派兵决策分两次进行, 国内决策基本顺序是:总统提出 → 国家安全保障会议决议 (安保关系长官会议决议) → 国务会议决议 → 国会国防委员会会议决议 → 国会决议。在两次政府决策过程中, 发挥主导作用的行为体有所不同, 第一次主要是总统、国防部和外交部, 第二次是总统和国家安全保障会议 (NSC) 事务处, 决策中凸显了国家安全保障会议 (NSC) 事务处的作用。

第一次派兵决策用时较短, 第二次派兵由于国内反对力量声势浩大, 政府迟迟难以下定决心, 国会审议的日期也因为反对声音强大而一推再推, 导致第二次派兵决策持续了半年之久。整个决策过程中, 参与行为体史无前例的增多, 各方意见尖锐对立, 政府决策过程具备典型的官僚政治决策模式特征。

3.2.1 第一次派兵决策

2001年1月, 美国小布什政府上台, 8个月之后发生了举世震惊的9·11事件, 美国的安保政策发生了彻底的转变。2002年1月, 布什政府将伊拉克、伊朗、朝鲜定义为"邪恶轴心 (axis of evil)"国家, 将伊拉克列为首位, 2003年3月20日, 美英联军对伊拉克发动了进攻。

在美国对伊拉克发动进攻的四个月前, 韩国就已经接到了美国的派兵要求。2002年11月20日, 美国驻韩大使向韩国外交部长官询问, 能否向伊拉克派出人道主义支援队 (包括工兵、医疗队等)、地雷拆除部队。当时的金大中政府将这一内容向舆论公开，12月23日，正式回复美国有意派兵，但是具体的派兵方案还有待于进一步商榷。12月27日，韩国政府继续向美国驻韩大使馆以非书面方式传达有意支援伊拉克难民，对伊拉克周边国家进行支援，也可以参与战后重建工作。[35]金大中政府的答复基本满足了美国的要求，派兵主要内容为非战斗部队派出。金大中政府的这一态度当时在韩国国内虽然也有不赞同的声音，但并未引起多大的波澜。

当年的平安夜，美国国防部长拉姆斯菲尔德直接下达了向伊拉克增兵2.5万人的动员令，加紧了战争准备的步伐。金大中总统表示韩国当时刚刚经历总统选举，韩国政府向伊拉克的派兵方案将由下届政府负责。伊拉克派兵与越南派兵不同，因为正值韩国政府换届，从首次接到美国的派兵邀请之后，持续了较长的时间。本文以卢武铉政府决策过程为研究对象，因此伊拉克战争派兵决策时间由卢武铉政府接到美方邀请时间为起始时间。

2003年2月25日，卢武铉正式就任总统，3月13日，美国再次通过驻韩大使以非书面的方式，正式向韩国政府提出派兵要求，具体为步兵、工兵、大规模杀伤武器及爆炸物拆除专家、生化攻击事后处理专家、人道主义救援队、医疗支援队等伊拉克作战支援人员。卢武铉政府对此进行了讨论。3月13日当天卢武铉还与小布什总统进行了通话，双方就韩国向美国伊拉克战争提供派兵援助以及和平解决朝核问题达成了一致意见。[36]事实上有了前政府的派兵允诺，卢武铉政

---

35 국방부, 참여정부의 국방정책, 서울: 국방부, 2002: 180.

36 이종석. 칼날위의 평화-노무현시대 외교안보 비망록. 서울: 개마고원, 2014.10.8: 185-186.

府在第一次派兵问题上的选择余地就已经被严格限制了。

由于政府换届对派兵决定的推延加剧了韩国内部的争论。正当卢武铉政府讨论时，韩国国内反对派兵势力与舆论的呼声日益高涨。比如，包括22名国会议员在内的700多个社会市民团体举行了反对派兵的示威游行，他们打出了标语"现政府主张朝鲜半岛绝不能发生战乱，却要去支持别国的战争，这是自相矛盾"，以此向政府施压，同时还扬言发起针对投赞成票的国会议员的"罢选运动"[37]，另一方面包括在乡军人会在内的16个保守团体主张同意派兵，相当数量的执政党、在野党国会议员也强调了派兵不可避免。国会内部也较之以往有了很大不同——以往都是根据所属政党的不同，意见针锋相对；而这时则根据对派兵意见的不同而对立起来。

2003年3月21日，韩国政府召开国务会议决定向伊拉克派遣规模在700人以内的建设工兵和医疗支援团，并将决议案提交国会，当天国会国防委员会审议通过，并提交国会全体会议审议。与越南战争派兵不同，这一次韩国政府还决定派兵的经费全部由韩国政府负担。

为使政府决议在国会顺利通过，总统认为同时应该邀请执政党、在野党主要领导人会谈并呼吁他们实现党派合作，因此于3月25日召开各政党主要领导参加的会议进行磋商，但执政党新千年民主党内部却出现了反对声音，在执政党内部，虽然将赞成派兵看成是"劝告性党论"，但由于反战议员的反驳，最终没有形成统一的党论。而社会上超过1000人的社会市民团体也举行了反战示威游行，因此国会动议案投票推迟到了4月2日。在4月2日的国会全体大会上，卢武铉总统发出呼

37　이정희. 시민사회의 보혁 갈등과 국회의 대응: 16대 국회 후반기를 중심으로. 의정연구. 제9권 2호, 2004: 122-124.

吁，为了和平解决朝核问题，有必要巩固韩美同盟，请求赞成伊拉克派兵。最终在场议员256人中，赞成179票，反对票68票，弃权9票，非战斗部队的派兵方案得以通过。最终派出了工兵部队徐熙部队和医疗支援团济马部队。

第一次伊拉克非战斗部队的派兵决定过程遇到了市民团体反对与示威，执政党内部意见也不统一，包括执政党在内的几个政党也因为市民的罢选运动，未能得出一致的党论。韩国政府对于派兵一事态度比较消极，这与越南战争派兵决策时也很不同。在对美关系上，卢武铉政府比起过去所有政府都努力追求对等，但在卢武铉政府上台之前，朝核问题就已经显出端倪，卢武铉政府的派兵决策就非常被动。在朝核危机的情况下韩国的安保问题不能不受美国的对朝政策的影响，通过伊拉克派兵，希望强化韩美同盟，成为和平解决朝核问题的契机。卢武铉总统也多次说到，在朝核危机存在的状况下韩国政府的身份应该是朝鲜与美国之间最重要的媒介，和平解决朝核问题是最高的国家利益，伊拉克派兵是为了取得美国的协助以和平解决朝核问题而做出的决策。为此他既要说服朝鲜，又要与美国合作。[38]

概括而言，因为美国强硬的派兵要求与前任政府定下的派兵方针，2003年卢武铉政府在派兵这一决定上并未费大力气。国内虽然有反对派兵的舆论声音，但是不足以压倒这两项因素。最终，由工兵部队、医疗志愿团组成的第一次派兵活动得以迅速展开。从政府的国会动议案议决 (3.21) 开始，到国会通过派兵动议案 (4.2)，只用了12天。

38　이종석. 칼날위의 평화-노무현시대 외교안보 비망록. 서울: 개마고원, 2014.10.8: 181.

3.2.2 第二次派兵决策

跟越南战争一样, 伊拉克战争进行一段时间后, 韩国再一次接到了美国要求追加派兵的要求。美国虽然在5月1日宣布了终战宣言, 但是美国并没有在伊拉克发现大规模杀伤性武器。在美军的管制下, 伊拉克持续发生恐怖袭击, 导致伊拉克政局不稳, 为了给伊拉克战争披上正义的外衣, 美国向更多国家发出了派兵号召, 但不同的是, 这次号召同盟国派遣能够起到实质作用的战斗部队。

美国提出要求及初步协商

美国政府正式向韩国提出派兵要求是2003年9月4日, 由当时参加"未来韩美同盟政策构想会议"的美国国防部副部长助理理查德·劳利斯 (Richard Lawless) 与美国驻韩大使巴赫德提出。美国具体要求是"具有独立的指挥体系, 可以单独负责一个地区"的韩国军队。这里所说的能够单独负责一个地区的军队, 至少是波兰式师团规模的军队, 希望韩国军队能够负责指定地区的治安。[39]

9月7日, 美国总统小布什向包括韩国在内的29个国家正式发出了派兵号召。美国随后在工作组会议中提出希望韩国能够派出一支具有独立作战能力的轻型装备部队。虽然美国没有向韩国政府提出对兵力具体规模的要求, 但可以推断为1万人的师团, 这样可以起到"占领军"作用。如果考虑到两国在师团编制上的差异, 最多可能扩大到1.6万人。此外, 派兵地区定为情况不太稳定的伊拉克北部地区或基尔库克和苏莱曼尼亚地区, 考虑到美军部队的交接计划, 美方希望

---

39 한겨레, 2003년 9월 16일자.

韩国派兵时间在2004年2-3月之内。[40]

在美国的要求下，韩国政府开始研究多种方案。韩国如果接受美国的要求，派兵部队的性质为治安维持型，韩国军队应该组成师团司令部，并指挥被分配到韩国师团的多国部队来作战。因此，韩国政府认为在决定是否向伊拉克追加派兵之前，有必要对伊拉克当地的情况进行调查，于是组建了由国防部政策企划次长为团长，包括国防部官员、外交部官员、民间学者在内的第一次政府联合调查团，于2003年9月24日至10月3日对伊拉克当地进行了调查。但在伊拉克调查团回国后举行的记者招待会上，调查团成员韩国天主教大学朴建荣教授对此前提交的报告书提出诸多质疑，导致调查团的调查结果没有给国民留下积极的印象，反而造成了舆论上的分裂。市民社会立刻质疑调查团报告的客观性与可信性，批评调查团过分美化当地情况。[41]

美国的派兵要求激化了第一次派兵决策时本就存在的社会矛盾，衍生成更为激烈的社会矛盾，并迅速扩散到韩国整个社会。而且对于美国的追加派兵要求，韩国政府比较犹豫持保留性态度，这更对赞成与反对两种争论迅速扩散起到了一定推动作用。

在政府内部，对于派兵问题的意见也出现了不一致。青瓦台国防领域的参谋，国防部，外交部，财政经济部，都主张"派兵不可避免"，只有迅速、积极地满足美国的派兵要求，才能够解决眼下重要问题——朝核问题以及驻韩美军重新部署问题，同时也有利于参与伊拉克的战后重建事业，并确保韩国的能源供应稳定等，从而保证韩国获

40　제243차 통일외교통상위원회, 제4차 회의록: 7.

41　이종석. 칼날위의 평화-노무현시대 외교안보 비망록. 서울: 개마고원, 2014.10.8: 219.

得更多的利益。[42] 有人认为拒绝历史上最强大的霸权国家——美国提出的要求, 这是十分困难的, 通过派兵, 可以强化韩美同盟。[43] 青瓦台政务首席刘仁泰表示, 负责派兵问题的外交、国防官员偏向于派兵, 认为派兵是"不可避免"的。[44]

与这些持积极派兵立场的一派不同, 国家安全保障会议 (NSC) 事务处持谨慎态度, 时任事务处次长的李钟奭公开表示: "决定派兵的日期是否应该在10月里, 对此政府内部意见不一。""如果10月中旬还没能下决定, 那么就要推迟到11月或12月再做决定。"显示出对赞成派提出的尽早派兵的慎重态度。[45] 越南战争派兵时, 朴正熙政府关心安保问题, 提防来自朝鲜的威胁; 卢武铉政府最关注的也是韩国的安保, 但是提防的威胁则是来自美国对朝鲜动武的可能性。同年9月25日, 韩国派出外交部长官尹永宽赴美参加联合国大会, 同时与美国国务卿鲍威尔举行了会谈。会谈中, 尹永宽表示伊拉克战斗部队派兵与美国积极解决朝核问题是可以联系起来的。[46] 这就等于告诉美国如果希望韩国派兵, 美国就需要在朝核问题的解决上改变态度, 变相敦促美国和平解决朝核问题。鲍威尔对韩国提出的附加条件表示了遗憾。[47] 因为美方希望韩国派兵是出于同盟义务, 而不是跟美国讨价还价。但韩国坚持认为只有保证了朝鲜半岛的和平, 韩国才有可能派兵

42　경향신문, 2003년10월1일자.

43　한겨레, 2003년10월3일자.

44　경향신문, 2003년10월9일자.

45　한겨레, 2003년10월1일자.

46　동아일보, 2003년10월15일자.

47　조선일보, 2003년10월14일자.

去维护世界的和平。韩国的主张在道德上也无可厚非。[48]

继续协商

与此同时，伊拉克当地的情况开始逐渐恶化，美国变得更加急迫，此前已经得到议会同意的土耳其也突然发表撤回向伊拉克派兵决定后，美国只能选择相信韩国。因此，美国也更加关注韩国的一举一动。

韩国内部情况本就已经很复杂了，再加上逐渐恶化的伊拉克内部状况，联合国安理会的决议通过与否，国民舆论，美国的压力，随着这些因素的变化韩国政府的立场也更加复杂。卢武铉总统于10月1日谈到了有关派兵的五项原则：和平解决朝核问题；国内舆论；国际动向；韩国的安保状况；伊拉克内部的状况。很显然，韩国最关注的问题不是伊拉克，而是朝核问题的和平解决方案，对于营造对话解决朝核问题的氛围，美国的作用是决定性的，韩国间接要求美国能够在和平解决朝核问题上起到更为积极的作用。

与此同时，美国一方面施压，一方面表达善意，希望韩国尽快完成决策派兵。驻韩美军司令官列昂·拉波特 (Leon J. LaPorte) 在《韩美相互防卫条约》签订50周年时表示，希望韩国对于美国的要求进行积极的讨论，算是间接施压。与此同时，美国通过了劳利斯提出的调整方案，同意把派兵规模下调至5000人，为能够负责治安的步兵。美国总统小布什在联合国的演讲中呼吁各国参与到国际社会的多国构建中。[49] 美国还暗示韩国，美军可以返还相当于龙山基地80%的70万坪土地。这比美国原来坚持的60%提高了20%，同时美国还主动提出美军搬迁费用也从此前公布的30亿至50亿美元降低到30亿美元以

48　这是时任NSC次长李钟奭在给笔者的电子信件中所提出的观点，具体内容参考附件C.

49　한겨레, 2003년10월1일자.

内。即使龙山基地搬迁到乌山和平泽, 韩美联合军事司令部和联合国军事司令部也将留在首尔, 以此来暗示韩国: 美国充分照顾到韩国的国内情绪, 将努力把韩国国民因美军基地搬迁产生的不安感降到最低。10月17日, 小布什总统在参加APEC会议期间与卢武铉总统会面, 并称其为 "容易对话的对象", 向世界彰显二人的亲密度。他还全面否认了一些人提出的裁减驻韩美军的决定。美国减少了要求派兵的人数, 把龙山基地搬迁问题和反对裁减驻韩美军的焦点问题联系起来。在此之后, 布什总统还突然在白宫接见了11月3日造访华盛顿的韩国外交部长官尹永宽, 主动示好, 询问 "我的朋友 (卢武铉) 好吗?"布什总统还当场表示 "一定要和平解决朝核问题, 通过六方会谈框架解决朝核问题"。由此可见, 美国对韩国的顾虑是非常清楚的。总之, 美国采取了 "积极协同连锁(Positive synergistic linkage)"的方式扩大对韩国政府要求的回应, 试图影响韩国政府的派兵决定。

在协商过程中, 韩国国内情绪迎来了转机, 联合国安理会在10月16日通过了第1511号决议, 安理会授权成立了统一指挥下的多国部队, 维持伊拉克的安全和稳定, 保护联伊援助团、伊拉克管理委员会和其他过渡政权的安全。在安理会通过决议后, 韩国国内民意调查显示: 赞成派兵的比率显著上升, 可见安理会通过决议有效影响到了赞成舆论的形成。[50]

卢武铉总统于18日召开国家安全保障会议, 表示为了支援 "伊拉

---

50 就在安理会的决议通过之后的10月20日, 韩国社会舆论研究所舆论调查的结果显示, 赞成派兵的占66.2%, 反对的占32.0%, 而此前9月22日该所的舆论调查结果显示: 赞成的占44.6%, 反对的占53.1%, 10月6日的调查结果显示, 赞成派兵的占47.8%, 反对派兵的占48.0%。引自김관옥. 한국파병외교에 대한 양면게임 이론적 분석. 대한정치학회보. 13집1호.2005: 375-376.

克的和平与战后重建"决定追加派兵。这就意味着联合国安理会决议在韩国追加派兵决策过程中起到了一定的积极作用。但是这次决策，只决定了派兵部队的作用是支援伊拉克重建，对于部队任务、部队规模、派兵日期等都没做决定。这表明除了朝核问题上让美国转向，联合国决议已通过等因素之外，还有更多需要考虑的因素。

在派兵部队的作用和规模上，韩美之间的意见发展成韩国政府各部门之间的意见对立，国防部、外交部主张按照美国的要求派遣"具有独自作战能力的治安维持军"，以NSC事务处为中心的"自主派"强调应该派遣"非战斗部队的重建支援部队"，两派互相竞争。韩国政府刚刚决定了追加派兵时，围绕这个问题，政治势力与市民社会团体的争论也继续激化。351个反对派兵团体批评派兵决策，并向国会议员发出威胁：他们将不再把票投给赞成派兵的国会议员。部分民主党及开放国家党的议员也加入了反对派兵的运动中。另一方面，自由守护国民运动等15个保守团体也召开集会，敦促政府支持派兵。[51] 为了综合考虑美国的派兵要求，平衡政府内各部门、各党派及国内舆论，从而能够做出最终决定，10月31日，韩国政府再次派遣了政府联合调查团。与第一次调查不同，此次调查团主要由重建相关部门的官员组成，民间学者被排除在外。这一次调查主要是为了派遣支援重建部队而进行考察。调查团在伊拉克与当地伊拉克组织IGC (Interim Governing Council) 就韩国派兵问题进行交流时，IGC方面明确表示：希望由伊拉克人维护当地治安，不希望外国军队在伊拉克维护治安。[52] 这客观上让韩国政府对派遣非战斗部队的政策更为坚定。

---

51   한국일보, 2003년10월22일자.

52   송영길. 벽에서 문으로. 서울: 중앙일보플러스(주), 2018.1: 153.

卢武铉总统在11月11日召开的安保关系长官会议上公布了派兵的总体原则："不超过3000名"，"派出部队为非战斗部队"，指导原则是负责一个地区的战后重建。这个方案更多地体现了NSC事务处的主张，也是当时赞成派遣战斗部队的一方与激烈反对派兵一方意见的折中，因此也必然导致"各方都不满意"。

这个新的指导原则也与美国的要求区别很大，韩美之间的矛盾和意见分歧在11月17日的韩美年度例行会议上爆发了。美国希望是"步兵5000人规模"，韩国政府则提出"3000人规模的重建部队"，互相都不让步。两国虽然再次确认了伊拉克追加派兵的原则，但是在部队的规模及功能上还是存在分歧。美国不满足于韩国的出兵人数，对部队的性质也不满，韩国不希望韩国军队负责当地治安，因为这有可能会被卷入"热战"，导致人员伤亡，而是负责培养伊拉克军队和警察，反过来，美国要求韩国具备单独作战的能力，以战斗部队为主的治安维持部队。[53] 派兵的时间上也存在分歧，韩国政府希望在2004年4-5月份，美国则主张在2-3月份。韩国政府希望派兵时间能够定在韩国的国会选举之后。美国表示了不满，要求韩国更积极地派兵。

最终协商过程

在韩美之间对派兵问题协商时，伊拉克内部情况继续恶化，11月21日，韩国国会调查团所入住的酒店遭到火箭炮袭击，使得反对派兵的舆论重新高涨起来。[54] 这导致派兵方案在国会通过的前景更为渺茫，因为2004年4月份即将举行国会议员选举，这也让各党派很难再将赞成派兵定为自己的党论。

---

53 세계일보, 2003년11월18일자.

54 송영길. 벽에서 문으로. 서울: 중앙일보플러스(주), 2018: 149.

在这种情况下，美国继续施压，美国国防部提议将驻韩美军的部分兵力转移到伊拉克或者阿富汗，美国国防部长拉尔斯菲尔德也确认了这种说法，他表示"我们不会将两个师团全部转移到伊拉克或者阿富汗，会把两个师团部分兵力转移到伊拉克去。"[55] 驻韩美军的缩减计划虽然是美国政府中长期安保战略计划的一部分，但在这样一个"敏感时期"提出，不免让人解读为对韩国政府伊拉克派兵计划表示不满，进而威胁韩国。11月25日布什总统公开表示将与同盟国进行协商，将美国的海外驻军重新进行调整，这等于是告诉韩国：美国将要缩减驻韩美军。此外，美国还通报韩国，龙山基地搬迁时联合司令部和联合国军事司令部等所有的主要设施要一次性搬迁到乌山、平泽。

此前美国使用的"积极协同连锁(Positive synergistic linkage)"转换为以力量的非对称为前提的消极协同连锁(Negative synergistic linkage)的谈判战略。在美国这种"又打又拉"的谈判战略下，韩国政府的伊拉克联合调查团的回国报告书认为向伊拉克派遣包括战斗部队和非战斗部队在内的混成部队为宜，再加上萨达姆被捕(12月14日)消息的影响，卢武铉总统于12月17日在安全相关长官级会议上再次讨论了追加派兵的最终方案。这个方案如上次讨论方案一样，更多地体现了NSC事务处的意见。12月23日国务会议审议通过并于12月24日提交国会审议，内容为向伊拉克派遣3000人师团编制的非战斗部队，之后命名为扎依屯部队。方案中韩国军队只负责支援伊拉克重建和对警察的教育培训任务，当地治安则交给伊拉克军队和警方。[56] 即美国对派兵人数和部队性质向韩国政府做出了让步，韩国大体坚持了自

55　서울신문, 2003년11월26일자.

56　이종석. 칼날위의 평화-노무현시대 외교안보 비망록. 서울: 개마고원. 2014.10.8: .236.

己的方案。

[表3.1] 第二次伊拉克派兵韩美协商过程

	美方要求方案	协商调整	韩国要求方案
美国提出要求及初步协商	规模: 10, 000 性质: 战斗部队 任务: 维护治安	舆论争论对立, 反对意见较突出; 政府内部意见不一	不明确
继续协商	规模: 5, 000 性质: 战斗部队 任务: 维护治安 积极协同连锁	伊拉克国内状况恶化 其他盟国撤兵 联合国通过决议 舆论争论, 反对向支持转化 政府内部意见不一	规模: 3, 000 性质: 非战斗部队 任务: 战后重建、 警察培训
最终协商过程	规模: 5, 000 性质: 战斗部队 消极协同连锁	情况继续恶化 调查团报告 舆论争论、 反对意见较突出 政府内部意见不一	规模: 3, 000 性质: 非战斗部队 任务: 战后重建、 警察培训
最终协议	规模: 3000人 (扎依屯部队) 任务: 战后重建为主, 警察培训 派兵地区、时间: 韩美协商, 以韩国为主导		

作者自制

3.2.3 韩国国会审议

卢武铉政府于2003年3月20日下午, 美国开始进攻伊拉克之后不久即正式表示韩国政府将支持美国的军事行动。3月21日青瓦台召开临时会议通过了向伊拉克派遣建设工兵部队和医疗支援团的决议后, 韩国国会于当日下午召开国防委员会会议, 对"韩国军队出兵伊拉克决议案"进行了审议, 并决定于3月25日召开国会临时会议, 对决议案进行辩论及表决。但是由于舆论反对派兵的声势强大，无法召开全体会议，只好延期到28日进行审议。后来，又由于71名议员反对直接召开全体会议审议政府提出的派兵决议案，不得不再次延期。

4月2日，国会召开全体会议，首先听取了卢武铉总统呼吁通过决议的国政演讲，然后在256名议员出席的情况下进行表决。最后，以179票赞成，68票反对，9票弃权通过了向伊拉克派兵的决议。国会通过决议后，韩国国防部立即组织20人的先遣队前往科威特，就派兵的地点和时间等问题，同驻扎在那里的美军司令部战争指挥所进行协商。[57]

第一次派兵时，国会的审议比较顺利。第二次派兵的批准过程进行得非常曲折。面对美国派遣战斗部队的要求，当时韩国国内反美情绪高涨，首先是反对派兵的新千年民主党议员和大国家党议员共19人于2003年9月18日在国会召开记者招待会，表示"政府应该拒绝美国布什政府提出的派遣战斗部队的要求。""如果派兵动议案被送到国会，我们将采取所有方法否决这一动议。"他们还公开表达了担忧"伊拉克战争已经进入内战状态，很可能沦为'第二次越南战争'"。他们甚至提出"派遣战斗部队就是发动侵略战争，这违反了大韩民国的宪法。"这一天明确表示反对派兵的议员中还包括金槿泰、金成浩、宋永吉、李美京、吴英植等民主党新党7人与改革国民政党党代表金元应等亲卢武铉的人士。

2003年9月20日，包括总统卢武铉在内37名议员脱离执政党新千年民主党，5名议员脱离大国家党，共42名议员成立了新党——开放国家党，正式在国会登记。再加上之后改革团金元雄、柳时敏两位议员加入，达到44人，成为继大国家党之后第二大党。

57　沈定昌. 韩国外交与美国. 北京: 社会科学文献出版社, 2008:188-189.

新组建的执政党开放国家党内部也意见纷纷，对派兵问题也难以形成统一的党论。金槿泰议员等民主党新党议员正式公布了自己反对追加派兵的立场，部分议员也表现出了审慎的态度。反对派兵的议员既有在野党也有执政党议员。

2003年10月16日，联合国安全理事会以全票通过"伊拉克支援决议案"，总统召集了国家安全保障会议，10月18日决定向伊拉克追加派兵。开放国家党内部也对伊拉克派兵一事分为赞成、反对与慎重论三派，无法统一党论。随着总统下定决心要追加派兵，反对派兵的议员虽然仍然持反对意见，但纷纷表示服从本党的党论，最终开放国家党的党论也成为了赞成派兵。大国家党的立场本来就是同意派兵，在第一次伊拉克派兵时因为受到反派兵舆论的强烈攻击，变得不愿再出头，反而后退一步，等开放国家党表明赞成派兵的立场后才公布自己赞成派兵的党论。自民联与新千年民主党依然是慎重的态度，随着政局已经导向了赞成派兵，他们也开始支持派兵。可见总统表态影响之大。

2003年11月30日发生了在伊拉克工作的韩国国民被抓为人质的事件，追加派兵决策进入了一个新的局面。开放国家党与民主党开始要求重新讨论派兵原则。360多个反对派兵的市民社会团体也一致要求政府撤回同意派兵的决定，还要求撤回已经前期派出去的徐熙、济马部队。市民团体继而发起强烈的反战活动，以及针对赞成派兵的国会议员的罢选运动，再次发起派兵问题大讨论。

在争论中，政府发表了最终决定内容，即派兵部队的目的是"支援当地战后和平、重建工作"，派兵规模上除了徐熙、济马部队以外，人数在3000以内，维持治安是伊拉克军队、警察的任务，韩国军队的作用只是支援并帮助特定地区进行战后重建的"独自地区担当型"部队。

国会接到派兵动议案之时，正值韩国执政党和在野党就韩国与智利FTA批准动议案处于尖锐的对立之时，因此从国会接受派兵动议案开始就面临重重困难。作为在野党的大国家党希望两个动议案同时通过，但由于执政党开放国家党的阻止，未能成功。在野党大国家党党首崔炳烈此间还访问了美国，与美国就当下两国共同关心的问题进行了探讨，表现出了积极与美方合作的态度。[58] 很明显，美国也希望与大国家党接触，从而促成在国会上通过派兵动议案。

由于执政党和在野党态度不同，2003年12月24日移交到国会的政府动议案只能延期到2004年2月13日处理，最终于2004年2月9日被移交给国防委员会。其实，此前2004年1月16日举行的第244届国防委员会上，就派兵问题就已经进行了深刻的讨论。国防部长官曹永吉在提案说明中表示："第一，向伊拉克派兵的规模为3000人；第二，派兵部队的任务是对伊拉克一定地区进行和平稳定和重建支援；第三，派遣期限为2004年4月1日至12月31日；第四，有关派遣部队的驻扎和执行任务地点问题将与美国协商，政府将充分考虑部队安全及执行任务的便利性；第五，派遣经费由韩国承担。[59]

2月9日，第245届第一次国防委员会在听取了国防部长官的提案

58　美国方面也考虑到当时韩国国内在野党为国会多数党的政治状况，在派兵问题上非常重视在野党党首的意见。此前美国并未积极与在野党沟通，但是美国向韩国提出"向伊拉克派遣战斗观察员"的要求后，情况变得有所不同了。白宫的总统国家安全事务助理康多莉扎·赖斯 (Condoleezza Rice)，副国务卿理查德·李·阿米蒂奇 (Richard Lee Armitage)、国防部副部长保罗·沃尔福威茨 (Paul Wolfowitz) 等核心人物突然提出要会见崔秉烈。华盛顿的外交知情人士认为"美国之所以变得如此积极主动肯定与要求韩国派兵有关。"大国家党当时是国会第一大党，为了让韩国顺利向伊拉克派兵，美国不仅要说服韩国政府，还要说服包括第一大党党首在内的国会.

59　국회. 제244 국방위원회 회의록 제4호, 국회사무처. 2004: 1.

说明之后, 就派兵问题进行了认真的讨论。主要议题有:第一, 派兵部队的安全问题; 第二, 派兵与战后重建的关系问题; 第三, 以非战斗人员为中心的派兵部队的编制结构是否可行的问题。对此, 国防部长官曹永吉主张基尔库克地区比其他地区相对安全, 而且隶属于派兵部队的特战队是保护自身安全的, 不能看成是战斗部队。[60] 最终, 通过了决议。时至今日, 依然很多人不认可这种说法, 认为第二次派的是战斗部队。笔者就此问题访谈了时任韩国NSC事务处次长, 也是伊拉克派兵问题主要决策人李钟奭, 得到的答复是"扎依屯确实是非战斗部队, 部队在伊拉克期间并未参与热战, 也未发生人员伤亡"。

美国对于韩国国会此前各种激烈的讨论和"拖后腿"现象, 在初期表现出在一定程度上的接受, 即减少派遣人员规模, 同意派兵性质为以重建为主, 对派出的韩国军队提供军需支援等。随着时间的推移, 对运用"拖延战术"的韩国政府和国会也表现出不信任的态度。政府在受到美国态度变化影响下也敦促国会迅速通过, 市民社会团体继续示威, 面对汹汹的民意, 各政党对伊拉克派兵的态度模糊, 因此国会原定于2月10日的讨论被延期了, 直至2月13日。在市民社会团体对赞成派兵议员发出了罢选运动的迫使下, 59名国会议员只能不参加国会会议, 2004年2月13日在212名议员在场的情况下进行了投票, 赞成155票, 反对50票, 弃权7票。第二次伊拉克派兵方案最终得以通过。

---

60   국회. 제245 국방위원회 회의록 제4호, 국회사무처. 2004: 9-13.

[表3.2] 伊拉克战争派兵议案国会议决情况

议案	日期	场次	参加人数	赞成	反对	弃权
国军部队伊拉克派遣议案 (第一次派兵)	2003.4.2	238-1	256	179	68	9
国军部队伊拉克追加派遣议案 (第二次派兵)	2004.2.13	245-5	212	155	50	7

资料来源: 국회사무처, 국방본회의 회의록, 作者有改动

根据国会的审议过程来看, 与过去相比, 伊拉克派兵时期的国会发出了很多自己的声音,政府也更重视国会的作用, 特地组织了国会议员调查团赴伊拉克当地进行调查。美国也考虑到韩国国会舆小野大的局势, 邀请在野党党首进行交流, 这充分显示了韩国国会的重要性。

其实韩国国会影响力更明显的表现是在伊拉克派兵方案通过之后不久, 2004年3月12日, 国会通过了对卢武铉总统的弹劾。这是任何人完全无法预想到的。这使得人们转变了此前的固有观念, 即认为国会只能是追随政府决策的附属性存在。国会弹劾总统这在过去军事独裁时代是无法想象的, 哪怕卢武铉的前任——金大中总统时代也是难以想象的。这个事件充分说明了韩国国会影响力之大, 成长之快。因此, 我们很难认为在伊拉克派兵过程中, 国会是相对于政府是处于从属性地位的, 应该说这时韩国国会的影响力较之越南战争、海湾战争时期已经有了很大的提高, 地位也不可同日而语。

政府的第二次派兵决策方针决定 (10月18日) 与具体的派兵方案确定 (12月23日) 被分开讨论通过。经过国会内外激烈的争论, 派兵方案在国会通过则是转过年, 即2004年的2月13日才通过的。也就是说在政府派兵方案确定之后时隔近两月才得以在国会通过, 与派兵方针被确定隔了117天, 与美国的第二次派兵要求隔了161天。由此可见, 与第一次派兵决策相比, 第二次的派兵决策要困难得很多。

3.2.4 市民社会与舆论的反应

越南派兵时，市民社会尚未形成。海湾派兵时，市民社会处于成长初期。伊拉克派兵时，市民社会及舆论媒体已经对政策决策产生了重大影响，这与经济发展、政治民主化、社会进步以及市民意识的提升有着不可分割的关系。

最初美国邀请派兵的消息在韩国传播，不同团体就通过示威表达各自不同理念，有的市民团体认为美国此举意在将伊拉克战争的包袱甩给国际社会，掀起了规模浩大的派兵反对运动，在8月15日这天迎来了最高潮。韩国大学总学生会联合（简称韩总联）等团体则在钟路一街举行"反战和平8·15统一大行进"。而保守团体认为"为了解决朝核问题，必须建设坚固的韩美同盟"，坚决赞成派兵。[61] 他们还在首尔市厅举行了"建国55周年反核反金8·15国民大会"。围绕着派兵问题，政府内部也分为"赞成论"与"慎重论"，彼此意见差异较大，展开了各种论战。国会议员也不再拘泥于自己所属党派，而是按照赞成还是反对分成了两派，以反对派兵的议员为中心对政府施压。

随着事态发展，向伊拉克派兵问题在市民团体和部分国民中引起了进一步的分歧，而且相对于第一次派兵，在决定追加派兵政策时，反对的声势更为高涨。政府刚刚决定了追加派兵，围绕这个问题，政治势力与市民社会团体的争论开始激化。351个反对派兵团体站出来批评派兵决策，并向国会议员发出威胁，他们将是否赞成派兵伊拉克决议案将作为一个衡量标准，在下次国会议员选举中让赞成派兵的议员得到"审判"。部分新千年民主党及开放国家党的议员也加入了反对

61　연합뉴스. 연합뉴스 2004. 2004: 153.

派兵的运动中, 部分一直以来反对派兵的国会议员继续通过绝食示威的方式反对政府的派兵方案, 抵制国会通过派兵方案。同时, 自由守护国民运动等15个保守团体也召开集会, 敦促政府支持派兵。[62]

此时, 反对派兵的意见一时占据了上风, 但随着联合国安理会通过了对伊拉克重建的决议, 卢武铉总统决心向伊拉克追加派兵, 赞成派兵的舆论又变成了主流。[63]

2003年12月2日, 伊拉克当地发生了韩国人金万洙、郭京海被杀事件, 这成为助长国民反对派兵舆论的导火线。"反对向伊拉克派兵的非常国民行动"在记者招待会上主张:"政府不仅应撤回威胁国民安全的不负责任的派兵决定, 而且应撤回驻扎在伊拉克的徐熙、济马部

62　한국일보, 2003.10.22.

63　韩国《中央日报》于2003年4月1日进行舆论调查的结果, 可以让我们了解当时的舆论变化情况。国民大多数反对美英联军对伊拉克的军事行动, 对于政府的派兵方案也是反对意见明显占据多数。美英联军对伊拉克的进攻, "支持"为24.7%, "反对"的为75.1%。对于韩国往伊拉克派遣工兵团与医务团队等非战斗部队, "赞成"为43.8%, "反对"为55.4%。关于伊拉克战争, 在"韩国政府支持美国是否符合韩国的国家利益问题"上, 认为"有帮助"的占66.3%, 认为"没有帮助"的占32.4%; 认为伊拉克战争以后, "朝鲜半岛的危机会加深"的占56.3%, "危机会缓解"的占33.8%。有市民团体对赞成或反对派兵的国会议员发起"罢选运动", 扬言下次国会议员选举时将不再投他们的票。对此, 持支持态度的占23.7%, 反对态度的占72.4%, 反对派兵的市民团体活动所引起的负面情绪也是很高的.
《中央日报》2003年9月15日以全国20岁以上男女705名为对象进行了电话调查, 内容是针对美国向韩国发出追加派兵要求, 赞成还是反对, 应答者的回答结果显示, 56.1%"反对", 35.5%"赞成", 此外还有7.2%的人认为"应该看看情况再做决定"。如果联合国决议通过, 以联合国军成员的方式派兵的话, 那么"赞成"的意见就明显占到了优势, 为58.6%, "反对"的意见则下降到40%。对于"伊拉克派兵是否有利于维护韩国的国家利益"这个问题, 认为"有利"的明显占优, 为62.2%, "无利"的则占35.8%。 显然在联合国通过了决议后, 赞成派兵的力量明显增加.

队……这是伊拉克抵抗势力对决定追加派兵的韩国发动的攻击。"[64]此番言论还敦促韩国政府对派兵方案重新进行全面讨论。

当然也并非只有反对的声音。市民团体"为了正确社会的市民社会连带"就主张在恐怖主义逐渐扩大、治安不稳定的情况下，政府应该谋求加强派兵部队的安全、最大限度地减少牺牲的方案。在乡军人会则主张韩国更应该加强自己的国防建设。对于这些市民团体以及各种国民舆论，NSC事务处尽最大可能进行了收集并反映到政策中，尤其是将反对论者的意见，报告给总统，使得卢武铉总统能够随时掌握民情民意。2003年10月17日卢武铉与在乡军人会、市民社会团体、宗教界代表就派兵问题召开了座谈会，听取了各界声音。总而言之，与越战和海湾派兵不同，市民团队、社会舆论对于政策的决定施加了重大的影响。

[表3.3] 第一次伊拉克派兵决策过程

- 2002.11.20 美国驻韩大使询问韩国能否派兵支援。
- 2002.12.23、27 韩国金大中政府两次回复有意派兵
- 2003.3.13 美国驻韩大使再次提出派兵要求
- 2003.3.13 卢武铉同小布什通电话表示有意派兵
- 2003.3.20 美国入侵伊拉克
- 2003.3.21 国务会议讨论决定派建设工兵和医疗支援团、国会国防委员会会议通过
- 2003.4.2 国会全体会议通过决议

作者自制

---

64 조선일보, 2003. 12. 2일자.

[表3.4] 第二次伊拉克派兵决策过程

- 2003.9.4 美国提出向伊拉克增加派兵的要求
- 2003.9.7 美国总统正式发出派兵号召
- 2003.9.24 韩国派出第一次调查团
- 2003.9.25 韩国外交部长官尹永宽参加联合国大会, 与美国国务卿鲍威尔举行会谈协商
- 2003.10.1 卢武铉谈话提到派兵五原则
- 2003.10.16 联合国安理会通过1511号决议, 授权多国部队
- 2003.10.17 APEC会议小布什卢武铉会面
- 2003.10.18 卢武铉召开国家安全保障会议, 决定追加派兵
- 2003.10.31 政府派遣第二次调查团出发
- 2003.11.11 卢武铉在安保关系长官会议公布派兵总体原则
- 2003.11.17 韩美年度例行安保会议上韩美矛盾
- 2003.11.21 第二次调查团居住地被袭击
- 2003.12.14 伊拉克总统萨达姆被捕
- 2003.12.17 安保相关部门长官级会议再次讨论确定最终方案
- 2003.12.23 政府国务会议审议通过
- 2003.12.24 政府向国会提交第二次派兵方案
- 2004.2.9 国会国防委员会讨论并通过议案
- 2004.2.13 国会全体会议审议并通过议案

作者自制

3.3 决策评价

伊拉克派兵基于美国要求, 是多方协商妥协的折中结果。通过伊拉克派兵, 卢武铉政府成功影响了美国, 扭转了美国对朝鲜强硬甚至准备单独动武的想法, 维护了韩美同盟, 也取得了一定经济收益。以下, 从政治、经济、外交与军事安保方面, 逐层分析伊拉克派兵韩国

国家利益的得与失。

3.3.1 政治: 政府内官僚分裂、政权支持势力流失

伊拉克派兵决策从政府到社会发生了严重的对立, 卢武铉政府在决策过程中呈现出官僚政治现象。越南派兵和海湾派兵在巩固政权、维护国家利益两个层次上都有所考量。但伊拉克派兵决策的目标与巩固政权关系十分复杂, 甚至有所冲突。

政府各部门对国家利益的计算并不统一, 各部门出于不同的计算而导致立场对立, 分为两派。派兵名义正当化以后, 韩国政府内部意见分裂, 部分人主张尽可能迅速派出战斗部队, 持"积极派兵论"; 另一部分认为应该对伊拉克情况进行充分调查论证后, 针对当地所需派出战后重建部队, 持"慎重派兵论"。简单说来就是"积极派"与"慎重派"的对立。

"慎重派"的代表就是NSC事务处, 他们认为伊拉克派兵与韩国的国家利益并不存在直接的直接利益, 而且既然第一次已经派出了非战斗部队, 第二次就应当更为慎重。派兵应当考虑伊拉克当地情况, 当时战争已经结束, 当时美国已经公开表示战争结束, 萨达姆侯赛因也被美国捕获, 对于外国部队的需求并不是十分急迫, 这让慎重派更觉得没必要迅速派兵, 对派兵规模和驻屯地上应该与美国进一步协商, 以争取对韩国更为有利的条件。慎重派认为即使派遣战斗部队, 也应尽可能缩小战斗部队规模, 更多地派遣非战斗部队, 前往伊拉克相对最为安全地带, 从事战后重建工作, 而不是治安维持。在"慎重派兵"这一点上, NSC获得了总统卢武铉的支持。

另一方"积极派"的主要代表就是国防部, 外交部。国防部强调要尽最大可能按照美国的要求派兵, 而且时间上要尽可能快, 规模上要尽可能大, 主张积极派兵。虽然当时已经停战, 但是伊拉克的治安状况不容乐观, 因此积极派主张尽可能在10月以内派出韩国军队, 而且主张韩国应该派遣战斗部队, 以应对有可能发生的战斗。部队规模应该具备单独作战能力。外交部的态度虽然没有国防部积极, 但原则上是同意尽快派兵的。可以说二者同属"积极派"。[65]

两派在决策过程中不断讨价还价进行博弈, 最后政府的决策是通过一个政治过程, 反应了各部门之间相当大程度上的妥协。"积极派"与"慎重派"在派兵决策具体方案上意见不同, 但还不至于根本对立, 但两派都难以轻易放弃自己的主张, 存在的矛盾难以协调。因此只能寻找折中方案, 最低限度满足各方要求。

从巩固政权的角度来看, 伊拉克战争派兵问题发生在卢武铉政府上台初期, 作为民选政府, 卢武铉不存在政权合法性问题, 因此也就无需像朴正熙那样主动请求派兵, 通过得到美国的认可以维护、巩固自己的政权。而且伊拉克派兵问题在金大中政府末期就已经由美国提出, 金大中政府也已经承诺援助美国派兵, 但是具体细节要留待新政府上台后再做商定。卢武铉政府在派兵问题, 特别是第一次派兵上回旋空间不大。

事实上, 选举期间一直宣扬韩国应该走自主路线的卢武铉面对美国的派兵邀请是非常头痛的。当时韩国国内反美情绪高涨, 顺应美国的要求很可能被视为"屈辱外交", 这对依靠独立自主理念获得竞选胜

---

65 이종석. 칼날위의 평화 노무현 시대 통일외교안보 비망록, 서울: 개마고원. 2014.10:
    202-203.

利的新生政权是非常不利的。当时, 在国会及政府决策中的很多行为者都是具有进步倾向的人, 他们普遍认为伊拉克战争是美国发动的一场侵略战争。对于他们来说"按照美国的要求派兵"就是参加"非正义"的战争, 不仅损害韩国的国际形象, 更损害韩国的国家自主性, 这与左翼进步势力的理念严重不符。反倒是卢武铉的对立阵营——右翼保守势力的大国家党、自民联等积极主张援美派兵。这就导致部分执政党人士, 反而像保守势力一样, 站到了政府政策的对立面, 成为了一股反对政府的势力, 不得不说执政党内部的分裂让卢武铉政权损失了相当一部分支持势力。[66]

此外, 由于参与政府积极清算"帝王型"权力文化, 注重国民对政策决策的参与, 让国民充分享有对政府处理政务的知情权、参与权, 在伊拉克派兵过程中, 社会舆论、市民团体尖锐对立、冲突, 面对无法形成定论尤其是反对派兵占据主导的社会舆论, 虽然卢武铉政府最终的方案是多方妥协折中的结果, 但客观上必然会损失对政府的部分支持。

当然, 最终的结果也是政府内部、执政党内部、国会各政党之间、政府与社会之间、韩国与美国之间多方博弈妥协的方案。过程中各方充分发表意见, 最终方案从某种程度上也尊重、体现了各方诉求。通过派兵, 韩国成功影响了美国, 保障了朝鲜半岛的和平, 从韩美同盟、经济发展、军事安保以及国际影响力方面都有所收益, 这种派

---

66 对于这个问题, 卢武铉自己有着清醒的认识, 他曾表示: "支持我的人绝大部分是反对派兵的。如果我决定派兵, 支持者中估计有一半人不会再支持我, 剩下的一半也许会因为我而不再反对派兵。所有支持派兵的人几乎都是我政治上的反对者。"이종석. 칼날위의 평화 노무현 시대 통일오교안보 비망록, 서울: 개마고원. 2014.10:181.

兵结果从客观上有利于韩国。

总之, 在付出了巨大的政治利益牺牲后, 卢武铉政府的方案客观看来是最大程度上维护了韩国的利益——3000人的非战斗部队, 执行任务地点是当时伊拉克境内最为安全的北部库尔德地区, 部队的任务是战后重建工作, 以及负责培训当地警察等。卢武铉作为个人反对不正义的战争, 但是作为国家领导人他要考虑到非对称同盟关系, 要做对整个朝鲜半岛的和平安全负责的政治决策者, 他就无法回避美国的要求。

3.3.2 经济: 取得一定收益

虽然在向伊拉克派兵上, 总统卢武铉本人对经济利益的目标是刻意回避的, 甚至可以说是非常反感的。[67] 但是韩国国内赞成派兵的势力对参战可以获得经济实惠是有所期待的。最终韩国通过向伊拉克派兵支持美国, 虽然获得了一定经济收益但并不十分显著。

首先, 作为经济高度依赖进出口贸易尤其是依赖对美贸易的外向型国家, 和平的环境以及稳固的韩美同盟关系对经济的发展影响巨

---

67 据文在寅回忆: 发布派兵方针的草案文本是由外交部准备的。草案上有这样的内容: 本次战争旨在消灭伊拉克的大规模杀伤性武器, 是一场正义的战争, 我们派兵占领了有利于今后战后重建工程及复原项目的高地, 这对我国经济发展也大有裨益。总统看了之后说:"我不知道这场战争是不是正义的。"随之让下属删掉了这句话。还说"经济上有没有好处我也不知道, 但是我们绝不能为了经济利益而驱赶我们年轻宝贵的生命去奔赴死地。"也就是说经济利益不能成为我们派兵的理由。总统继而指示, 向国民坦诚交代派兵是为了维护朝鲜半岛的和平与韩美同盟现实的利害关系这一点。文在寅. 命运——文在寅自传. 王萌 译. 南京: 江苏凤凰文艺出版社, 2018.1: 187.

大。如前所述，因为第二次朝核危机的爆发，国际对韩国市场的担忧增加，导致国际资金纷纷撤离韩国市场，如果韩国按照美国的要求出兵伊拉克，美国也决定以和平的手段解决朝核问题，朝鲜半岛紧张局势可以得到缓解，那就意味着国际资本的回流。相反，如果韩国拒绝了美国的派兵要求，朝鲜很可能成为布什政府继伊拉克之后下一个打击目标，从而让整个朝鲜半岛陷入战争的泥潭，那么对韩国经济的打击将是致命的。韩国财政经济部长官金振构于2003年3月28日在国会畅言派兵与经济利益方面的直接关系。他提醒道："美国是韩国最大的贸易对象国，最大的投资来源国"，"为了韩国经济的发展希望国会能够通过派兵议案。穆迪等国际信用评价机构评价韩国国家信用最主要的就是看韩美关系如何，为了国家长远的经济利益，派兵在所难免。"

　　此外，韩国经济对外依赖度较高。众所周知韩国经济发展结构比较脆弱，内需所占比重较低，出口及吸引外资主要依赖美国、中国、日本三个国家，尤其对美贸易依存度比较高。伊拉克战争中所有派兵国家派遣兵力与对美贸易依存度之间的关系整理如下表：

[表3.5] 伊拉克主要参战国兵力与对美贸易依存度

(%)

分类	韩国	意大利	波兰	乌克兰	荷兰	西班牙	日本
派兵规模	3,566	2,596	2,364	1,544	1,173	960	542
出口依存度	17.7	9.8	2.7	2.9	4.6	4.6	28.8
位次	第2位	第3位	第12位	第14位	第6位	第6位	第1位

资料来源: 박동순. 한국의 전투부대 파병정책: 김대중 노무현 이명박 정부의 파병정책결정 비교. 서울: 선인, 2016:193

　　将经济发展与韩美合作挂钩，让国民意识到一旦韩国政府拒绝派兵可能会面临的后果，那就是破坏韩美关系，进而导致朝核问题的对话解决更为艰难，国际对韩国的信用等级评价下滑，其最终结果就是韩国经济的恶化。最终通过向伊拉克派兵，韩国进一步巩固了韩美同盟，成功影响美国放弃通过武力解决朝核危机的想法，有利于朝鲜半岛的和平，也有利于国际信用机构对韩国的信用评级，从而有利于韩美经贸关系的维持巩固。

其次，伊拉克派兵可以让韩国有机会提供战争军需品供应并参与伊拉克战后重建工程。时任韩国国防部长官的曹永吉在国会报告书中提到："政府之所以决定派兵，是考虑到伊拉克战后重建工程及周边国家再建工程问题，韩国海外能源供给问题，这些都是伊拉克战争在经济上所产生的连锁效应。"[68] 韩国产业研究院还发表分析称：战后重建工程就会为今后十余年间每年平均创造150-200亿美元规模的新兴市场，如果韩国市场占有率能做到3-5%的话，那么可以为韩国每年创造4-8亿美元规模的外汇。[69]

与海湾战争不同，期待参与伊拉克战后重建的期望变成了现实。正如决策前大国家党一位议员朴世焕则表示的"越南战争让韩国获得大量经济实惠，但是海湾战争并没有，因此政府有必要吸取教训，必须在合适的时机参与到战后重建中去。[70] 对是否参与战后重建工作具有决定权的美国于2004年1月将韩国囊括到Core Group，即战后重建参与核心团队之中去了。2004年3月，美国临时行政处下辖的伊拉克重建工程施行委员会将伊拉克重建工程中2亿2千万美元规模的工程

68　국회사무처, 제237회 국회 본회의 회의록 제1호, 2003.3.28: 7.

69　산업연구소. 이라크 파병의 경제적 영향. 산업경제정보 제163호. 2003: 3.

70　제238회 국회본회의회의록, 제1호: 16.

交给了韩国的现代建设负责。[71] 显然, 这与海湾战争后 "接到的30万 5,300美元的工程订单" 形成了鲜明对比, 这成为韩国政府向伊拉克派 兵为韩国企业带来的经济效益之一。

最后政府出兵还有利于韩国企业今后与中东地区在能源供应上 形成更广泛的合作。伊拉克的石油存储量仅次于沙特, 位居世界第二, 占全世界的10.7%。韩国能源进口的70%以上来自中东, 保证有一个 稳定的能源进口对韩国至关重要。有人主张韩国派兵才能够参与到伊 拉克战后重建, 也才能参与油田开发或债券发行工作。[72] 在海湾战争基 础上, 韩国通过伊拉克派兵进一步巩固了在中东地区的影响力, 通过支 援战后重建, 与中东地区的产油国维持了较好的关系, 对于石油绝大部 分依赖中东地区进口的韩国来说, 进一步强化了石油供给保障。

3.3.3 外交: 强化对美影响力

在外交方面, 最大的成果还是积极强化了对美国的影响, 也加强 了韩国与中东国家之间的联系, 但也让韩国被迫卷入美国的海外纷争 之中。

从韩美关系的特殊性角度来看, 美国发动的伊拉克战争势必与 韩国产生关联。[73] 韩国在伊拉克战争开始之前, 就与朝核问题紧密相

71 김성한. 이라크 파병과 국가이익. EAI 국가안보패널 연구보고서2. 2004: 14.

72 김재두. 한국군의 해외파병과 국가전략. 군사논단 제37호. 서울: 한국 군사학회, 2004: 82.

73 2002년 9월 16일 제234차 정기국회 국방위 국정감사상, 국방부에서 답변 최명헌 의원의 제 문시 예언: 비록 세계 각국 반대, 만약 미국 여전히 발동 이라크 전쟁, 최종 대부 분국가도

连。[74]为了使朝核问题不至于打破朝鲜半岛的和平环境,韩国政府与美国密切合作就显得尤为重要,因此派兵对于卢武铉政府来说是势在必行的。与其说韩国向伊拉克派兵是为了直接提升韩国在国际社会的影响力,不如说是韩国通过派兵外交影响美国,强化韩美信任关系,进而提升对美国的影响力。

长期以来,韩国试图增加在联盟中的话语权,增加对朝政策中的主导地位,降低不对称同盟所带来的负面影响。现阶段韩美同盟成立几十年来,韩国已经发生了翻天覆地的变化,从最初的"被保护者"、"被支援者",逐步转变为自主意识浓厚的"非对称的同盟关系"。

与此同时,韩国的经济实力、综合国力同海湾战争时期相比有了进一步的提升,在外交方面,在1980年代末推行的北方外交也取得了较大成果,与社会主义国家的交流交往更加频繁,韩国加入联合国也进一步为其在国家舞台上发挥更大的作用提供了更广阔的平台。韩国也希望通过出兵支持美国领导的多国部队的军事行动,在中东地区进一步巩固因海湾战争而加强的影响力,也希望将韩国的影响力在世界范围内继续扩展。

卢武铉总统是一位出色的战略家。为了改变一开始韩美关系不

会支持美国,直接或间接地向其提供援助。国방부, 2002년도 국회질의답변서. 2004: 21.

74 美国开始伊拉克战争之后, 2003年3月28日第237次临时国会上,就有关韩国军队派往伊拉克的动议案召开的全体委员会上,国防部解释道"比伊拉克重要的是朝鲜半岛的安全以及我们国民的安全问题,进一步说就是朝核问题的和平解决。"即,认为没有以美国为首的国际社会的共同协助就无法解决朝核问题。而且不管伊拉克战争的结果如何都会对朝核问题的解决产生影响,而产生什么样的影响则取决于韩国如何努力去强化韩美关系。韩国的努力会决定朝核问题的解决方向……派兵最主要的原因就是为了和平解决朝核问题. 국방부. 2003년도 국회질의답변서. 2004: 459-460.

太顺利的局面，卢武铉对美国出兵伊拉克表示支持，前提是布什总统原则上同意和平解决朝核问题。使得美韩不和谐说一时烟消云散。[75]在这样的背景下，卢武铉响应了美国的派兵要求，派遣了部队。韩国政府最终通过派兵决策，实现了既定外交收益，当时《泰晤士报》评论说："韩国是第一个决定对伊拉克派兵的美国友邦，其目的就是要缓解美国对朝鲜不妥协的态度。"《朝日新闻》也认为，韩国之所以这么快表示支持美国，是朝核问题和驻韩美军重新部署等问题在起作用。[76]

通过派兵，重新界定了韩美关系。韩国外交最重要的基石就是韩美同盟，通过派兵强化了韩美同盟，同时又加强了韩国在韩美同盟中的自主性。改变了过去对美国完全依赖的地位，而是通过派兵协商，在最终的方案中尽可能更多地体现韩国的要求，从而让韩美关系变成半依赖关系。所以在朝核问题上，韩国外交成功影响了美国的政策。改变了以往单方面受美国政策影响的局面。NSC次长李钟奭认为通过伊拉克派兵决策美国正式积极倾听韩国的声音。

通过派兵，与国际社会一道，缓解了朝鲜半岛的战争阴云，为和平解决朝核危机打下基础。事后开启的六方会谈就是美国同意以对话的方式解决朝核问题的结果。

最后，伊拉克派兵拓展了韩国外交的范围，在国际社会提升了韩国的外交力。曾经的韩国是需要联合国援助的"受惠国"，而现在韩国是主动派出部队援助当地战后重建，施行人道主义救助的国家。围绕伊拉克外交决策的一系列外交努力让韩国扩展了自己在国际社会的影响力。扎依屯部队在当地从事战后重建支持工作也为当地群众留

75　이종석. 칼날위의 평화-노무현시대 외교안보 비망록. 개마고원, 2014.10: 185.

76　沈定昌. 韩国外交与美国. 北京: 社会科学文献出版社, 2008:194-196.

下了较好的印象。韩国的派兵非但没有像越南战争一样制造战争罪行，反而进一步巩固了韩国与中东地区国家友好关系，开拓了中东地区的市场，为将来双方进一步发展关系奠定了良好基础。

3.3.4 军事安保: 缓解紧张局面, 维持半岛和平

安保方面，韩国最重要的成果就是缓解了朝核危机的紧张局面，将美国拉回到谈判桌，扭转了小布什政府有可能单边依靠武力解决朝核问题的想法，维持了朝鲜半岛的和平局面。

朝核问题是当时韩国安保所面临的最为棘手的问题，美国的新保守主义势力 (neocons) 内部一直在讨论要对朝鲜进行轰炸。卢武铉上任后第一次赴美与小布什总统会谈，目标就是想尽一切办法把局势扭转到和平解决的方向上来。当时美国方面准备的韩美共同声明草案里，对朝核问题有"不排除所有选项"的字样，简单说就是"不放弃 (包括战争在内的) 所有手段"。当然这也不意味着美国就会轻易动武，美国认为把动武列入选项内作为牵制朝鲜的一张底牌，有助于解决危机。但是仅仅提到了动武的可能性就已经引起大众的不安心理，这很容易对韩国经济，特别是吸引外资产生恶劣影响。[77]朝鲜半岛一旦变成了战场那对韩国来说打击是致命的。不难想象一旦伊拉克战事结束，布什政府很可能就会将注意力转移到朝核问题上来，届时韩国将处于极为被动和困难的境地。

在过去韩国与朝鲜的军备竞争中双方一直以来势均力敌，但此时

77　文在寅. 命运——文在寅自传. 王萌 译. 南京: 江苏凤凰文艺出版社, 2018.1: 183.

已经呈现明显的非对称性发展趋势了。在国家实力的强烈对比之下，朝鲜无法再通过发展常规武器与韩国竞争，只能将国家生存的保障寄托在核武器上。经过两次核危机，朝鲜已经将拥核变成了既定事实，远程弹道导弹也研制成功。面对国内的粮食困难及国际社会的各种制裁，虽然国际上一度盛传"朝鲜崩溃论"，但朝鲜依然顽强地生存下来，还成为了事实上的有核国家。相形之下，韩国在发展军备方面不仅要受到美国的限制，还要遵守国际规范，这也是韩国融入国际社会所必须承受的。韩国虽然在传统武器装备上领先于朝鲜，但是面对拥有核武器、远程弹道导弹的朝鲜也只能依靠美国提供的监视、侦查手段、定点炮击、第二次核打击能力来进行防御。2003年的韩国经过多年的国防发展，却依然还处于依赖美国保护的境地。

美国总统小布什上台伊始就调整战略，不仅计划缩减海外驻军，而且将驻韩美军的防御范围扩展到整个东北亚。当伊拉克战争爆发，面临美国提出的派兵要求，韩国政府由于担心美国会抽调部分驻韩美军前往伊拉克战场，必须配合美军在伊拉克的军事行动，以阻止驻韩美军的调动，同时也为今后与美国协商驻韩美军重新部署问题时，赢取更多谈判资本。

因此，韩国想利用派兵来缓和韩美在朝核问题解决方式上存在的分歧，争取小布什总统能够同意用和平对话的方式解决朝核问题。对于卢武铉而言，他认为当务之急还是要说服美国。但作为非对称同盟中势力较弱的一方，仅凭外交努力是不够的，卢武铉将美国提出的希望韩国向伊拉克派兵支持美军行动的要求作为"杠杆"，借以扭转小布什政府在朝核问题上的强硬态度。最终，韩国克服了执政党内部、国会之间、社会舆论之间纷争对立矛盾，派兵支援美国，韩国也成为继英国之后，往伊拉克派兵最多的国家，其原因就在于谋求在解决朝核问题上与美国的合作。伊拉克派兵的目的不再是为了防止遭受朝鲜的入侵，反而是阻止美国在伊拉克战争后有可能发动的对朝战争，维护朝鲜半岛的和平。韩国通过派兵伊拉克支援美国，达到了维护半岛和平的目的。

　　驻韩美军依然是韩国安保的柱石，也依然是美国谈判的筹码。在韩美协商过程中，韩国提出的派兵规模等细节不能令美方满意时，美方总会提到将驻韩美军部分兵力转移到伊拉克或者阿富汗，进而缩减驻韩美军规模。虽然说驻韩美军的缩减是美国全球战略调整的结果，但是在韩美就派兵问题进行协商的"敏感时刻"，显然美方此举是在借驻韩美军问题向韩国派兵施压。最终通过派兵伊拉克，避免了驻韩美军进一步的缩减和调动。

　　韩国派出的扎依屯部队不是战斗部队，参与了多种社会开发工作，对当地实施人道主义援助，与居民建立良好关系，取得伊拉克人民的支持。伊拉克派兵通过确保远距离军需物资供应，单独负责指定地区，为今后全球化时代国际军事合作培养了人才，也训练了韩国军队在气候、地形多样化情况下对全新环境的适应能力及任务执行能力。

3.4 小结

　　伊拉克派兵是韩国自越南派兵以后影响最大的一次海外派兵行动。接到美国派兵要求的韩国政府与过去朴正熙时代、卢泰愚时代都不可同日而语。卢武铉政府的派兵方案是韩美之间、政府内部、执政党内部、国会各党派和社会舆论各种意见折中的结果，最终派遣了非战斗部队，总结伊拉克战争派兵决策，具有以下特点：

第一，韩国国内经济飞速发展，政治民主化导致参与决策的行为体范围扩大，但总统依然对决策影响力巨大。

随着民主政权的巩固，民主化的理念渗透到社会各个层面，必然带来国家对外问题决策上的相关行为者扩大，社会可用资源更为丰富的特点。[78] 这与社会进步，信息技术的发展，民主主义发达与市民意识的提升有着不可分割的关系。

21世纪初，韩国已经步入发达国家行列，经济总量、进出口贸易额都在世界经济中占据重要地位，经济的发展必然带来政治和社会相应的改变，尤其是政治和社会向着民主、开放、宽容之路继续前行。政治上，1987年韩国经历六月抗争实现了总统直选制，1992年金泳三文民政府的上台彻底结束了韩国长期由军人把控政权的历史，经过金大中政府的巩固，到了卢武铉政府时期，民主化的观念已经深入人心。过去威权时代外交政策一直是政府内部讨论的黑匣子，市民社会尚未形成，舆论也几乎都在政府的掌控之下；而到了伊拉克战争时期，市民社会与舆论的影响力已经足以影响到政府决策。

在派兵决策协商过程中，市民团体的反战示威，部分国会议员发表反对派兵的声明，舆论的反对等各个阶层的反对声音此起彼伏。在此前的外交决策过程中，基本上由总统与官僚协商后统一作出政府内部的议案提交国会通过，虽然舆论会有发表意见，但是很少能够参与其中。卢武铉政府主张国民参与，在决策之初就特别注重让NSC事务

78　김기정, 이행. 민주화와 한국외교정책-이론적 분석을 모색. 외교정책의 이해. 서울: 평민사, 2010.2: 345-346.

处广泛征求民意，听取社会舆论的各种意见，这也造成了全社会的大分裂。

政府还先后派出过两次国会调查团赴伊拉克进行现场考察。从调查团的组成来看，有政府官僚、有国会议员还有普通学者，这是史无前例的。此外，市民团体与舆论媒体所发挥的作用也较之以往增大不少。反对派兵的市民团体、学生组织组成了反对派兵运动连带，进行大规模集会，还警告赞成派兵的国会议员将对他们展开罢选运动，从而向政府及国会施压。

卢武铉在2003年3月17日就伊拉克派兵相关问题曾经表示"这是国会要审议的事项，有必要倾听国会与国民的声音。"这一态度就是希望政策要反映出国民的意见。以国会为首的国内舆论等总体进行了慎重讨论，派兵政策与朝核问题、韩美关系、国内舆论等纠缠在一起，政府陷入了前所未有的困境。一直以来反对派兵的国会议员继续通过绝食示威的方式反对政府的派兵方案，抵制国会通过派兵方案。相形之下，支持派兵的保守市民团体也多次举行集会示威，表达政治诉求。这些舆情都最大可能的报告给政府机构，对政府决策产生了深远影响。参与主体的扩大这与经济发展，社会进步，民主主义发达与市民意识的提升有着不可分割的关系。

最终，伊拉克派兵过程中总统的决策还是发挥了具有决定性作用的影响力。总统在国家安全保障会议上决定派兵方案后，此前一直犹豫着的开放国家党立刻决定统一党论为赞成派兵。虽然此前大国家党还与执政党暗中较劲，当看到执政党的党论为赞成派兵之后，也马上做出了赞成派兵的决定。

这再次证明了在伊拉克派兵决策过程，总统的决策就是政策这一事实。同时也可以看出在外交决策上, 总统的权威性地位与国会的从属性地位。因此可以说, 总统的决心在伊拉克派兵决策过程中发挥了巨大的影响。这是因为韩国的总统制体制, 赋予了总统在内政、外交、军事上最高权威, 在外交决策中具有天然优势。

第二, 决策过程中官僚政治现象凸显。

因为民主化的观念深入人心, 政府内部的决策风格也较之威权时代有了很大改变, 由过去的上令下行的垂直型决策, 转向横向间各部门积极发表不同声音影响决策的官僚政治模式。

在决定第一次派兵时, 总统、外交部、国防部是主导者, 而第二次派兵的主导者是总统与NSC事务处。不仅是参与或者影响决策的行为体更为丰富, 而且决策集团态度更为开放, 这就导致官僚政治现象突出。

"自主外交"倾向浓厚的NSC事务处在伊拉克派兵决策中的作用凸显。当时正值政权初期, 韩国政府高层官僚中, 尤其外交、国防领域, 认同卢武铉总统外交理念的人并不多。如果说国防部和外交部在决策中采取了传统的职能主义的方法, 那么被卢武铉扩大和加强的NSC事务处则试图从新的角度, 充分反映国内反对派兵势力的声音。

在派兵部队的作用和规模上, 韩美之间的意见发展成韩国政府各部门之间的意见对立。政府内部, 以外交部、国防部为代表的"同盟派"强烈主张按照美国要求派兵, 而且还建议派兵人数要超过美国所期望的。以NSC事务处为代表的"自主派"则对派兵持"慎重论"的立场, 另外负责民政事务的官员则反对派兵。每个部门都根据各自部门的利益判断国家利益, 都坚持自己的意见主张, 就连总统也不能够完全按照个人想法行事, 只能折中各部门意见。就连NSC事务处负责人李钟奭自己也承认：最后的派兵方案是各方意见折中的结果，不能够令任何人满意。

第三，平衡"同盟外交"与"自主外交"，影响美国战略决策。

自主倾向强烈的卢武铉刚刚当选总统就面临同盟美国的派兵要求，出兵还是不出兵问题上，韩国是被动的，选择余地不大，但是在韩美协商过程中，在出兵规模、地点、性质等具体细节的协商上韩国还是掌握了一定主导权的，通过韩国政府的努力影响到了美国的对朝战略。

越南派兵时，韩国还是一个贫穷、弱小的国家。韩国的影响力还难以逾越自己的国境，更无从想象对国际社会、国际体系产生何种影响。但是冷战以后，随着国家综合实力的提升，韩国开始谋求在国际事务中发挥更大的作用，海湾战争派兵加入了美英联军主导的多国部队，表现出融入国际社会的强烈意愿。伊拉克派兵时，韩国谋求"东北亚均衡者"外交，不再对美国惟命是从，更不会主动逢迎，而是运用外交策略与美国协商，并且坚持自己的派兵方案。

在协商过程中，韩国并不主动，美国更为迫切，因此韩国是占据协商有利地位的，进而将派兵与和平解决朝核问题相关联，成功改变了美国的对朝核问题的态度，由原来的"不排除任何可能"转变为"和平对话的方式解决"。协商过程中，韩国还充分利用了韩国民主主义的成长，市民意识的发展以及社会层面的市民社会与舆论界的对立等实际情况与美国协商派兵方案。

第四，所实现的国家利益结构为：安保利益＞影响力＞经济利益。

首先，实现了国家安保上的利益。借出兵为谈判筹码，改善韩美关系，巩固韩美同盟。从而换取美国解决朝核问题上态度的转变，维护朝鲜半岛和平稳定的局面。不难设想, 如果韩国不同意参与美国的军事行动, 拒绝向伊拉克派兵, 必然导致韩美同盟的削弱, 以及美国在朝鲜半岛军事战略的调整, 甚至不排除美国拒绝韩国的参与, 单方面实施对朝动武的行为。第一次朝核危机爆发时, 美国就制定了对朝动武的计划, 最终因韩国政府的反对未能付诸实施。如果韩美同盟出现裂痕, 美国很可能单独行动。韩国向伊拉克派兵的最根本目的是改善朝鲜半岛的不安全状况, 依然是将防止战争、保障生存作为最优先的选项。因此, 当时韩国的当务之急是找到能够和平解决朝核问题的可行办法, 同时还要强化韩美关系。

其次, 提升了韩国的国家影响力。越南战争时期的韩国还是一个贫困弱小的东亚国家, 由于朝鲜战争的影响韩国长期以来一直着"被保护者"的形象, 21世纪初的韩国虽然已经是世界第12位的OECD国家, 但外交、安保上还是严重依赖美国, 其国际形象与其经济地位严重不相符。因此, 通过参加人道主义援助、战后重建工作, 提升韩国的国际影响力, 拓展韩国与中东国家之间的外交。

最后, 战争带来的经济效益。作为高度依赖国际经贸的外向型经济, 朝鲜半岛的和平环境和国际评级至关重要, 通过派兵伊拉克, 强化了韩美同盟, 影响改变了美国武力解决朝鲜问题的想法, 保障了半岛和平, 为经济发展营造了良好的外部环境。另外借鉴越南战争的经验, 伊拉克战争为韩国带来了参与战后重建的实际利益, 也为巩固韩国的中东石油供给提供了保障。

分析韩国决定向伊拉克派兵所表现出的国家利益优先顺序, 在当时的环境下, 防止朝鲜半岛发生战争是最大的派兵目的, 因此生存利益应该说是最优先的, 居于首位的。派兵决策所追求的是防止美国用武力解决朝核问题，改变美国的战略意图是韩国的目的，可以说韩国的这一决策也包含有提升影响力的需求。因此，笔者认为伊拉克派兵所表现的国家利益结构是安保利益＞影响力＞经济利益。

第四章

韩国海外派兵决策的演变特点

本书以韩国为援助美国而进行的三次海外派兵决策为研究对象，具体分析了派兵决策的影响因素、决策过程以及实现的国家利益结构，分析总结近半个世纪以来韩国援美派兵决策演变特点如下：

4.1 影响因素

第一，韩国国内经济飞速发展，政治实现民主化，外交能力与国际影响力得到显著提升。

克里斯托弗·希尔认为，"对外政策永远不能脱离其国内背景的发源地。没有国内社会和国家，也就没有对外政策。"[1]

朝鲜战争结束初期，在美国的经济援助下，韩国开始恢复经济并逐渐走上工业化道路。由于当时美国救援物资绝大多数为小麦、原棉、原糖等，韩国只能实行以加工这些物资为中心的进口替代工业化

1　克里斯托弗·希尔. 变化中的对外政策政治. 唐小松 译. 上海: 上海人民出版社, 2007: 39.

政策。[2] 朴正熙上台后，确定了经济发展第一的目标，改变了进口替代工业化政策，走上了政府主导的出口导向型发展道路，从而使韩国进入国际经济体系。威权主义领导人普遍推行有利于经济发展的政策，这既是出于对现代化的渴望，也是以经济发展来寻求绩效合法性的需要。[3]

60年代世界产业结构进入调整期，西方发达国家普遍开始注重提升资本有机构成和技术比例，将劳动密集型产业向广大发展中国家转移，美国所提供的资金支持和以美国为首的出口市场为韩国出口导向型经济发展提供了保障，韩国抓住这一机遇，使得韩国生产的消费品成功打入国际市场。70年代是韩国经济发展的转折点，朴正熙开始实施重化工业战略，在政府的挑选和培植下，一批企业财阀应运而生，韩国经济实现快速发展。

80年代，世界范围内两大阵营的对抗渐趋缓和，各国贸易壁垒纷纷降低，外汇管制逐步放松甚至解除，投资资本的流动更为自由。特别是"低汇率、低利率、低油价"三低现象的出现让韩国的出口战略取得了极大成功。90年代第三次科技革命爆发，以信息技术为中心的高新技术得到发展，为经济全球化提供了技术支持。

随着韩国经济的发展，韩国已经改变了越南战争时期的贫穷落后的面貌，1980年韩国贸易规模在世界居第28位，1987年提升到第20位，1993年上升至第13位。[4] 进入90年代，以至于美国为了改变对韩贸易

2　魏志江等. 韩国学概论. 广州: 中山大学出版社. 2008: 186.

3　王菲易. 国际化、制度化与民主化——韩国政治发展与转型的国际因素研究. 上海: 复旦大学博士学位论文, 2009. 10: 101.

4　金承南. 韩国对外经济关系论. 长春: 吉林大学出版社, 2000: 5.

的逆差问题向韩国提出扩大国内市场、保护知识产权等要求, 进而产生韩美贸易摩擦, 足见韩国经济发展成果之显著。1990年代后半期进入发达国家, 进入21世纪后, 韩国经济继续发展, 至2003年韩国GDP位列世界第12位, 人均GDP超过了1.4万美元, 发展成就斐然。

一个国家融入世界市场, 对外贸易依存度必然上升。全球化的影响也带来了韩国对外开放度的提升。对于一个长期处于威权体系下的国家而言, 西方的自由民主观念在韩国蔓延和传播的越来越广, 引发了民众越来越不满于威权政府的统治。国内私营经济的壮大, 新的社会群体相应出现, 生活水平逐步提高, 他们对政治生活的参与热情也被激活, 对政治自由化的要求也在提升。

自由主义市场经济的发展, 加之第三波民主化热潮在东亚地区引发了一连串的民主转型, 韩国国内要求实现民主化的声音也愈演愈烈。1986年4月, 美国也宣布不再支持军人政权, 给韩国执政当局造成巨大压力, 全斗焕对反对党做出重大让步, 同意在1988年进行修宪。1987年6月, 韩国全国爆发多起游行示威, 强大的舆论压力给韩国政府造成巨大压力, 美国也规劝全斗焕要保持与反对派的对话, 强调要避免军队介入政治。1987年6月29日, 卢泰愚发表 "6·29民主化宣言", 表示要通过修宪实行总统直选制, 总统任期5年, 不可连任, 同时保障国民的基本人权。1987年12月16日, 卢泰愚以36.5%的得票率当选为总统,[5] 这是韩国第一次通过直选的方式实现了政权的和平交接。卢泰愚在任期间加强韩国与其他各国的友好交往, 积极融入国际社会并提升韩国在国际社会的影响力。外交上由于推行 "北方政策", 将韩国外交的着眼点由美国转向苏联、中国等社会主义阵营的国家。韩国于

5 金泳三为28.0%, 金大中为27.1%, 金钟泌为8.1%.

1990年9月30日与苏联建立外交关系，1991年9月与朝鲜同时加入联合国，两国还于当年12月达成和解，签订了互不侵犯及无核化的协议，1992年8月韩国还与中国建立外交关系。这些外交努力都是基于卢泰愚政府对自身合法性的自信，以及在国际上韩国的国家外交能力提升的结果。

1992年12月18日，韩国举行第14届总统选举，金泳三以42.0%的得票率当选，结束了韩国自朴正熙以来三十二年军人当政的历史，开创了文人政权的新时代。1997年金大中当选为第15届总统，标志着左翼进步势力在韩国首次登台。

2002年代表自由派的新千年民主党候选人卢武铉在选举中战胜保守派大国家党候选人李会昌，表明自由派在韩国政治中的影响力得到进一步巩固，也意味着韩国成功实现了世代交替。[6]卢武铉来自全罗道，从政经历并不丰富，以"改革者"形象出现，代表了下层阶级要求改革的力量。在2002年的选举中，年轻的一代发起大众运动来支持政治改革，借助互联网和手机在全国范围内发起大规模动员，与保守媒体相抗衡。这体现了韩国飞速发展的社会所带来的价值取向、思维方式等各个方面上的代际差异。

以卢武铉为代表的进步阵营一直都认为韩国在外交、军事、安保上对美国过度依赖，对韩国的从属地位不满。卢武铉上台后一方面推出了"均衡者外交"，在维持韩美同盟的基础上，均衡美国、中国、俄罗斯、日本等大国在东北亚的影响，使韩国成为东北亚"势力均衡者"。另一方面，维持东北亚和平繁荣，坚持强调以和平外交手段解决

6　　王菲易. 国际化、制度化与民主化——韩国政治发展与转型的国际因素研究. 上海: 复旦大学博士学位论文, 2009. 10: 59.

朝核问题, 积极发挥自身在朝鲜半岛的作用。此外, 他积极走出国门, 出访足迹遍布欧洲、非洲、拉丁美洲等国, 也注重加强与国际组织的联系, 积极参与多边外交及区域性的安全合作与经济合作, 为韩国的发展创造更为宽松有利的国际环境。

任何国家一旦在经济上实行对外开放, 参与经济全球化, 国内政治或多或少或迟或早会发生相应的变化。[7] 韩国国内政治的变化、外交能力的提升终归是经济取得巨大发展成就的结果。

第二, 韩美关系由 "绝对依赖" 向 "相对依赖" 转化, 韩美同盟由 "垂直型"向"水平型"转变, 韩国的自主性明显提升。

从韩美关系来看, 越南战争时期韩国在经济、军事、外交上完全依赖美国, 冷战结束后随着国际、国内环境的变迁以及韩国经济的发展, 韩美关系也呈现了新的变化趋势: 即经济上韩美之间存在贸易摩擦, 外交、安保上则继续依赖美国, 同时在驻韩美军费用分担上韩国承担更多的义务。因此韩美关系由过去的 "绝对依赖" 转变为 "相对依赖"。从根本上看, 韩国自主性的提升是弱小国家争取平等地位, 以及将不对称同盟向对称同盟方向发展的一种必然的过程。

通过对韩国派兵决策的历史进行梳理后发现, 在《韩美共同防御条约》签订时期, 韩美之间是一种 "施惠者和接受者 (donor and recipient)", 或者说 "保护者与被保护者 (patron and client)"的关系。随着双方关系的发展, 韩美同盟发展为更接近于双边合作的 "卖家与买家 (seller and buyer)"关系, 即从无偿援助和经济援助的支援关系, 发展成为联合防卫、军费分担的关系。90年代以后, 韩国进一步承担了地区安全责任, 与美国的关系转变为军事分工负责关系。韩

7   俞可平. 全球化与政治发展. 北京: 社会科学文献出版社, 2005: 23.

美同盟由过去的"垂直的安全同盟"向"水平的全面同盟"转变。[8]

第三共和国朴正熙总统由于是通过军事政变掌握了国家权力,政权的合法性比较脆弱,为了得到美国的支持,朴正熙刚当上总统就主动向美国提出向越南派兵的建议。后来第一次派兵时,虽然美国要求的是非战斗部队,朴正熙政府还积极地表示希望派遣战斗部队直接参战,这对于当时内部积贫积弱、外部强敌在侧的韩国来说是很勉强的。韩国在派兵问题上积极主动的态度充分反映了这一时期韩国对美追随外交的姿态。但值得注意的是,即使是在韩国绝对依赖美国的越南战争时期,派兵具体方案的协商过程也能看出在韩美之间国力差距悬殊的情况下,韩国在不破坏韩美同盟的前提下,通过推行其外交政策,最大限度地谋求了本国的利益。应该说越南派兵时期韩国已经开始尝试追求对美外交中的自主性了。

冷战结束时期韩国的自主性表现得更加充分。随着韩国民主化以及韩国自身综合实力的提升,韩国希望在对美外交上能够拥有更多独立性和自主性,希望从原先的"保护者和被保护者"的关系转变为更加平等的盟友关系。

从卢泰愚的"北方外交"开始,韩国开始逐步改变美国在韩国政治外交方面的绝对主导地位,希望逐步摆脱对美国从军事安保到经济上的严重依赖。"北方外交"出台背景是随着韩国国力的增长,对朝关系处于优势地位,韩国国民对世界的认识也发生了很大的转变。韩国的政策重点不再是与朝鲜进行消耗性竞争与对抗,转而积极探索与社会主义国家实现关系正常化。而"美国已成为南北关系改善的直接

---

8   赵伟宁. 韩美联盟视域下的韩国自主性研究. 济南: 山东大学博士学位论文, 2016: 75.

障碍 (impeder), 是南北统一的破坏者。"[9] 韩美同盟与南北关系自此成为韩国外交安全政策中两大并重甚至是竞争性的课题, 而且两者相互交织缠绕, 使得韩国经常摇摆折冲于同盟利益和民族利益之间, 欲罢不能、欲解无力。[10] 但是只要朝鲜半岛分裂、对峙的局势没有改变, 韩国就不能对自己的国家安全持乐观态度, 因此韩美关系依然是韩国外交关系的重中之重。卢泰愚不希望自己北方外交的成果让美国盟友感到冷落。韩国希望尽早加入联合国, 融入国际社会, 于是美国主导的海湾战争就成为卢泰愚政府提高国际影响力, 融入国际社会同时巩固韩美同盟的有效窗口。

到了21世纪初, 韩国经济的持续发展、国家实力的不断增强带来国家自信心的进一步提升, 冷战后韩国对美国依赖减少, 韩国在韩美关系中的不平等地位有所改观。

卢武铉总统格外强调对美关系中的自主性, 2003年, 卢武铉总统正式提出"东北亚均衡者"构想。根据这个构想韩国作为一个地区中等国家通过平衡周边大国的利益, 使诸强国在该地区的影响力达到一个平衡的状态, 从而保证东北亚地区的安全、繁荣与稳定, 韩国则在其中充当一个"平衡者"的角色。卢武铉政府的"自主外交政策"基本精神是继续修正过去完全向美国一边倒的外交路线, 力求均衡发展的实用主义外交。韩国的立场是减少对美国的依赖, 增加韩国的自主性, 追求与美国之间更加平等的关系。在韩美安全体制内提高韩国军队的自主能力, 进而迈向"自主国防"。

---

9 Victor D. Cha, America and South Korea: The Ambivalent Alliance? Current History A Journal of Contemporary World Affairs, 102.665, 2003: 279-284.

10 张少文. 韩国外交与对外关系. 台北: 台湾商务印书馆, 2009: 78.

但是朝核问题的出现改变了这一切, 第二次朝核危机发生以后人们纷纷猜测韩美两国间存在裂痕。韩国派兵伊拉克支援美国, 这对努力营造"韩美平等关系"、改变"屈从美国"形象的韩国政府是一个艰难的决定。卢武铉本人尽管过去具有"反美"色彩, 但在解决朝核问题上却不能不正视现实, 配合美国在伊拉克的军事行动, 以换取美国同意在朝核问题上走向和平对话, 这也是韩国自主性的体现。出兵越南主要是经济目的, 而出兵伊拉克则是为了政治目的。此时韩国的经济发展水平已经有了很大的提高, 但是安全领域仍然依赖美国。美国依然掌握着韩国的作战指挥权, 韩国仍然在很大程度上受到美国影响, 但是不同于越南战争时期的完全依赖, 也不同于海湾战争时期的顺从, 而是可以对美国产生影响的相对依赖。

第三, 韩国国内政治对对外决策的影响越来越大。

克里斯托弗·希尔说: "国内政治影响对外政策的制定及实施, 影响对外政策实施的优先方向及效果。反之, 对外政策则反作用于一国国内的政治变革、经济变革、以及一国参与国际体系的程度。"[11]

朴正熙政府决策向越南派兵的首要动机就是巩固自己的政权。正是由于其政权合法性脆弱, 朴正熙希望通过出兵越南获取经济利益和军事利益, 得到美国对自己政权的支持, 在事实上朴正熙也是达到了自己预期的目标。在威权统治下, 国内反对的声音不多, 对决策几乎未产生影响, 国内政治问题不突出, 越南派兵决策巩固了朴正熙的统治, 解决了政权合法性问题。

海湾战争派兵时, 卢泰愚政府处于从威权政府向民主化政府过渡

---

11 克里斯托弗·希尔. 变化中的对外政策政治. 唐小松 译. 上海: 上海世纪出版集团, 2007.7: 39.

时期, 党派斗争不断, 反对派兵的舆论高涨。卢泰愚政府面临国内的众多危机, 将海外派兵看成是解决国内问题的一个窗口。通过实施海外派兵, 在国内营造了一种面临战争的危机局面, 从而团结民心, 提高对政府及执政党的支持率。卢泰愚也利用推进国内地方选举的举行换取在野党党首金大中对派兵方案的支持。最终海湾派兵间接促成了韩国30年未曾举办的地方选举的重新举行, 促进了韩国国内民主政治制度的完善, 提升了韩国对国际事务的参与度, 成为韩国加入联合国的一个契机。这是派兵决策与国内政治紧密相连最直接的证明。

伊拉克战争派兵时, 由于民主化已经深入人心, 卢武铉政府又是强调"参与"的政府, 派兵决策不仅是不同利益和不同影响力的政党、部门、官员之间相互竞争、协调、冲突、斗争和妥协的结果, 也是政府与市民社会、舆论之间博弈的结果。这也就决定了派兵决策不可能迅速达成, 而且政府派遣非战斗部队的决策也让赞成或反对派兵的市民社会双方都不能够满意, 这也是国内政治力量各方之间妥协的结果。卢武铉政府也利用国内政治混乱、反对势力强大的情况在对美协商过程中坚持了韩方的立场, 维护了韩国的自主性, 提升了韩国在韩美同盟中的影响力。

越南派兵决策是威权政府维护政权稳定的一个手段, 海湾派兵决策就成为政府统合国内势力, 变相解决国内问题, 提升国际影响力的窗口, 伊拉克派兵时决策方案本身就是国内政治势力互相协调、妥协的产物, 在决策过程中国内政治情况还成为韩国政府与美国协商时的谈判筹码, 提升了韩国对美的影响力。

第四, 意识形态对外交决策的影响作用逐渐淡化, 更加注重务实外交。

在越战派兵时期发挥重要影响作用的意识形态因素，在海湾战争派兵和伊拉克战争派兵时期的作用逐渐淡化。越南战争时期处于资本主义阵营与共产主义阵营激烈对抗的时期，在东北亚虽然结束了两大阵营热战的朝鲜战争，但朝鲜半岛依然处于资本主义阵营与社会主义阵营的对峙状态，在东南亚持不同信仰的北越与南越也发生激烈对抗，为防止共产主义"多米诺骨牌效应"，身为资本主义阵营领导者的美国直接介入并主导了越南战争，朴正熙政权无论是从国际上共同反共，宣传"报恩"思想，加强韩美同盟，获取美国的信任和支持，还是从国内大肆反共，消除国内各阶层对共产主义的深深恐惧，巩固执政合法性，意识形态因素都在影响决策上发挥了重要的作用。

而到了海湾战争时期，资本主义阵营和社会主义阵营的冷战对立趋于瓦解，海湾战争的发生是基于伊拉克对科威特的侵略，是在联合国授权下坚持捍卫国家主权原则进行的战争。虽然伊拉克曾经是苏联扶持的对象，但在战争时期，苏联自身问题重重，无暇顾及，很难把战争与资本主义和共产主义对立的意识形态相联系。而在战争发生前韩国就积极推行北方外交，积极谋求实现同社会主义国家的邦交正常化，如果说派兵海湾是意识形态因素施加了影响或者说发挥了重要作用也是不符合实际的。

进入世纪之交，韩国政府更加注重务实外交。伊拉克派兵时期，冷战已经结束10年，国际格局朝着美国一超多强的态势发展，9·11恐怖主义袭击直接导致了美国在全球打击恐怖主义，美国与伊拉克的战争虽然有西方"自由世界"理念与伊斯兰价值观以及萨达姆独裁政权的冲突和对立，但是对于韩国而言，无论是从其国内政治、经济、社会、军事安保状况出发，还是从国际关系、增强国际影响力方面考虑，意识形态因素对于韩国的决策影响是十分微弱甚至是可以忽略不计的。政府外交政策制定的初衷即为实现韩国的国家利益，当时最大的国家利益就是维护朝鲜半岛的和平环境，因此卢武铉政府用援美派兵外交扭转了美国对朝态度，促成了六方会谈的进行，缓解了第二次朝核危机带来的半岛紧张，这一举措可以说是非常的务实了。

4.2 决策过程

第一，韩国官僚集团影响力上升，派兵外交决策模式由"理性行为者模式"向"官僚政治模式"转变。

在威权主义军人政权时代，政治权力对于官僚的控制非常严格，上命下从的军队文化盛行，这严重影响到政府部门的日常工作。但是民主化实现以后情况则发生了变化。官僚在威权时代与政治权力的关系，到了民主化以后随之做出了调整。来自市民社会的压力强烈要求改革官僚体制，使得民主化后所有政府都不得不重新调整总统与官僚之间的关系。社会发展更为多元化，为了追求更为高效的政绩必然要求更为专业的人士负责相应的领域。于是专业性强、执行力迅速的官僚集团的影响力得到显著提升。[12] 他们能够从自己专业领域出发给出更为专业的意见。由于社会分工精细化，社会利益多元化，国家利益全球化，也促使各种部门之间基于部门利益的不同，对国家利益的判断产生不同视角。于是决策模式由"理性行为者模式"向"官僚

12　강원택. 한국정치론. 서울: 박영사, 2018.9.20: 259.

政治模式"转变。

越南派兵决策时韩国当时民主化尚未实现，经济发展比较落后，总统又是通过军事政变夺取政权的军人，当时朴正熙是典型的"帝王型"总统，对内政外交都拥有巨大的权力和影响力。政府内部的外交决策机构是国家安全保障会议与国务会议，通常朴正熙总统决策与国家安全相关的问题时就会召开国家安全保障会议。国家安全保障会议是总统权力的延伸，在决策过程中一直都是根据总统朴正熙的指示，起到辅助、落实的作用。决策的顺序通常是垂直型的：总统指示——>国家安全保障会议决议——>国务会议决议。可以说绝大部分外交决策过程都是在以朴正熙为首的小范围决策圈子内进行的，他们根据个人判断做出理性决策，官僚与军人背景的内阁成员对朴正熙绝对的忠诚，忠实履行总统的指示。其他部门只是执行决策而已，既未参与到决策中去，更谈不上基于部门利益而提出意见。整个决策过程是"垂直型"的管理模式，所有权限都集中于总统一人手中，是非常典型的"理性行为者模式"。

卢泰愚政府虽然是韩国1987年选举制度改革后第一届民选政府，但是卢泰愚作为新军部代表人物之一，其政权的支持势力依然在军队，经过朴正熙18年、全斗焕7年的军人独裁统治，上命下达的军队文化依然在韩国政府中盛行。当时韩国正处于由威权走向民主的过渡时期。在海湾派兵决策之中，在卢泰愚的授意下国防部发挥了主导作用，这里国防部成了总统权力的延伸。依然是由政府最高层按照符合国家利益最大化的方式做出决策，政府其他部门仅仅是执行总统的决策而已。

卢武铉的参与政府上台时，民主化已经深入人心，卢武铉强调平等参与的理念, 政府内部的决策风格也较之威权时代有了很大改变, 由过去的的垂直型理性行为体模式转向更积极地听取各部门不同声音的官僚政治模式。

在决定第一次伊拉克派兵时, 总统、国防部、外交部是主导者, 而第二次派兵的主导者是总统与NSC事务处。不仅参与、影响决策的行为体更为丰富, 而且政府中决策集团态度更为开放, 这就导致官僚政治现象突出。"自主外交"倾向浓厚的NSC事务处在伊拉克派兵决策中的作用凸显, 同时其他部门也都积极提出自己的意见。当时正值政权初期, 韩国政府高层官僚中, 尤其在外交、国防领域, 认同卢武铉总统外交理念的人并不多。如果说国防部和外交部在决策中采取了传统的职能主义的方法, 那么被卢武铉扩大和加强的NSC事务处则更多地充分反映国内反对派兵势力的声音。

在派兵部队的作用和规模上, 韩美之间的意见发展成韩国政府各部门之间的意见对立。在政府内部, 以外交部、国防部为代表的"同盟派"强烈主张按照美国要求派兵, 而且还建议派兵人数要超过美国所期望的人数。以NSC事务处为代表的"自主派"则对派兵持"慎重论"的立场, 另外负责民政事务的官员则反对派兵。每个部门都根据各自部门的利益判断出不同版本的国家利益, 都坚持自己的意见主张, 就连总统也不能够再像威权时代一样乾纲独断。NSC事务处负责人自己也承认最后的派兵方案是各方意见折中的结果, 不能够令所有人满意。最终的方案是多方意见的"合力", 这正符合官僚政治模式的特征。

美国要求下的韩国海外派兵的决策模式从"理性行为者"向"官僚政治"模式发生了转变, 这实质上是韩国民主化发展在外交决策领域的体现, 但有必要指出的是这不代表民主化实现后的韩国外交决策全部是"官僚政治"决策模式，由于外交工作的特殊性，对时效性、保密性、专业性的要求较高，这就决定了"理性行为者"模式还将也必将存在于外交决策过程中。

第二，决策参与体范围在扩大，外交决策逐渐民主化、科学化、制度化。

外交决策领域因为其专业性强、保密要求高等特点历来被视为"黑匣子"，随着民主政权的发展与巩固，民主化的理念渗透到社会各个层面，再加上信息时代的发展，海外派兵对于普通民众来说也不再是"远在天边"，而是"近在眼前"。关注度的增加必然带来国家对外问题决策上的相关行为者范围扩大，社会可用资源更为丰富的特点。[13] 这与社会发展，信息技术的提升，民主主义发达与市民意识的提升有着不可分割的关系。在威权统治时期，韩国民众几乎不可能参与，更不可能对国家外交和安全政策产生影响。韩国民主化实现后，一个主要的特点是在国内治理和外交政策方面公众意见的重要性明显增加。

市民社会与舆论的影响力从无到有、从小到大，体现了外交决策的民主化。韩国决定向越南派兵之时，韩国经济上尚未充分发展，政治上也未实现民主化，市民团体尚无从谈起，就连在野党也身单影只，力量薄弱。因此社会因素对派兵决策的影响是非常微弱的。可以说朴正熙政府时期，几乎完全没有市民团体能够参与到政府决策中。总体而言，第三共和国当时的舆论基本处于被政府控制的状态。政府向越南派兵的决策几乎都是在秘密的、非公开的情况下进行的，虽然有的舆论媒体后来提出了反对的声音，但是对政府主导的外交决策几乎

13　김기정, 이행, 민주화와 한국외교정책-이론적 분석을 모색, 외교정책의 이해, 서울: 평민사, 2010.2: 345-346.2

没有产生什么影响。从第二次派兵决策开始，韩国的舆论态度表现出比较慎重的一面，战斗部队的派兵讨论进行了一段时间之后，才出现反对派兵的声音。后期，韩国国内反对派兵的言论有所提升，国内舆论对派兵决策所产生的影响随着谈判次数的增多而有所增加，但从总体上来看这种影响还是比较微弱的。但反对言论正好成为朴正熙政府对美国协商时可利用的筹码。韩国政府以"平息国内的反对派兵言论"为由，要求美国保持驻韩美军的现状，希望美国切实保护韩国的国家安全，同时提升派出的韩国军队的待遇，要求美国向韩国军队提供支援以实现军队现代化。

海湾战争时期，虽然此时已经是民选政府，但卢泰愚政府面对舆论反对派兵的声音态度依然强硬，展现出与军事独裁政权类似的特征。在海湾派兵决策过程中，由总统与官僚协商后统一作出政府内部的议案提交国会审议通过，虽然舆论发表了意见，但是很少能够参与决策其中，也无法发挥影响决策的作用。

卢武铉政府主张国民参与，在决策之初就特别注重让国家安全委员会事务处等机构广泛征求民意，听取社会舆论的各种意见。在追加派兵的决策过程中，总统一时之间并未表明态度，对赞成和反对派兵的势力双方都没有做出劝阻或引导，而是表现出虚心听取各方意见的态度。政府这种开放的听取态度，也是造成社会大分裂的一个原因。

外交决策科学化、制度化表现在政府还先后派出过两次调查团赴伊拉克进行现场考察。从调查团的组成来看，有政府官僚、有国会议员还有民间背景的专家学者，这是史无前例的，后来政府派遣调查团进行实地调研成为外交决策的一项制度。市民团体与舆论媒体所发挥的作用也较之以往增色不少。反对派兵的市民团体、大学生等组成了反对派兵运动组织，进行大规模集会，还警告赞成派兵的国会议员将对他们展开罢选运动，从而向政府及国会施压。卢武铉在2003年3月17日就伊拉克派兵相关问题曾经表示"这是国会决议的事项，有必要倾听国会与国民的声音。"这一态度就是希望政策要反映出国民和国会的意见。

国会的作用也前所未有的加强了。朴正熙政府时期，执政党对政府决策表现得非常忠诚，国会中即使在野党对派兵方案提出异议也几乎没有产生什么作用。有时候甚至未经国会讨论就已经完成了军队组成，有时甚至因朴正熙认为不必通过国会就直接绕过了国会。卢泰愚政府时期在外交政策领域与朴正熙政府时期相似，大部分时间里国会都像是行政部门的附属物，起不到对政府的牵制作用，只是走程序而已。到了卢武铉时期则有所不同，大规模的反派兵运动不仅提升了派兵的社会关注度，而且通过罢选等方式给国会议员施加压力。很多反对派兵的国会议员通过绝食示威的方式反对政府的派兵方案，抵制国会通过派兵方案。第一次伊拉克派兵方案的通过就出现波折，赞成179票、反对68票、弃权9票，其中反对的68位议员中有44位隶属于执政党新千年民主党。国会讨论第二次派兵方案时，执政党变成了开放国家党，[14]但依然有12名议员投了反对票。虽然最终国会还是通过了政府的派兵方案，但此时的国会中，议员们的投票更多是基于个人所秉持的理念，而不再是一味的对政府、对总统表现忠诚。由此可见，国会在外交决策过程中的重要性有了较大提升。

第三，韩国作为总统制国家，无论威权政府还是民主政府，外交决策中总统都发挥了巨大的影响力。

14　原民主党中有40余名议员因为支持卢武铉独立出来创建了开放国家党.

外交安保领域，最高政策决策者本身就集中了法律上、制度上的绝对优势，自然就成了外交决策中影响力最大的行为体。在韩国，总统[15]在外交决策中的特殊地位是由两方面决定的。

首先，二战后在美国的帮助下韩国选择了总统制[16]。韩国宪法规定，总统同时拥有"国家元首的权限"和"行政部门首脑的权限"。总统作为"国家元首"对外代表韩国，有责任维护国家独立、领土完整，保持国家的延续性，守护宪法尊严。总统可以代表国家与外国缔结、批准条约，接受、提名并任命外交使节。对内是行政部门的最高负责人，是三军最高统帅。因此只有总统是集合了行政、外交、政治、军事所有领域的权限，能够做出综合判断的行为体。这种绝对权力必然带来决策时的绝对权威。

其次，韩国总统的权威性更有其深刻的历史、文化的原因。韩国是一个有着悠久专制主义历史的国家，从来就没有过"虚君"的传统。儒家文化在韩国根深蒂固，传统的家长制文化也让国民在心里上接受总统为国家的家长，具有绝对权威。经历了朝鲜战争，国民在危急关头只能依赖总统的领导。之后长期的军人执政，军队文化盛行，上命下从成为政府、社会的运行规则，顺从则被认为是做人、做事的美

15　一般意义的总统研究中，"总统"概念有三层。第一，特定个别总统。这是包括特定特性的总统、其心理因素，特定总统所面临的总体性政策问题与危机的综合体。第二，指特定总统的总统秘书室及其政府。该政府综合了特定总统最重视的政策和为实现目标而要确保国民支持的总统国政运营能力和方式。另外，该概念还意味着特定总统为达到其政治目标，把他的支持者安排到总统秘书室和各行政部门，并对他们进行管理的行政领导能力。第三，作为国家机关的"总统"。这是指超越特定总统的个性和特点，以及他的辅佐人员的特点，永恒存在的以后也将存在下去的组织，即总统府。这里的总统仅指第一层次的总统，即总统个人.

16　韩国第二共和国时期曾经实行过短暂的内阁制.

德。因此更有助于韩国总统在决策过程中至高无上的权威。

越南战争时期，韩国总统朴正熙本身就是通过军事政变夺取政权的军人，非常善于通过军事力量为自身政权以及国家发展谋取利益。当时整个政府里军队文化盛行，不仅表现在决策过程中上命下行，也表现在内阁成员对派兵可行性的判断上。外交部长官就回忆当时政府的风气就像是一伙孩子要玩打仗游戏一样。所以，在越南派兵这个问题上朴正熙的积极态度决定了韩国政府的态度。

海湾战争时期的总统卢泰愚同样是军人出身，而且他本身就参加过越南战争，深刻地了解如何利用海外派兵为政权谋求利益最大化。国防部希望借海湾战争之机加强国防部的影响力，在卢泰愚的授意下主导了海湾派兵决策的过程。虽然当时也有反对派兵的声音，但是在强大的政府面前丝毫不能影响政府的决策。因此整个派兵过程在总统做出派兵决策后，未经历太大的波澜。

伊拉克战争时期，派兵决策尤其第二次决策耗时最长，韩国整个社会在派兵问题上形成了严重的分裂。卢武铉本人代表进步势力，相对于政权利益他更注重的是国家的长远利益。第一次派兵由于金大中政府已经同意派兵，所以刚刚上台的卢武铉政府在派兵上是没有更大的回旋余地的，卢武铉顶着压力迅速做出了决策；第二次派兵因为社会上反对声音过于强烈，经历了较长的决策过程。国内市民社会与媒体的意见分歧巨大，各大政党顾忌选民情绪及其他政治原因未能形成党论，卢武铉主持国家安全保障会议决定了派兵方案后，各大政党才纷纷形成赞成派兵的党论。可见总统依然在决策中持有较大的影响力及权威性。

4.3 国家利益

第一, 安保利益始终是核心利益, 驻韩美军的变动是韩国的软肋。

"国家民族被视为一个理性行为体, 在一个无政府的社会里, 即在生存的安全就是基本忧虑的一个自助国际体系里, 追求自己的国家利益。"[17]与其他地区不同的是, 朝鲜半岛至今未能摆脱冷战的阴影, 仍然是冷战的 "活化石"。因此安保问题成为韩国关注的首要问题。

驻韩美军是美国对韩国安全承诺和保障的基础, 能够从事实和心理层面确保韩国的安全。但美国自朝鲜战争结束后一直有裁撤驻韩美军的计划。有关驻韩美军撤离和减少的问题在韩国异常敏感, 但是从50年代的22万驻军到21世纪的3.7万驻军, 驻韩美军还是大大减少了。在历次派兵韩美协商过程中, 美国多次以缩减驻韩美军或者重新调整驻韩美军战略作为谈判筹码, 迫使韩国同意美方的要求。在这种情况下, 韩国政府不得不始终以巩固韩美同盟为主轴, 来确保自身的安全。

[表4.1] 驻韩美军兵力状况

单位: 人

年份	驻韩美军人数	年份	驻韩美军人数
1954	223, 000	1977	42, 000
1955	85, 500	1992	36, 000
1964	63, 000	2004	37, 000
1971	43, 000		

资料来源: 沈定昌. 韩国外交与美国. 北京: 社会科学文献出版社, 2008.4:106

---

17 Stein, Athur A., "Coordination and Collaboration Regimes in an Anarchic World", International Organization 36(Spring): 318.

越南战争爆发后，美国裁撤驻韩美军或者将驻韩美军转派越南战场的意图非常明显，这是韩国政府所不愿看到的，朴正熙政府采取各种措施避免这种状况的发生。因此驻韩美军的裁撤就成为美国与韩国谈判的重要筹码。越南派兵决策保证了驻韩美军继续驻扎，加速了韩国军队武器的现代化，在军事安保层面上是有利于实现韩国的国家利益的。

卢泰愚政府通过向海湾战争派兵，鼓吹危机意识从而在国民心中塑造强有力、负责任的政府形象，同时政府营造出国家迎来战争危机，促使在野党停止对执政党攻击，全体国民团结一心克服危机，进入准战时状态的这样一种氛围，向国民鼓吹危机意识，维护自己的政权。同时海湾派兵成为韩国军队参与联合国框架下国际军事合作的一个契机。国防部不仅借此增加了此前逐年消减的国防费用，而且让长期以来缺乏实战经验的韩国军队经历了一次现代战争的考验，特别是接触到最新最尖端的武器，了解了现代战争的战略战术，从而提升了韩国军队的战斗力。从这个意义上来说，派兵客观上加强了国防，维护了国家安保利益。

韩国之所以决定向伊拉克派兵以支援美国，安保问题是首要考虑的问题。随着韩国经济的发展，安全利益也变得多样化。随着南北国家实力对比朝着有利于韩国的方向发展，韩国政府的威胁认识由防范朝鲜南侵，转变成防范美国可能对朝鲜发动的武力攻击。朝核问题的出现让韩国的安保成为领导人首要考虑的国家利益。卢武铉政府以出兵为谈判筹码，改善韩美关系，巩固韩美同盟，从而换取美国在解决朝核问题上态度的转变，继续维护朝鲜半岛和平稳定的局面。不难设想，如果韩国不同意参与美国的军事行动，拒绝向伊拉克派兵，必然导致韩美同盟的削弱，以及美国在朝鲜半岛军事战略的调整，甚至不排除美国拒绝韩国的参与，单方面实施对朝动武。第一次朝核危机爆发时，美国就制定了对朝动武的计划，最终因韩国金泳三政府的反对未能付诸实施。如果韩美同盟出现裂痕，美国很可能单独行动。[18] 韩国向伊拉克派兵的最根本目的是改善朝鲜半岛的不安全状况。在当时的条件下，防止战争、保障生存就是韩国最重大、最根本的国家利益。

第二，影响力地位在上升，越来越注重提升国际影响力。

通常而言，海外军事行动的合法性，是行动获得国内外支持的关键，也是决定海外军事行动成功与否的重要变量。[19] 海外军事行动是典型的政治军事仗。越南战争时期的韩国还是一个贫困弱小的东亚国家，由于朝鲜战争的影响韩国长期以来一直都是"被保护者"的形象，国际影响力极其有限。

朴正熙政府为了得到美国对自己政权合法性的认可，将"反共"作为意识形态在全社会范围内大力推行。派兵之初，韩国参与美国的军事行动是为了与美国一道防御共产主义的扩张，同时也为了回应朝鲜战争时国际社会对韩国的援助，表现出被保护国对保护国知恩图报的一种"道义"精神。但是随着战争的持续，韩国国内反对派兵的声音不断高涨，人们不愿意再用本国青年的生命为美国卖命，支持不正义的战争。因此政府后来派出战斗部队时，只能强调只有出兵才能维持驻韩美军在韩国的继续驻扎。朝鲜战争以后，正是由于驻韩美军的驻

---

18 국방부. 2003년도 국회질의 답변집. 서울: 국방부, 2004:459. 외교통상부도 북핵문제의 평화적 해결을 위한 외교적 노력이 당시 중요한 현안으로 인식하고 있었다. 국회사무처. 국회본회의 회의록. 제238회 국회, 2003.4.2..

19 康果. 美国海外军事行动典型特征初探. 国防. 2019(7): 77.

扎，解决了韩国安保上的担忧，使得韩国可以优先发展本国经济，还制定并实施了经济发展五年计划。如果驻韩美军撤离，韩国的安保首先面临威胁，经济发展更无从谈起。可见，朴正熙政府的战争动员也是逐渐撕下"报恩"的面纱，不得不用实实在在的"利害关系"说服国民接受让韩国的士兵为美国卖命的事实。

进入90年代后，随着民主化的实现，以及在经济、政治、外交和军事领域实力的增长，使得韩国认为其作为一个中等发达国家，可以在防卫安全、促进地区及全球和平繁荣中扮演更为重要的角色。韩国的海外派兵从最开始的"重利"转变为后来的"重义（影响力）"。卢泰愚政府通过派兵参加海湾战争进而加入了联合国，正式融入国际社会，既平衡了韩美关系，又拓展了国际外交空间。不仅如此，以此为契机韩国也与中东地区的国家建立了安保合作关系，此前韩国与中东只存在单纯的经济合作关系。因此，提升国际影响力是海湾战争实现的最为重要的国家利益。

卢武铉政府出兵伊拉克的目的之一就是提升国家影响力。21世纪初的韩国虽然已经在经济上是世界第12位的OECD国家，但外交、安保上还是严重依赖美国，其国际形象与其经济地位、国家实力并不相符。为了提升韩国的国际影响力，拓展韩国与中东国家之间的外交，也为了韩国的国际形象以及与当地居民的关系，卢武铉极力抗拒派遣战斗部队，顶着美方的强大压力在两次派兵行动中均派遣了非战斗部队，积极参加伊拉克人道主义援助、战后重建工作，积极开展与当地居民的交流并保持了良好关系，从而避免了参加热战，积极协调平衡军事行动与国家软实力。这次"增进和平的派兵"避免韩国以占领军的形象出现，注重国家软实力的提升，成功地为战后韩国与中东地区国家发展友好关系打下了基础。

第三, 经济利益逐渐全球化, 但对经济利益的关注度在下降。

朴正熙非常清楚自己政权合法性的脆弱, 为了得到国民的支持, 巩固政权, 积极推动经济发展。为了达到这一目的, 韩国需要大量的开发资金。在决策向越南派兵之时, 韩国与越南几乎是毫无关系, 经济利益是越南派兵最为关注的国家利益。

越南战争的爆发正值韩国迫切需要发展经济的紧要时期, 美国国内经济的恶化导致对欠发达国家的经济援助政策发生了改变, 因此美国对韩国的经济援助额度也明显减少, 同时要求韩国实施经济开发计划。为了继续得到美国的经济援助, 韩国是不可能拒绝美国的派兵要求的。[20] 就像日本通过朝鲜战争实现了经济发展一样, 对于韩国来说, 越南战争也成为韩国实现本国经济增长的契机。从越南派兵一开始, 韩国政府就希望以战争带动军需的增加, 以军需经济带动韩国经济的发展。最终通过派兵获取了美国大量援助, 经济发展获取了重要资金支持, 韩日关系正常化和越南战争派兵也为韩国带来了大笔外汇, 保证了韩国经济开发五年计划的顺利进行。

卢泰愚政府时期, 韩国的GDP升至世界第13位, 自80年代末90年代初韩美贸易摩擦不断, 缓解长期以来美国的贸易压力就成为卢泰愚政府派兵目标之一, 但是最终并未实现。在战后重建工作中, 因为韩国无法积极参与也几乎没有得到任何经济方面的实惠, 反而经济损失比较大。海湾派兵时卢泰愚政府就已经不再把获得经济利益看成重

---

20 据时任朴正熙军事政权的外务部长官李东元回忆, 军事政变成功后, 朴正熙议长访问
美国, 提议向越南派兵, 肯尼迪以理由不充分拒绝了朴正熙。이동원. 대통령을 그리
며. 서울: 고려원, 1998: 105-110.

要的出兵目标, 因为当时政府更看重的是提升韩国在国际社会上的影响力, 树立韩国积极参与国际事务, 勇于承担国际义务的形象。经济利益此时已经并非政府的首要追求。

伊拉克战争时期, 虽然派兵有可能带来一定的经济效益, 韩国的能源严重依赖进口, 特别依赖来自于中东地区的石油, 参与战后油田开发还能够确保韩国今后的能源供应, 借鉴越南战争的经验, 伊拉克战争还可能为韩国带来"特需经济"。但卢武铉总统在外交部发布正式公文之前就明确指示"不能为了经济利益让国民牺牲宝贵的生命"。而且此时的韩国民众更为注重的是对美外交的自主姿态以及国际道义, 在美军的军事行动未通过联合国决议时反对派兵意见占多数, 直到联合国通过了决议韩国国民对待派兵的态度才有所改观。联合国决议给了韩国派兵以合法性保障, 极大影响了国民对派兵的看法。

另外值得一提的是, 韩国自加入联合国以后, 虽然对于美国要求下的派兵不再积极主动, 但是联合国框架下的维和活动的参与态度明显要积极主动许多。这也证明了韩国的国家利益结构已发生变化: 对经济利益追求的动力下降, 对国际影响力追求的动力在持续上升。

结论

本书选取了韩国朴正熙、卢泰愚、卢武铉三任政府应援美国政府，向冷战时期的越南战争、冷战结束时期的海湾战争以及9．11袭击发生后的伊拉克战争派兵决策为研究对象，概括了三次派兵决策的影响因素，梳理了决策过程，分析了决策模式，探究了决策后实现的国家利益结构，分析探究韩国海外派兵决策的演变趋势即内在特点。经过梳理分析，三次派兵决策的情况总结如下：

[表d] 三次派兵总结比较

分析层次	派兵案例		越南派兵	海湾派兵	伊拉克派兵
影响决策因素		国际因素	冷战	冷战结束	9·11后
		韩美关系	绝对依赖	相对依赖	相对依赖
	韩国国内因素	领导人因素	朴正熙	卢泰愚	卢武铉
		国内政治因素	威权	过渡	民主
		国内经济因素	贫困	发达	更发达
		国内社会因素	弱	过渡	强
		军事安保因素	南北对峙	南北对峙趋于缓和	南北对峙朝核危机
		外交因素	追随外交	北方外交	均衡者外交

决策过程	美方提出派兵	5次派兵 积极主动	2次派兵 不主动	2次派兵 拖沓
	韩美协商			
	韩国国内协商			
	国会审议			
决策评价	巩固政权	+	+	-
	国家安保	+	+	+
	经济利益	+	-	+
	国际影响力	-	+	+
	国家利益结构	经济>安保> 影响力	影响力>安保> 经济	安保>影响力> 经济

作者自制

　　梳理三次派兵决策过程, 清晰地发现韩国三次援美派兵决策具有明显的时代特征。越南战争时期是两极格局时代, 韩国政府在美国提出派兵要求前就主动提出希望向越南派兵, 遭到了美国的拒绝。后来在接到美国的非战斗部队的派兵要求后, 还主动提出派遣战斗部队, 又被美国拒绝。在美国提出派遣战斗部队的要求后, 韩国也逐渐意识到韩国派兵对美国的重要性, 韩国虽然并没有拒绝, 但是在与美国的协商中更多的提出韩方的条件, 在韩国军人待遇、军需商品供应、韩国部队指挥权、驻韩美军缩减等事项上更多地提出己方的诉求, 争取更多对韩国有利的经济利益与国防安保利益。总而言之, 越南派兵时, 韩国的派兵态度是非常主动积极的。

　　冷战结束时期, 美国主导了海湾战争, 卢泰愚政府在派兵决策上也没有遇到什么困难, 比较顺利地做出了派兵决定。但是到了伊拉克战争时期, 面对着单边主义倾向严重的美国小布什政府, 韩国的派兵决策变得犹豫拖沓, 政府内部、执政党内部、各党派之间、社会舆论意见不一, 韩美协商也曲折不断, 最终方案还不是美国所期盼的"师团级战斗部队",而是"3,000人的非战斗部队",这就形成了鲜明的对比。同样是韩美同盟框架下,应援美国的派兵,为何会出现这样的态度转变呢? 具体说来原因主要有以下几点:

首先,韩国的国内政治体制由威权过渡到民主后,政府决策模式发生转变,外交决策参与者范围扩大,反对意见的增多导致政府难以迅速作出决策。

政府是国内决策最主要的行为体,在威权政府时期,在决策过程中专制政府里的政府首脑几乎独占外交决策权。威权政府的上命下从的行政运行文化限制了非外交领域官僚及社会精英对外交政策制定的参与,外交决策的圈子小而封闭,使得韩国的外交决策具有迅速、连贯、执行力强等优势。各种社会性因素对外交决策的影响也较为微弱,呈现出单向垂直结构; 作为政府首脑的总统本人——即个人因素的影响力毫无疑问是绝对性的。

而民主化实现之后,伴随经济全球化,韩国的国家利益也随之全球化。任何外交决策不再局限于外交部、国防部这样的个别部门,开始涉及到更多的部门,决策圈子扩大而更加开放。决策过程即使在行政机构内部,由于权力的分散与制衡使得官僚机构之间也产生竞争,包括总统本人在内,任何一方都难以垄断外交决策权。参与外交决策的主要行为体不可避免地从他们的组织利益出发强化对自己有利的政策影响。就连总统卢武铉也不能完全按照自己的理念和利益做出决策,方案的最终出台,不再是"帝王"的"乾纲独断",而是在各部门官僚所提供的方案中不断调整,最终形成的综合性方案。

同时,市民社会以及更为多元化的大众媒体纷纷登上影响外交决策的舞台,市民社会逐渐成长起来,舆论也不再受政府的控制。经过多年的民主化斗争, 国民的民主意识浓厚, 参政议政意愿强烈, 信息化时代的到来也让来自国民的各种不同声音通过不同渠道得以展现, 社会包容性的提升也加速了市民社会与舆论媒体的分裂。不仅从影响因素上扩大了社会因素对外交决策的影响力度, 决策过程上看更是改变了外交决策行为体与整个社会互动的方式, 即由原来的垂直型、单向型、政府主导型, 改为水平制衡型、双向互动型、国民参与型。

国民掀起国会议员罢选运动, 使得国民的情绪也直接影响到国会议员的态度立场, 以及政党的党论形成。反派兵的声势过于浩大使得国会一再推迟审议日期, 虽然最终国会还是审议通过了政府的派兵方案, 但是相较于越南战争时期国会仅为政府附属物有了很大的变化。伊拉克派兵决策两次投票过程中始终存在执政党议员反对政府议案的现象, 说明议员们投票是按照自己的政治理念, 而不再单纯效忠于政府及所在政党。由此可见, 国会在外交决策中发挥的影响作用明显得到提升。

其次, 韩美关系由"完全依赖"转变为"相对依赖", 韩国谋求与美国更为对等的关系, 自主性的提升导致韩国不愿意再对美国的要求积极响应。

沃尔特的联盟理论告诉我们, 只有存在共同的威胁, 相关国家才会组成联盟。[1] 冷战时期, 韩美联盟面临着"共产主义势力"的共同威胁。60年代由于国力所限, 韩国在经济、政治、军事安保上均严重依赖于美国的援助, 朴正熙政府最担心的就是遭到美国的"抛弃", 为此主动提出向越南派兵, 积极响应美国的派兵号召。80、90年代随着韩国经济飞速发展、政治民主化的成功实现, 极大提升了政权的自信,

---

1 (美) 斯蒂芬·沃尔特. 联盟的起源. 周丕启 译. 北京: 北京大学出版社, 2007.

韩国开始积极寻求与其国力相匹配的国际地位, 在韩美同盟内部也开始寻求更为对等的关系。海湾战争是联合国审议通过的"名正言顺"的、"正义"的国际军事行动, 韩国派兵参与既巩固了韩美同盟, 又成为融入国际社会的一次积极尝试, 密切了韩国与其他国家及联合国的联系, 提升了韩国的国际影响力。伊拉克战争与越南战争一样, 事先都未经过联合国的授权, 具有"非正义"性, 因此美国对韩国派兵表现出更为迫切的态度, 韩国充分利用这一点, 加之国内反对派兵势力影响之强烈, 不仅拒绝了美国的"战斗部队"派兵要求, 坚持了自己"非战斗部队"的底线, 而且实现了对美外交政策的影响。从这一点上看, 伊拉克派兵的犹豫不决也可以看成韩国自主外交及外交能力提升的结果。

从同盟困境角度看, 越南战争时期, 韩国对美国"绝对依赖", 由于担心被美国"放弃"而表现的积极主动, 伊拉克战争时期韩国对美国是"相对依赖", 甚至双方发展为"互相依赖", 此时更加担心的是被美国"连累", 因而不再主动积极, 继而用消极、拖沓实现对美外交的影响。

朝鲜半岛南北分裂的局面, 朝核问题的出现, 以及美国的国际霸权依然存在, 导致韩国不可能完全摆脱对美国的依赖, 只能是由"完全依赖"转变为"相对依赖", 由"保护者与被保护者"转变为共同承担地区安全的盟友关系。因此韩国无法拒绝美国的派兵号召, 但在积极性上明显降低。

最后, 韩国的国家利益结构发生了变化, 经济利益不再优先考虑, 对国家影响力关注有所提升, 更注重出兵的正义性以及国际规范的影响。

对于韩国来说, 响应美国的派兵号召向海外第三国派兵, 不仅仅是军事行动，更是重大的政治决策。每次派兵都是对派兵目标，即国家利益与政权利益做了预估的。

越南派兵时，因为驻韩美军的存在以及韩国迫切期望发展经济，韩国的安保利益一时让位于经济利益，追求经济利益成为朴正熙政府派兵的最大目标。到了海湾战争时期，韩国经济总量已经成为世界第13位，经济利益的重要性则明显下降。海湾战争并未让韩国获得经济利益，反而损失了经济利益，但是韩国在国际上的影响力扩大了，海湾派兵成为韩国加入联合国的重要契机，可以说此时的派兵决策所追求的国家利益中，提升国家在世界的影响力占据了更为重要的位置。伊拉克派兵时，虽然韩国也有对经济利益、影响力提升方面的考虑，但是当时韩国面临的最严峻的问题是爆发了第二次朝核危机，这让韩国的安保受到重大威胁。韩国的进步势力掌权后，对朝鲜半岛安保威胁的认知发生了变化，传统保守势力认为韩国的安全威胁来自朝鲜，驻韩美军是保护韩国不受朝鲜侵犯的守护势力。但进步势力则认为朝、韩国力对比悬殊，韩国的安保威胁来自于有可能由美国挑起的发生在朝鲜半岛的战争。在这种局面下，卢武铉政府不能不将派兵问题与和平解决朝核问题关联在一起，通过对美国军事行动的支持换取美国支持韩国的对朝政策，即促使美国的对朝政策从"不排除任何选项"转变为"使用和平对话的方式解决朝核问题"。后来六方会谈的召开也印证了卢武铉政府派兵决策所谋求的对美影响力产生了实际效果，维护了韩国的安保利益。

因此虽然越南战争与伊拉克战争同属于未经过联合国批准的"非正义"战争，但韩国的派兵态度已经由60年代的积极转变为21世纪的消极了。

有必要指出的是，实际上韩国在加入联合国之后，海外派兵的对象国范围和次数都是显著提升了，联合国框架下以及军事外交形式的海外派兵都明显丰富起来，这与对韩国援美海外派兵态度形成了鲜明的对比。在国际组织和国际机制的参与上，韩国的态度也是积极的，并将其作为提升国家形象和影响力、平衡地区大国的一个重要手段。[2] 也就是说，韩国不是对海外派兵变的消极，而是对应援美国的海外派兵变得消极。尽量避免对美国言听计从的负面形象，反而积极主动的融入国际社会，承担自己的国际责任。

卢武铉总统在回忆录中曾有如下陈述：

> 为了国家利益可以牺牲国民的生命吗？这可能是个谜题。但是目前为止，所有国家都是在为了实现国家利益，即国民整体的利益而号召人民上战场献出生命。这在现在看来是普遍存在的，从整个人类历史发展来看，现在只不过是一个发展阶段。对于是不是有一天没有这个必要，我并不确定。[3]

笔者认为，韩国随着国力的提升，国家地位的提高，更应注重软实力的海外传播。在过去的发展中，韩国摆脱了美国"雇佣军"的负面形象，在伊拉克战争中，卢武铉的决策让韩国摆脱"占领军"，反而成为"增进和平的派兵"，开启了维和海外派兵的新模式。扎伊屯部队在伊拉克参与战后重建工作为韩国赢得了良好的国际声誉。这就是一个国家注重软实力传播的表现。但同时我们也应该注意到，随着时代

2   韩献栋. 东亚国际体系转型: 历史演化与结构变迁. 当代亚太. 2012(4): 95.

3   노무현, 성공과 좌절—노무현 못다쓴 회고록, 학고재, 2009.2.22: 222-224.

的进步、电子信息技术的发达，越来越多的行为体参与到外交决策过程是全球化发展的一大趋势，其带来的副作用即为外交政策有进一步被"网络民意"裹挟的倾向。虽然至今没有量化的证据表明民众在多大程度上对国家外交对外产生影响，但是网络民意对外交决策的影响日益增大是毋庸置疑的。网络民意通常表现出来的民族主义和偏狭的爱国主义情绪，容易受到突发性不稳定因素的左右，形成多种政治诉求或多重民众运动，为决策部门外交决策带来更多的变数和不可控因素。开放与多元社会因素对外交决策的影响这一现实中的国内政治问题，笔者认为有必要在今后的研究中做进一步的诠释。

面对着中国崛起与美国在全世界影响力的下降，韩国今后有必要在国家外交发展战略上正视本国的身份与地位，对东亚乃至世界格局变化有一个更为清晰的把握，抛弃对美"追随外交"、"功利主义外交"的惯性思维，弥合国内严重的分裂，统合国内进步、保守两大阵营在涉及重大国家利益上的意见，在全社会内形成稳定共识，把握国家战略上大的方向，确保国家外交指导方向不以政权更迭而发生重大转向性变化，坚定地选择自主外交、自主国防，选择更注重道义的现实主义外交路径，以更成熟和独立的姿态承担更多的国际责任和义务。这是今后韩国外交发展的方向，也只有这样才符合国家与民族更为长远的国家利益，符合人类社会发展的趋势。

朝鲜半岛自古以来就与中国唇齿相依、利益相连，当前朝鲜半岛局势依然复杂多变，不仅影响着东北亚地区的安全，更影响着世界的和平与安全。可以肯定的是，经济上取得了巨大成就的韩国不会再积极主动派兵援美，以换取经济利益。但即使是消极的韩美军事合作，如韩美联合军演、萨德问题、美国向韩国提出的霍尔木兹海峡派兵要求等等，也有可能危害朝鲜半岛的和平稳定，进而威胁到整个东亚的和平与繁荣。对此，中韩两国均应有较为清醒客观的认识。但是对联合国框架下的海外派兵活动则是一项长期的行为，韩国外交与安全决策机制日益科学化、民主化、制度化，在不断的调整中走向成熟。希望本书对韩国海外派兵决策的梳理以及对其国内外影响因素、最终实现的国家利益的研究，不仅可以弥补国内相关研究的不足，更可以在实践中为对韩外交工作提供新的视角和思路，使我们的外交工作做到"知己知彼"。

参考文献

中文著作

1. 格莱厄姆·埃里森. 决策的本质——还原古巴导弹危机的真相. 北京: 商务印书馆, 2016.2

2. 塞缪尔·亨廷顿. 变化社会中的政治秩序. 上海: 上海人民出版社, 2017.7

3. 克里斯托弗·希尔. 变化中的对外政策政治. 唐小松 译. 上海: 上海世纪出版集团, 2007.7

4. 陈峰君. 亚太大国与朝鲜半岛. 北京: 北京大学出版社, 2002

5. 王传剑. 双重规制: 冷战后美国的朝鲜政策, 北京: 世界知识出版社, 2003.10

6. 曹中屏、张琏瑰. 当代韩国史 (1945-1965). 天津: 南开大学出版社, 2005

7. 阎学通、孙学峰. 国际关系研究实用方法. 北京: 人民出版社, 2001

8. 姜万吉. 韩国现代史. 社会科学文献出版社, 1997

9. 秦亚青. 权力 制度 文化: 国际关系理论与方法研究文集. 北京: 北京大学出版社, 2005

10. 赵虎吉. 揭开韩国神秘的面纱——现代化与权威主义: 韩国现代政治研究. 北京: 民族出版社, 2003.1

11. 张清敏. 对外政策分析. 北京: 北京大学出版社. 2018

12. 汪伟民. 联盟理论与美国的联盟战略: 以美日、美韩联盟研究为例. 北京: 世界知识出版社, 2007

13. 魏志江等. 韩国学概论. 广州: 中山大学出版社, 2008

14. 任晓. 韩国经济发展的政治分析. 上海人民出版社, 1995

15. 周琪. 美国外交决策过程. 北京: 中国社会科学出版社, 2010.1

16. 宋海啸. 中国外交决策模式. 北京: 时事出版社, 2016.2

17. 唐世平. 制度变迁的广义理论. 北京: 北京大学出版社, 2018.2

18 黄大慧. 日本对华政策与国内政治——中日复交政治过程分析. 北京: 当代世界出版社, 2006.5

19. (美) 亚历山大·温特. 国际政治的社会理论. 秦亚青译. 上海: 上海人民出版社,

2000

20. 金正昆. 外交学 (第三版) . 北京: 中国人民大学出版社, 2016.1

21. 文在寅. 命运——文在寅自传. 王萌 译. 南京: 江苏凤凰文艺出版社, 2018.1

22. 郭定平. 韩国政治转型研究. 北京: 中国社会科学出版社, 2000

23. 韩国社会学学会编. 韩国社会走向何方. 北京: 东方出版社, 1993

24. 沈定昌. 韩国外交与美国. 北京: 社会科学文献出版社, 2008

25. (美) 玛莎·费丽莫. 国际社会中的国家利益. 袁正清 译. 杭州: 浙江人民出版社, 2001.5

26. 李成刚. 第一场高技术战争: 海湾战争. 北京: 军事科学出版社. 2008

27. 俞可平. 全球化与政治发展. 北京: 社会科学文献出版社, 2005

28. 刘月琴. 冷战后海湾地区国际关系. 北京: 社会科学文献出版社, 2002.4

29. 燕继荣. 政治学十五讲. 北京: 北京大学出版社, 2004

30. 金承南. 韩国对外经济关系论. 长春: 吉林大学出版社, 2000

31. 尹宝云. 韩国为什么成功——朴正熙政权与韩国现代化. 北京: 文津出版社, 1993

32. (美) 海伦·米尔纳. 利益、制度与信息: 国内政治与国际关系. 曲博 译. 王正毅 校. 上海: 上海世纪出版集团, 2015.9

33. 张历历. 当代中国外交简史. 上海: 上海人民出版社, 2015.3

34. 李开盛. 第三方与大国东亚冲突管控. 北京: 中国社会科学出版社, 2018.7

35. (美) 斯蒂芬·沃尔特. 联盟的起源. 周丕启 译. 北京: 北京大学出版社, 2007

36. (美) 沃尔特·拉塞尔·米德. 美国外交政策及其如何影响了世界. 曹化银 译. 北京: 中信出版社, 2003

中文论文

37. 韩献栋. 东亚国际体系转型: 历史演化与结构变迁. 当代亚太. 2012(4)

38. 韩献栋. 韩美同盟的运行机制及其演变. 当代美国评论. 2019(3)

39. 张清敏. 对外政策分析理论与中国对外政策研究——以官僚政治模式为例. 外交评论. 2010(4)

40. 张清敏. 外交决策的微观分析模式及其应用. 世界经济与政治.2006(11)

41. 王逸舟. 国家利益再思考. 中国社会科学. 2002(2)

42. 张健. 当代韩国外交决策机制分析. 当代韩国. 2010(春)

43. 王义桅. 在理想与现实之间: 理解韩国外交. 国际论坛. 2005(6)

44. 康果. 美国海外军事行动典型特征初探. 国防. 2019(7)

45. 钟龙彪. 双层博弈理论: 内政与外交的互动模式. 外交评论. 2007(4)

46. 夏立平. 双层博弈理论视域下特朗普的对朝政策. 美国研究. 2017(6)

47. 宋伟. 国家利益问题: 西方主流学派的争论. 国际政治研究. 2004(3)

48. 毕元辉. 韩国对越参战问题初探. 史学集刊. 2008.11(6)

49. 宫力 门洪华 孙东方. 中国外交决策机制变迁研究 (1949～2009年). 世界经济与政治. 2009.11

50. 庞大鹏. 国家利益与外交决策. 世界经济与政治. 2003.2

51. 赵建明, 吕蕊. 冷战后韩国海外军事行动述评. 外交评论. 2011(11)

52. 冯东兴. 韩国向越南派兵过程中的美韩关系 (1965-1968). 近现代国际关系史研究. 第九辑

53. 金东灿. 试论韩国外交决策影响因素的变动趋势. 当代韩国. 2016(2)

54. 王生. 韩国外交的美国情节与现实抉择——接近美国并不会疏远中国. 东北亚论坛. 2008.7(4)

55. 郭宪刚. 韩美同盟寻求新定位. 国际问题研究. 2006(3)

56. 杨红梅. 韩美同盟调整的现状及动力. 现代国际关系. 2005(8)

57. 时永明. 朝鲜核问题与东北亚安全. 国际问题研究. 2003(5)

58. 郝群欢. 联合国对朝制裁的效果及其制约因素. 现代国际关系. 2017(5)

59. 陈旭. 国际关系中的小国权力论析. 太平洋学报. 2014(10)

60. 魏志江. 论韩国卢武铉的"和平繁荣"政策及其对东北亚战略的影响. 当代韩国. 2006年秋季号

61. 王菲易. 国际化、制度化与民主化——韩国政治发展与转型的国际因素研究. 上海: 复旦大学博士学位论文, 2009.10

62. 丁硕. 外交决策模型比较研究——以1949年至1950年美国对台决策过程为例. 上海: 华东师范大学硕士学位论文, 2010

63. 韩庆娜. 冷战后美国对外军事行动的动因研究. 北京: 外交学院博士学位论文, 2008

64. 乐恒. 卢武铉政府对美外交政策研究——两次出兵伊拉克案例分析. 北京: 北京大学硕士学位论文, 2007

65. 龙盾. 身份、利益与大国合作. 北京: 外交学院博士学位论文, 2017

66. 李明喜. 从韩国外交政策看议会的影响力和韩国的政党发展. 济南: 山东大学硕士学位论文, 2010

67. 郝欣. 越南战争辐射下的朝鲜半岛. 延吉: 延边大学硕士学位论文, 2012

68. 马德义. 从肯尼迪到卡特时期美国对韩政策研究. 长春: 吉林大学博士学位论文, 2009

69. 詹德斌. 后冷战时代美国对朝政策的演变. 上海: 复旦大学博士学位论文, 2005

70. 赵伟宁. 韩美联盟视域下的韩国自主性研究. 济南: 山东大学博士学位论文, 2016

71. 陆伟. 日本对外决策政治学. 上海: 华东师范大学博士学位论文, 2009

韩文著作及资料

72. 국방부 베트남관련 공개문서 No. 6. 정부 합작기 952-67(1964.7.22) 국군부대의 해외파견에 관한동의 요청, 합작전 952-(1965.1.11) 월남 공화국 지원을 위한 국군부대의 해외추가 파견에 관한 동의 요청, 월남지원을 위한 국군증파(국호동의 요청)

73. 국방부 베트남관련 공개문서 No. 14. 국기정 911(1965.1.13) 월남파병에 관한 예상정책질의 답변자료 제출요청, 월남관계철

74. 국방부 훈령2125(2018.1.24)

75. 국방부 정책기획관실. 걸프전 군사지원방안 분석. 1991-02-19

76. 국방부 정책기획관실. 국회 주요 질의 답변서. 1991-02-19

77. 외교통상부 외교사료관 마이크로필름 롤번호 G-0004. 기록물 제목: 주한미군 및 한국군 감축 설에 대한 이의, 미국의 대한 군원이관계획 중지교섭. 1962-1966.

78. 외교통상부 외교사료관 마이크로필름 롤번호 G-0012. 자유우방의 대월남원조, 한국의 대월남 군사원조. 1964

79. 국방위원회. 한국공군소송단 걸프지역 파병동의안 심사보고서, 1991.2.6

80. 방위연감간행회. 방위연감. 국방사 제3집, 1964

81. 제 152회 국회 국방위원회 회의록 제5호, 1991.2.6

82. 제235회 국회본회의 회의록 제1호. 2002.12.30

83. 제236회 국방위원회 회의록 제1호. 2003.2.19

84. 국회사무처. 국회본회의 회의록, 제237회, 제1호, 2003.3.28

85. 국회사무처. 국회본회의 회의록, 제238회, 2003.4.2

86. 외교부. 2003외교백서. 외교부, 2004

87. 외교부. 2004외교백서. 외교부. 2005

88. 국방부. 2003차여정부 국방정책. 국방부. 2004

89. 국방부. 2003년도 국회질의답변집. 2004

90. 국방부. 2004국방백서. 국방부. 2005

91. 국방부군사편찬연구소. 국방사: 1972.1 - 1981.2. 제4집, 2002

92. 국회비서처. '국군부대이라크파병결의안'. 제238회 국회본희의록제1호. 2003

93. 연합뉴스. 한국연합년감2004. 연합뉴스, 2004

94. 동아일보. 동아년감2004. 동아일보사. 2004

95. 강원택. 한국정치론. 박영사. 2018.9

96. 국가안전보장회의. 참여정부의 안보정책 구상: 평화번영과 국가안보. 2004

97. 국방군사연구소. 월남파병과 국가발전. 서울: 국방군사연구소, 1996

98. 국방군사연구소. 걸프전쟁. 서울: 국방군사연구소, 1992

99. 국방군사연구소. 국방정책 변천사: 1945-1990. 서울: 국방군사연구소, 1994

100. 국방대학교. 한국의 파병활동 분석. 서울: 국방대학교, 2005

101. 국방대학교 안보문제연구소. 세계안보정세종합분석 2002-2003. 서울: 국방대학교, 2003

102. 渡边昭夫 외 엮음, 권호연 옮김, <국제정치론>, 서울: 한올, 1999년재판

103. 이종석. 칼날위의 평화-노무현시대 외교안보 비망록. 개마고원, 2014.10

104. 최장집. 민주화이후의 민주주의. 서울: 후마니타스, 2006재판

105. 김병문. 그들이 한국의 대통령이다. 서울: 북코리아, 2012

106. 서보혁. 배반당한 평화. 서울: 진인진, 2017. 6. 25

107. 노무현. 성공과 좌절—노무현 못다쓴 회고록. 서울: 학고재, 2009

108. 문재인. 문재인의 운명. 서울: 가교출판, 2011

109. 송영길. 벽에서 문으로. 서울: 중앙일보플러스(주), 2018.4

110. 임동원. 피스 메이커----임동원 회고록. 서울: (주) 창비, 2015.6

111. 로이드 젠슨. 외교정책의 이해. 김기정 옮김. 평민사, 2010. 2

112. 박동순. 한국의 전투부대 파병정책: 김대중 노무현 이명박 정부의 파병정책결정 비교. 서울: 선인, 2016

113. 박태균. 우방과 제국-한미관계의 두 신화 8.15에서 5.18까지. 서울: 창비출판, 2006. 8.30

114. 박태균. 베트남전쟁: 잊혀진 전쟁, 반쪽의 기억. 서울:한겨레출판. 2015

115. 서정건, 유성진, 이재묵. 미국 정치와 동아시아 외교정책. 경희대학교출판문학원, 2017. 3

116. 이승헌. 남베트남 민족해방전선연구. 서울: 고려대학교 아시아문제연구소. 1968

117. 외무부. 베트남전의 배경과 현황. 서울: 외무부. 1966

118. 이영희. 베트남전쟁. 서울: 두레. 1985

119. 이영희, 전환시대의 논리, 서울: 창작과 비평사, 1979

120. 정목구. 전기 박정희. 서울: 교육평론사, 1966

121. 정광모. 청와대. 서울: 어문각, 1967

122. 장덕환. 현대외교정책. 서울: 형설춬판사, 1983

123. 전득주 외 공저. 대외정책론. 서울: 박영사, 1998

124. 전웅. 외교정책론. 서울: 법문사, 1992

125. 전철환. 한국경제론. 서울: 까치, 1987

126. 정재경. 박정희대통령 전기. 서울: 민족중흥연구회, 1995

127. 통계청. 통계로 본 대한민국 50년의 경제사회상 변화. 대전: 통계청. 2002

128. 이원덕. 한일 과거사 처리의 원점. 서울: 서울대학교 출판부, 1996: 145

129. 김달중. 국가안보와 경제발전. 아정연구총서. 제4호.서울: 아시아정책연구소,
    1979

130. 김병문. 그들이 한국의 대통령이다. 북코리아. 2012.11

131. 김정원. 분단한국사. 서울: 동녘, 1985

132. 김학준, 남북한 관계의 갈등과 발전. 서울: 평민사

133. 김운태 외 공저. 한국정치론. 서울: 박영사. 1999

134. 청사편집부 편, 70년대 한국일지, 서울: 청사, 1984

135. 문경수. 일본의 신군국주의와 세계지배전략. 월간말.1990.12

136. 송영무. 한국의 외교. 서울: 평민사, 2000

137. 방문신. 우루과이라운드와 서비스시장 개방. 월간말. 1990.9

138. 이경남. 용기있는 사람 노태우. 서울: 을유문화사, 1987

139. 공보처. 노태우 대통령 연설문집 제3권.서울: 삼화일쇄, 1991

140. 김재홍. 노정권과 미국: 불편한 관계인가. 서울: 신동아. 1989.7

141. 지병문 외 공저. 현대 한국 정치의 전개와 동학. 서울: 박영사, 1997

142. 이병승 외, 걸프전과 아랍민족운동, 서울: 도서출판 눈, 1991

143. 현홍주. 대한민국 유엔가입 막후. 신동아. 1993.10

144. 외무부. 외교백서: 1992

145. 문도빈. 걸프전쟁과 우리의 안보. 국방. 1991.3

146. 합동참모본부. 이라크전쟁 종합분석. 서울: 국방부, 2004

147. 이춘근. 국민들의 한마음으로 이라크에 평화를 심자. 월간군사세계. 제104호

148. 산업연구소. 이라크 파병의 경제적 영향. 산업경제정보 제163호. 2003:3

韩文论文

149. 김석용. 외교정책에 영향을 미치는 국내정치적 요인. 국방연구 2권2호

150. 장훈. 이라크 추가파병(2003~2004)결정과정의 분석: 대통령과 국회, 시민사회의
    역할변화를 중심으로. 분쟁해결연구 13권2호, 단국대학교 분쟁해결연구센터,

2015.8

151. 윤지원. 탈냉전기 한국군의 파병패턴 변화에 대한 연구. 세계지역연구논총, 34집 4호

152. 이성훈. 이라크 추가파병 정책결정 과정 분석 – 양면게임적 시각에서. 군사논단 제39호. 2004(가을)

153. 김관옥. 한국 파병외교에 대한 양면게임 이론적 분석: 베트남파병과 이라크파병 사례비교. 대한정치학회보 13집1호 2005:357-385

154. 김관옥. 베트남 파병정책 결정요인의 재논의: 구성주의 이론을 중심으로. 군사연구. 제137집 2014

155. 김관옥. 한국파병외교에 대한 양면게임 이론적 분석. 대한정치학회보. 13집1호.2005

156. 김성주. 민주화시대 한국외교정책의 결정요인과 과제. 한국정치외교사논총 제29집 2호

157. 강만길. 해외파병과 국익 역사적 관점에서. 민주사회와 정책연구. 2003년 제3권 제2호(통권 5호)

158. 최필영. 유엔 가입 후 한국의 해외파병 25년 회고와 전망, Republic of Korea PKO Center

159. 최영철. 거르지역 석유자원과 제2차 걸프전쟁(1990-1991). 중동연구 2013년 제32권 2호

160. 류석진, 노무현 정부의 출범 및 정부소개. 대한민국 역대정부 주요정책과 국정운영7, 노무현 정부. 서울: 대영문화사, 2014

161. 김재두. 한국군의 해외파병과 국가전략. 안보논단. 제37호, 서울: 한국 군사학회, 2004

162. 장관현, 최승우, 홍성표. 한반도 유사시 유엔사의 전략 창출에 관한 연구: 현대전쟁을 통해 본 미국 주도의 다국적군 참여 배경을 중심으로. 국방연구 2017. 12(60-4)

163. 김승국. 이라크 파병 반대운동의 의미와 흐름. 기억과 전망9권, 민주화운동기념사업회, 2004.12

164. 이수훈. 이라크 파병과 한미동맹, 통일전략포럼. 경남대학교 극동문제연구소, 2003.10

165. 홍순남. 이라크파병을 계기로 본 한국, 중동 협력관계 – 정치, 외교 측면 분석. 한국중동학회논총25권1호, 한국중동학회, 2004.8

166. 이필중, 김용휘. 주한미군의 군사력 변화와 한국의 군사력 건설: 한국의 국방예산 증가율 및 그 추잉을 중심으로. 국제정치논총. 제47집 1호. 한국국제정치학회,

2007

167. 박태균. 1950.60년대 한국군 감축론과 한국정부의 대응. 국제지역연구 9. 제3호.
서울: 서울대학교 국제지역원, 2000:36

168. 강석학. 주한미군과 한미관계: 중년의 위기인가 황혼이혼인가?. 국제관계연구. 제
7권1호. 통권14호. 서울: 고려대학교 일민국제관계연구원, 2002

169. 백광일. 한국과 미국의 의회가 외교정책에 미치는 영향의 비교분석. 국제정치논
총 제25집. 1985

170. 김동성. 한국외교정책과정과 민족주의 문제. 국제정치논총. 27집1호, 1987

171. 최동주. 한국의 베트남 전쟁 참전 동기에 관한 재고찰. 한국정치학회보 제30집.
1996

172. 진덕규. 노태우 정부의 권력구조와 정치체제. 안청시 외, 전환기의 한국 민주주의
: 1987~92. 서울: 법문사, 1994

173. 정정길. 대통령의 정책관리 스타일. 춘계학술 심포지움. 한국행정학회 1992, 4

174. 김호진. 노태우 전두환 박정희의 리더쉽 비교연구. 신동아. 1990.1

175. 김용철. 한국의 민주화이행과 시민사회의 역동. 한홍수 편. 한국정치동태론. 서
울: 도서출판 오름, 1996

176. 이정희. 시민사회의 보혁 갈등과 국회의 대응: 16대 국회 후반기를 중심으로. 의
정연구. 제9권 2호, 2004

177. 김기정, 이행. 민주화와 한국외교정책-이론적 분석을 모색. 외교정책의 이해. 서
울: 평민사, 2010.2

178. 배종윤. 한국외교정책 결정과정과 관료정치. 연세대학교 박사학위논문, 2001.1

179. 계운봉. 한국의 해외파병에 나타난 국가이익구조에 관한 연구. 경기대학교 정치
전문대학원 박사학위논문, 2011

180. 김장금. 한국군 해외파병 정책 결정에 관한 연구-통합적 모형의 개발 및 적용을
중심으로. 한성대학교 행정학과 박사논문, 2010

181. 유병선. 한국군 파병결정에 관한 연구 – 베트남, 걸프전, PKO파병 사례 분석. 충
남대학교 박사논문, 2001.10

182. 정도생. 한국의 해외파병정책 결정과정에 관한 연구, - 소말리아, 앙골라, 동티모
르 PKO사례를 중심으로. 단국대학교 정치외교학과 박사논문, 2006

183. 권영대. 한국 대통령의 리더십 특성에 대한 비교연구-김영삼 김대중 대통령을 중
심으로. 연세대학교 행정대학원 석사학위논문, 2006.6

184. 김기태. 한국의 베트남전 참전과 한미관계. 서울: 한국외국어대학교 대학원 박사
학위논문, 1982

185. 이기종. 한국군 베트남참전의 결정요인과 결과 분석. 서울: 고려대학교 대학원 박

사학위논문, 1991
186. 장재혁. 제3공화국의 베트남 파병결정에 관한 연구: 대통령과 국회의 상호작용을
　　　중심으로. 서울: 동국대학교 대학원 박사학위논문, 1998
187. 김명달. 걸프전쟁과 한국안보에 관한 연구: 군사적 측면을 중심으로. 청주대학교
　　　행정대학원 석사학위논문, 1992
188. 신항섭. 한국의 걸프전 파병결정에 관한 연구. 국방대학원 석사학위논문, 1994
189. 소상섭. 걸프전쟁에 관한 연구: 발발원인을 중시믕로. 국방대학원 석사학위논문
　　　1995
190. 이근재. 걸프전에 관하여: 세계관을 중심으로. 고려대학교 국제대학원 석사학위
　　　논문, 1999
191. 홍석률. 1953~1961년 통일논의의 전개와 성격. 서울: 서울대학교 국사학과 박사
　　　학위논문, 1997
192. 이대영. 한국 대외파병정책에 관한 연구. 서울:서울대학교 석사학위논문, 1984
193. 박승호. 박정희 정부의 대미 동맹전략, 비대칭동맹 속의 자주화. 서울: 서울대 박
　　　사학위논문, 2009

英文著作及资料

194. United States Government, National Intelligence Estimata, 14.2/42-61,
　　　Sep. 7, 1961, FRUS 1961-1963
195. United States Government, Memorandum from Robert W. Komer of the
　　　National Security Council Staff to President Johnson, January 22, 1964,
　　　FRUS 1964-1968
196. United States Government, Studyd of Possible Redeploument of U.S.
　　　Division Now Stationed in Korea, Draft Memorandum from Security
　　　of State Rusk to President Johnson, June, June 8, 1964, FRUS 1964-1968
197. U.S. AID., Overseas Loans and Grants and Assistance From International
　　　Organiztions, Washington, D.C.: Government Printing Service, 1969
198. U. S., Department of Defence, Department of Defence Strategy for
　　　Operating inn Cyberspace, July 2011
199. Digital National Security Archive (DNSA)
200. Foreign Broadcast Information Service (FBIS) Daily Reports
201. 1941-1996U.S. Congressional Serial Set, (USCSS)

202. Foreign Relations of the United States(FRUS)

203. Allison, Graham and Philip Zelikou, Essence of Decision: Explaining the Cuban Missile Crisis, 2nd edition, Austin: Pearson Education Inc., 1999

204. Waltz, Kenneth. Theory of International Politics, New York: McGraw-Hill, 1979

205. Bush, George W. Decision Points, New York: Crown Publishers. 2010

206. Frank Baldwin and Diane & Michael Jones, America's Rented Troops: South Koreans in Vietnam. Philadelphia: American Friends Service Committee, 1975

207. Bonds, Ray, ed., The Vietnam War, New York: Crown Publishers Inc, 1979

208. Buttinger Joseph. Vietnam: A Political History. New York: Praeger Publishers Inc, 1968

209. Frankel Joseph. The Making of Foreign Policy. London: Oxford University Press, 1967

210. Janis, L Mann, Decision making: A psychological analysis of conflict, choice, and commitment, Free Press: New York

211. W.W. Rostow, A Proposal: Key to on Effective Foreign Policy, New York: Harper & Brothers, 1957

212. Putman Robert D, Diplomacy and Domestic Politics: The Logic of Two-Level Games, International Organization, 1998

英文论文

213. Chollet, Derek H. and James M. Goldgeier. The Scholarship of Decision-Making; Do We Know How We Decide? In Foreign Policy Decision-Making. Revised by Richard C. Snyder et al. New York: Palgrve Macmillan, 2002

214. Walt W. Rostow, Eisenhower, Kennedy, and Foreign Aid. Austin University of Texas Press

215. Allison Graham T. Conceptual Models and The Cuban Missile Crisis, American Political Science Review, vol.LXIII. no3, 1969(9)

216. Charles Lipson. International Cooperation In Economic And Security Affairs. World Politics. Vol37. No.1, 1984(10)

217. Robert D. Putnam. Diplomacy and Domestics Politics:The Logic of Two-Level Games. International Organization. Vol.42. No.3.(Summer). 1988

218. Howard P. Lehman and Jennifer L. McCoy, "The Dynamics of the Two-Level Bargaining Game: The 1988 Brazilian Debt Negotiations, " World Politics, 44. 1992

219. Jongryn Mo.Domestic Institutions and International Bargaining: The Role of Agent Veto in Two-Level Games, American Political Science Review, 89.1995

220. Lyman, Princeton H., "Korea's Involvement in Vietnam", Orbis, Vol. XXI, No.2 (Summer). 1968

221. Hwang, Gwi-Yeon. The Dispatch of Koreaan Troops to the Vietnam War: Motives and Process, 외대논총 제23집, 2001(8)

网站及其他

222. 청와대 홈페이지 http://www.president.go.kr/

223. 외교부 홈페이지 http://www.mafat.go.kr/

224. 국방부 홈페이지 http://www.mnd.go.kr/

225. 국회도서관 http:// www.nanet.go.kr

226. 국방부군사연구소 http://www.imhc.mil.kr/

227. OFFICE OF THE HISTORIAN https://history.state.gov/historicaldocuments

228. 조선일보http://www.chosun.com

229. 중앙일보http://www.joongang.joins.com

230. 동아일보http://www.donga.com

231. 연합뉴스http://www.yna.co.kr/index

232. 한겨레 http://www.hani.co.kr

附录

[附录A] 冷战后韩国军队海外派兵简史

阶段	特点	派兵部队	个人、参谋人员
第一阶段起步 (1993-2000)	联合国主导维和活动为主	1993年 索马里 常绿树部队 1994年 西撒哈拉 医疗支援队 1995年 安哥拉 常绿树部队 1999年 东帝汶 常绿树部队	1994年 索马里 UNOSOM-II (6人) 1994年 个人派兵 停战观察团 (7人) 1994年 格鲁吉亚 停战观察团 (5人)
第二阶段探索 (2001-2007)	多国部队为主	2001年 阿富汗 海星部队[1] 2001年 阿富汗 青马部队 2002年 阿富汗 东医部队[2] 2003年 阿富汗 茶山部队[3] 2003年 伊拉克 徐熙部队[4]	2001年 美国 中部司令部 (3人) 2002年 塞浦路斯 任务团 (1人) 2003年 吉布提 CJTF-HOA (1人) 2003年 阿富汗 任务团 (1人) 2003年 CJTF-76 (2人) 2003年 利比里亚 任务团 (2人) 2004年 布隆迪 任务团 (4人) 2004年 伊拉克 MNF-1协助团 (6人)

1　海星部队: 部队名称意为"望着星辰, 越过大洋, 维护世界和平"。

2　东医部队: 名字取自韩国古代著名医书"东医宝鉴"。

3　茶山部队: 取名自韩国古代著名哲学家丁若镛的号"茶山"。

4　徐熙部队: 名字取自韩国高丽时期著名的外交家徐熙。

第二阶段 探索 (2001- 2007)	多国部队 为主	2003年 伊拉克 济马部队[5] 2004年 伊拉克 扎伊屯部队[6] 2007年 黎巴嫩 东明部队[7]	2005年 苏丹停战观察员 任务团 (7人) 2007年 黎巴嫩 维和部队 (4人) 2007年 尼泊尔 任务团 (5人) 2007年 苏丹达尔富尔 任务团 (5人)
发展阶段 (2008- 至今)	维和活动 多样化	2009年 索马利亚海域 清海部队[8] 2010年 海地 及时雨部队[9] 2010年 阿富汗 奥什诺部队[10] 2011年 阿联酋 阿克部队[11] 2013年 菲律宾 阿劳部队[12] 2013年 南苏丹 韩光部队[13]	2009年 巴林联合海军 (4人) 2009年 吉布提 CJTF-HOA (3人) 2009年 阿富汗 CSTC-A (4人) 2009年 科特迪瓦 任务团 (2人) 2009年 西撒哈拉选举观察团 (2人)

---

5   济马部队: 名字取自朝鲜时期著名的医药学家李济马。

6   扎依屯部队: 名字取自阿拉伯语, 意为象征和平的 "橄榄"。

7   东明部队: 名字意为 "东方明亮的光芒"。

8   清海部队: 名字取自统一新罗时代名将张保皋在莞岛设立的海上军事基地清海镇。

9   及时雨部队: 意为部队的到来能够起到 "及时雨" 的作用。

10   奥什诺部队: 名字取自阿富汗当地语言, 意为 "朋友, 同事"。

11   阿克部队: 名字取自阿拉伯语, 意为 "兄弟"。

12   阿劳部队: 名字取自菲律宾语, 意为 "太阳、希望、日子"。

13   韩光部队: 意为 "韩国之光"。

发展阶段 (2008- 至今)	维和活动 多样化	2020年 霍尔木兹海峡 清海部队 (待定)[14]	2009年 海地 安定化任务团 (2人) 2011年 南苏丹 任务团 (4人) 2014年 塞拉利昂埃博拉病毒 紧急救护队 (5人)

14　2019年12月17日韩国《中央日报》报道: 韩国政府宣布, 应美国的邀请韩国将于明年年初向霍尔木兹海峡派遣联络军官, 2月派出驱逐舰。韩国政府有关人士表示, "韩国进口原油的70%, 天然气的30%都是经由霍尔木兹海峡, 政府NSC决策者一直认为韩国有必要对经过该海峡的韩国船只给予保护。https://news.joins.com/article/23659602 (检索日2019/12/22)

[附录B] 冷战后韩国军队海外派兵分类[1]

分类	联合国维和活动 (UN PKO)	多国部队维和活动 (MNF PO)	国防合作活动 (DCA)
活动主题	联合国主导	地区安保机构、特定国家主导	派遣国主导
管理指挥	联合国秘书长任命的维和部队司令官	多国部队司令官	派遣国军队指挥官
军需装备	联合国提供经费	派遣国负担	派遣国负担
派兵案例	黎巴嫩 东明部队 南苏丹 韩光部队	索马里海域 清海部队	阿联酋 阿克部队
最早派兵时间	1993年	1991年	2011年

---

1 국방부, 국방백서 2014.

[附录C] 李钟奭先生就伊拉克派兵问题答复笔者[1]

저의 문제는 아래와 같습니다.

以下为笔者的提问以及李钟奭先生的答复。

1. 학계에 이라크 추가 파명이 전투부대라는 주장이 많은데 선생님께서는 <칼날 위의 평화>에 적으신 내용을 보니 이 점을 부인하셨지요. 왜 많은 학자가 다 전투부대라고 생각하는 것인가요? 단순히 정부를 못 믿기 때문입니까?

笔者问: 1. 学界很多人认为伊拉克战争第二次派兵为战斗部队, 我读了您在《刀尖上的和平》, 您在书里否认了上述提法。请问为什么有很多学者依然认为是战斗部队呢? 只是因为不相信政府的缘故吗?

— 이라크 전투병 파병 반대론자들은 이라크에서 우리 군이 전투에 참여할 시 발생할 수 있는 위험과 재앙에 대해 경고했습니다만, 근본적으로 이라크에 전투부대건 비전투부대건 파병하는 것을 내켜하지 않았지요. 그런데 정부에서 '비전투병파병' 이라는 절충안을 내놓자, 파병자체에 대한 심리적 거부감과 함께 현실적으로 "어떻게 전투현장에 정부가

---

1 李钟奭, 韩国著名学者, 卢武铉政府时期曾任国家安全委员会 (NSC) 次长, 统一部部长, 现为韩国世宗研究所首席研究委员、韩半岛和平论坛共同代表。韩国媒体评论李钟奭 "在统一外交安保领域, 他与卢武铉总统是'一体'。"伊拉克派兵决策时, 李钟奭担任韩国NSC次长, 是第二次伊拉克派兵主要决策者之一。笔者就伊拉克派兵相关问题对李先生进行了咨询, 本书为李先生答复的电子信件, 答复时间2020年3月11日。电子信件原文为韩文, 中文为笔者翻译。

비전투병만을 파병하는 것이 가능한가"라는 의구심, 즉 정부 불신이 겹쳐 있었던 것 같습니다. 그러나 결과적으로 비전투병 파병을 했고 또 자이툰 부대 주둔 내내 한번도 전투를 치르지 않았어요. 그러니 정부는 대국민 약속을 정확히 지킨 셈이지요

李答复: 反对伊拉克派兵的人曾经对我们韩国军队参与战斗可能发生的危险与灾难发出过警告。从根本上说, 不管派遣的是战斗部队还是非战斗部队, 他们心中都不满意。政府决定采用"非战斗部队"这个折中方案, 他们对于派兵这件事心理上本来就是拒绝的, 现实中他们也不相信"面对美国战斗部队的派兵要求, 韩国政府怎么可能派遣非战斗部队?"他们心理上拒绝派兵, 在情感上不信任政府双重原因所致。但从最终结果来看, 韩国政府确实派出非战斗部队, 扎依屯部队在伊拉克驻扎期间一次也没有发生过战斗, 从这一点来看政府是遵守了与国民的约定的。

2. 이라크 추가파병의 결정은 반년의 시간 걸렸는데 정부가 일부러 했던건가요? 책에는 노대통령님께서 의중을 드러내지 않고 의견수렴하라고 지시하셨다는 내용이 있습니다. 처음부터 국민 활발한 토론을 전개시키고 분열된 언론을 조성하여 대미협상에 한국에 유리한 카드로 만드려고 작정했던 것인가요? 아니면 국민토론을 시키기는 했는데 반대의 목소리가 그렇게 큰 것을 정부도 예상치 못했던 것인가요?

笔者问: 2. 伊拉克第二次派兵的决策经历了半年之久, 这是韩国政府有意为之吗? 您在书中提过, 卢武铉总统没有表明态度, 而是让人收集国民意见。是不是卢总统一开始就计划让国民自由讨论, 造成舆论分裂, 从而在对美协商过程中取得有利地位? 还是总统同意让国民讨论, 但政府也没想到反对的声音那么强大?

— 이라크 내부동향 등 국제정세의 흐름에 대한 면밀한 파악과 국내

여론 반명 및 가급적 국민여론 통합을 위한 시간이 필요했고, 왕교수 말대로 미국과의 협상에 밑설 카드를 만들어 내고 미국과의 혐상에 유리한 국면을 포착하려다 보니 역시 시간이 걸렸지요. 노대통령께서는 이 문제는 신중에 신중을 거듭할 사안이라고 보셨지요. 지지층의 반대가 클 것이라는 것은 대통령이나 저나 다 예상했던 일이었습니다. 물론 그 반대가 고통스럽긴 했지요.

李答复: 对于伊拉克内部的动向还有国际局势的把握, 国内舆论的反馈以及可能性的国民舆论整合, 这都需要一定时间。正如你所说, 韩国政府希望能够对美协商时获得有利的地位, 那也需要一定时间。卢武铉总统本人对这件事是慎之又慎, 总统支持者中很多人会强烈反对这件事, 这一点总统与我都预想到了。当然, 他们的反对让我们非常痛苦。

3. 어떤 학자의 논문을 보니 미국이 북한 문제를 별로 중요시하지도 않습니다. 노대통령님께서 이라크파병을 통하여 미국 대북 정책 전환을 실현시키는데 성공적인 외교라고 평가를 하셨지만 실제로는 미국이야말로 진정한 성공적인 외교라고 해야 한다고 했습니다. 미국은 한국이 미국을 잘 따라가기를 확보하기 위해서 한반도 위기 분위기를 조성했답니다. 이에 대해서 선생님 어떻게 생각하십니까?

笔者问: 3. 有学者认为美国对于朝鲜问题并不重视, 虽然卢武铉总统认为通过伊拉克派兵成功扭转了美国对朝政策, 实际上真正成功的还是美国, 美国只是为了确保韩国听话, 才刻意制造了半岛紧张局势。对此, 您怎么看?

— 미국은 공개적으로는 한국정부가 이라크 파병문제를 북핵문제의 진전이나 한반도 평화증진과 연결시키는 것을 싫어했지요. 미국은 동맹의 도리로 파병을 해달라는 것이지만 그러나 한국정부는 공개적 표현은 자제했지만 내부적으로 당연히 파병의 댓가를 원했지요. 그리고 그 댓가가 군사지원이나 돈과 같은 물리적인 것이 아니라 한반도 평화증진,

북핵문제의 미국의 전향적인 입장이었으니 도덕적으로 떳떳했지요. 우리 논리는 한반도에서 평화가 증진되어야 우리가 한국군을 해외로 파병해도 안심이 되는 것 아니냐는 논리였지요. 책에 썼듯이 실제로 이라크 추가 파병을 계기로 미국이 북핵 관련해서 한국정부의 의견에 보다 진지하게 귀기울였습니다. 이는 학자들이 어떻게 해석하건 관계없이 제가 경험한 역사적 사실입니다.

李答: 美国在公开场合表示不希望韩国政府将伊拉克派兵与朝核问题的进展以及增进朝鲜半岛和平相联系。美国是从同盟角度邀请韩国派兵。韩国政府在公开场合比较克制言语表达，但是内部讨论时当绕希望得到派兵的收益了。我们所希望的收益并非军事援助、金钱之类物质性的东西，而是增进朝鲜半岛的和平，是希望美国转变在朝核问题上的立场，从道德上来讲我们也是立得住脚的。韩国的逻辑是只有增进朝鲜半岛的和平，我们才能安心将韩国的军队派往海外。就像我在书中所说，实际上伊拉克第二次派兵成为一个契机，让美国在朝核问题上开始真诚地聆听韩国政府的意见。不管学者们如何解释，我所经历的历史事实就是如此。

4. 이라크 파병은 정권의 초창기에 생긴 사건이잖아요. 만약 집권 중기나 후기에 미국의 파병 요청이 나오면 결정과정과 결과에 크게 다를 수 있습니까?

笔者问: 4. 伊拉克派兵发生在政权初期, 如果换成政权中期或后期, 面对美国的派兵邀请, 韩国的决策过程与结果会有大的不同吗?

— 생각해보지는 않았는데, 이라크 파병 문제는 정권의 초기, 중기, 말기의 문제보다 한미동맹 및 북핵문제의 흐름과 더 연동되어 있었지요. 가정의 문제이다보니 섣불리 대답하기 어렵네요.

李答: 这个问题我没想过。伊拉克派兵问题是发生在政权初期, 中期还是后期不重要, 重要的是它与韩美同盟及朝核问题的走势的相关

后记

2016年，在阔别燕园十年后，我重新走进了这里。望着静谧的未名湖在夕阳下波光粼粼，看着晶莹剔透的甘泉播撒在静园盈盈的绿草上，听着各地口音、各国语言的人们在这里高谈阔论，感受着一代又一代先哲学者在这里进行的灵魂拷问，我告诉自己，一定要学有所成，报答恩师，回馈社会！

我衷心感谢我的导师金景一老师引领我走入人生新的阶段。在过去的四年中，老师严谨的治学态度和思维方法教会我作为一名科研人员所应具备的世界观和方法论；老师的道德品格和充满智慧的人生经验为我在迷茫中点燃灯塔，照我前行；老师的谆谆教导与殷切鼓励为身处低谷的我多次送来温暖和关怀；当我需要老师的帮助时，他总是第一时间来到我的身边，为我雪中送炭！恩师如此，夫复何求？

此外，我也要感谢虞少华老师在生活与学业上对我无微不至的关怀；感谢陈峰君老师不辞辛苦地担任我的论文评审委员会主席，论文写作过程中经常关心我的写作进度，并给予我高屋建瓴的点拨；感谢张琏瑰老师，学生有幸多次聆听您的教诲，老师犀利的观点、广博的专业知识、敏锐独到的视角每次都能给我以新的启发；感谢张小明老师，张老师有着温润如玉、举世无双的谦谦君子之风，对待学术更是一丝不苟，多次耐心地解答我的疑惑与问题，给与我关键性的启迪。

感谢李婷婷老师，李老师是中国新一代青年学人的代表，在她的身上我看见了稳扎稳打的学人素养、细密严谨的逻辑推理还有以不变应万变的沉着大气。无论是学业上还是做人做事上，几位老师都身体力行地展示出当代学者大家的风范，让学生获益良多。老师们就像一把把悬在我头上的达摩克利斯之剑，时刻提醒我做人要走大道。

此外，我还要感谢给予我欢乐、给予我温暖、给予我灵感的同门师兄弟姐妹们，他们是郝群欢、张惠文、金文学、金善女、李春兰、宋文志、牛晓萍、喻显龙，特别感谢金爱华，在工作、学习上给予我无微不至的支持与照顾。

我还要感谢我的家人，谢谢你们成为我精神和事业上的支柱，容忍我四年中对家中责任的回避，在我最艰难的时候为我构筑了心灵的港湾。过去的四年中，我失去了很多，但也得到了很多，步入中年，很多事情已经看的云淡风轻了，那是因为我拥有最最坚实的"安全基地"——家人。是家人让我永远都无比充盈！

最后，祈愿天堂中的母亲能够看到这一切！

……

王萌

2021年6月于天津寓所